Sébastien Charbonnier est enseignant-chercheur en philosophie de l'éducation et en didactique de la philosophie. Il travaille présentement à l'université de Lille, institution publique et (presque) gratuite pour les étudiants.

Aimer s'apprend aussi

Méditations spinoziennes

Du même auteur

Deleuze pédagogue. La fonction transcendantale de l'apprentissage et du problème, Paris, L'Harmattan, 2009
Que peut la philosophie ? Être le plus nombreux possible à penser le plus possible, Paris, Éditions du Seuil, 2013
L'Érotisme des problèmes. Apprendre à philosopher au risque du désir, Paris, ENS Éditions, 2015

Dans la même collection

François Galichet, *Philosopher à tout âge. Approche interprétative du philosopher*, 2018.

Sébastien CHARBONNIER

Aimer s'apprend aussi
Méditations spinoziennes

*Ouvrage publié avec le soutien
du CUIP, du Centre Interuniversitaire de Recherche
en Éducation (EA 4354 - CIREL) et de l'Université de Lille.*

VRIN
• *Pratiques Philosophiques*

Dans ce livre, l'auteur et la directrice de collection se sont conformé.e.s à la règle grammaticale qui veut qu'en langue française le masculin l'emporte sur le féminin. Ce n'est pas faute d'être en désaccord avec ce reliquat patriarcal. Mais à l'heure actuelle, pour ce qui concerne la rédaction d'un livre (et non d'une lettre ou d'un article), aucune formule d'écriture inclusive ne nous a suffisamment convaincu.e.s, si l'on veut garantir une lecture fluide et agréable. Nos mille excuses aux 50% de la planète que la langue de Colette, Marguerite Yourcenar, George Sand ou Simone Weil continue ainsi de bafouer.

L'auteur remercie le Comité Universitaire d'Information Pédagogique pour le soutien apporté à cette publication.

Directrice de collection : Gaëlle Jeanmart

© Librairie Philosophique J. VRIN, 2018
Imprimé en France
ISBN 978-2-7116-2848-3
www.vrin.fr

Nous n'apprenons à disputer que pour contredire : et chacun contredisant et étant contredit, il en advient que le fruit du disputer, c'est perdre et anéantir la vérité. (…) Nous entrons en inimitié, premièrement contre les raisons, et puis contre les hommes.

Montaigne, *Essais*, « De l'art de conférer »

Les âmes ne sont pas vaincues par les armes, mais par l'amour et la générosité. (…) Et ceux qui, au contraire, s'entendent à critiquer les hommes, à réprouver les vices plutôt qu'enseigner les vertus, et, au lieu d'affermir les âmes d'hommes, à les briser, ceux-là sont pénibles et à soi et aux autres.

Spinoza, *Éthique*, IV, « Appendice »

La plupart de ceux qui me critiquent s'en tiennent à déplorer que je parle de ce dont je parle et que je ne parle pas de ce dont je ne parle pas. Ce n'est ni très gênant ni très utile.

Jacques Rancière, *En quel temps vivons-nous ?*

Pour restaurer le monde à la présence, et laisser la vie se poursuivre, nous devons descendre de nos points de vue défensifs, mettre de côté les armes du combat contre l'adversaire, et nous répondre les uns aux autres dans un esprit de responsabilité et de soin. Nous devons libérer la pensée du carcan des phrases, laisser les choses se déployer et célébrer les fins ouvertes, car il n'y a rien de tel pour laisser les générations à venir prendre un nouveau départ.

Tim Ingold, *L'Anthropologie comme éducation*, « Coda »

UNE PRATIQUE PHILOSOPHIQUE
POUR LA DÉMOCRATIE

L'amour est un problème : aimer est difficile autant que rare – comme tout ce qui est remarquable. Ce n'est pas un problème théorique, mais bien un problème *pratique*.

Ce livre a donc pour objet une pratique et non une théorie de l'amour, ce qui engage aussi la façon dont il est écrit.

Dans son introduction aux *Fragments d'un discours amoureux*, Barthes explique l'ordre de son ouvrage (« *absolument insignifiant* » grâce aux deux arbitraires conjugués que sont « celui de la nomination et celui de l'alphabet ») et il conclut avec malice :

> On a évité ainsi les ruses du hasard pur, qui aurait bien pu produire des séquences logiques ; car il ne faut pas, dit un mathématicien, "sous-estimer la puissance du hasard à engendrer des monstres" ; le monstre, en l'occurrence, eût été, sortant d'un certain ordre des figues, une "philosophie de l'amour", là où il ne faut attendre que son affirmation [1].

Une telle une *affirmation* a un lien épistémologique rigoureux avec ce qui fait la spécificité d'une pratique philosophique du dialogue, par contraste avec une théorie du dialogue. Loin d'être un entêtement théorique, ou bien une circulation par ouï-dire de solutions illusoirement « spontanées », l'affirmation fonde la positivité du *geste* de la pratique, elle est l'expression de l'individuation se faisant : aussi bien de la personne en train de se former que de l'idée en train de se former.

La formation de soi et la formation d'une pensée sont une seule et même chose : voilà ce que toute pratique philosophique s'engage à tenir ensemble, faute de quoi elle risque de tomber dans le verbalisme théorique – qui menace l'effectivité des apprentissages philosophiques en ne s'intéressant qu'à leur part idéelle, théorique.

Apprendre la philosophie forme l'esprit et le corps critiques si et seulement si nous en sommes transformés pratiquement, et non en vertu de quelque information théorique qui serait, en soi, émancipatrice. C'est la forme de l'apprendre qui toujours est subversive, quel qu'en soit le contenu – que nous construirons ensemble et qu'aucun de nous ne sait par avance.

S'exercer à une pratique philosophique au sujet de l'amour, ce n'est donc aucunement prétendre *savoir*, mais tenter de rendre problématique des évidences, tenter de réformer des automatismes figés en nous, bref s'essayer à penser autrement qu'on ne pense, devenir ce que nous ne sommes pas encore : plus aimant. Il n'est pas d'autre sens pratique pour « apprendre ».

1. QU'EST-CE QUE LA PRATIQUE PHILOSOPHIQUE ?

La pratique philosophique est un acte de création de nous-mêmes : elle est formation et développement de nos forces, sans limites et sans crainte – car toutes les forces sont bonnes. Elle est un « oui » crié pour la liberté de toutes et de tous. S'exercer, c'est muscler son esprit, assouplir ses membres, mieux connaître ses réalités proprioceptives.

Tout livre est l'expérience joyeuse de la création, un bon moment (*kairos*) pour son auteur au moins autant que pour le lecteur, l'occasion de se transformer – sans certitude quant à une quelconque vérité éternelle. Tout au plus puis-je espérer que les idées ici partagées seront de bonnes rencontres pour d'autres, idoinement tombées entre les mains de lecteurs et lectrices ainsi mis en joie. Peut-être ces derniers seront-ils dans les mêmes dispositions que Leibniz qui avouait, dans une lettre à Morell du 10 décembre 1696 :

> Je suis porté naturellement à m'attacher dans les choses à ce qu'on y doit louer, sans prendre garde à ce qu'on y peut blâmer, surtout

lorsque le premier l'emporte. Je lis les livres non pas pour les censurer mais pour en profiter. Ce qui fait que je trouve du bon partout mais non pas également [2].

C'est le meilleur usage pratique qui semble pouvoir être fait de ces pages.

1.1. *Une définition minimale comme point de départ*

Lier la philosophie à la pratique impose, pour commencer *, de définir ce que « philosopher » veut dire [3].

1) La philosophie est une activité pratique orientée par de désir de mieux vivre : idéal éthique de la sagesse, ou perfectionnisme.

2) La philosophie s'exerce par le dialogue rationnel entre égaux : idéal politique de la démocratie.

Cette distinction est seulement de raison, car ces deux principes sont, en pratique, liés dans l'acte philosophique lui-même. L'hypothèse qui dirige ce livre vise à fonder une conception résolument démocratique de la pratique philosophique. Ce n'est pas qu'il faille des règles démocratiques pour bien apprendre à philosopher (inférence), ni qu'il faille apprendre à philosopher pour bien vivre en démocratie (inférence inverse) : non, il s'agit d'une seule et même activité. En ce sens, *la politique en acte et l'existence d'un dialogue collectif sont une seule et même chose.*

Nous existons comme « nous », comme collectif, uniquement dans la mesure où nous pensons les uns avec les autres. C'est une idée fondamentale chez Rousseau : le « nous » n'est pas donné, il est à construire. Le problème de la démocratie radicale, à laquelle la pratique présentée dans ce livre espère contribuer, est le suivant : *comment en venons-nous à nous intéresser à l'activité politique fondamentale qui est de chercher à définir notre intérêt (général) ?*

---

* Les digressions en bas de pages sont appelées par un astérisque – comme ici. Par contraste, les appels de note numérotés ne concernent que le référencement des ouvrages lus, sur lesquels s'appuie tel ou tel propos. Cette distinction espère prémunir du scrupule qui consiste à aller voir, à la fin de l'ouvrage, si la note contient quelque propos utile.

Le vrai travail d'un peuple, en démocratie, ce n'est pas de surveiller ceux qui gouvernent, c'est de chercher et de construire (par l'enquête) son intérêt comme peuple, c'est-à-dire les intérêts mutuels qui le *forment* comme peuple – le verbe « former » signifie à la fois « éduquer » et « faire exister ». Chercher ensemble nos intérêts mutuels est la pratique qui nous fait devenir un peuple, c'est-à-dire nous *associer* ensemble *.

Et pour cela, il faut commencer d'abord par s'intéresser suffisamment à l'autre, à l'aimer suffisamment pour le percevoir comme mon égal partenaire dans cet apprentissage nécessaire et perpétuel de nos intérêts mutuels. Rien n'est politique, tout est politisable, disait Foucault !

1.2. *Ni théoricisme ni paternalisme*

Ce perfectionnisme et ce rationalisme philosophiques ne sont possibles que dans l'« être *avec* » : ensemble nous nous rendrons meilleurs, jamais solitairement ou « pour les autres » – c'est-à-dire « à la place des autres ».

De fait, une pratique philosophique : a) ne peut pas être une solution théorique ; b) ne peut pas être un ensemble de conseils à appliquer.

a) C'est un ensemble d'exercices qu'il faut accomplir pour en éprouver les effets, aux deux sens du terme : les vivre comme des épreuves *pour* en éprouver la validité, les amender, essayer différemment, etc. On n'est pas ici du côté de la simple démonstration théorique ou de la joute académique. Il s'agit d'actions et d'exercices réguliers.

b) Personne ne peut savoir à notre place ce qui est bon pour nous : former son corps politique, c'est avoir cette exigence *démocratique*, avec soi-même comme avec les autres, de ne jamais accepter des

---

* On retrouve la même exigence chez le grand théoricien de la démocratie radicale qu'est John Dewey : ce qu'il appelle le « public », dans *Le Public et ses problèmes*, est aussi à construire ; ce n'est pas une réalité « déjà là » constituée par l'agrégation des individus d'une société.

mots d'ordre, des commandements – qu'un pouvoir un peu malin nommera « conseil », « bienveillance », « expertise », « solidarité », dans une novlangue destinée à assoupir notre vigilance.

Évitant tout théoricisme et tout paternalisme, c'est-à-dire autant le verbiage que le dressage, la pratique philosophique peut alors espérer nous rendre plus libres, c'est-à-dire *augmenter notre puissance d'agir* – dont la pensée, qui est action, est un cas particulier.

1.3. *Trois corrélats fondamentaux*

Cet objectif, assez simple théoriquement, ne fait pas moins de l'apprentissage d'aimer une pratique exigeante. Comment essayer de travailler sur nous, *du point de vue de ce que nous sommes*, afin d'augmenter notre puissance d'agir ? On peut alors énoncer trois corrélats qui s'ensuivent immédiatement :

1) *Construire notre propre voix pour apprendre à parler en notre nom.*

Ne jamais parler à la place de : « je sais ce que vous devriez faire, car je sais ce qui est bon pour vous ».

Exemple. Un homme, qui a lu beaucoup d'écrits féministes, accapare la parole dans une réunion sur la domination masculine*, et accable les femmes de ses conseils [4].

2) *Faire confiance à ce que l'expérience présente nous dit de notre monde.*

Ne jamais procrastiner : « vous verrez plus tard l'intérêt de ce qu'on fait maintenant ».

Exemple. Un professeur ennuie toute sa classe avec un cours magistral, où les questions des élèves ne sont pas assez prises au sérieux ; mais il légitime sa démarche en pointant l'inexpérience de ses élèves : « vous comprendrez plus tard pourquoi tout ce que je dis là est intéressant » [5].

---

* Si je suis un homme, je peux « refuser d'être un homme », comme dirait Stoltenberg, mais pas expliquer aux femmes comment être une femme libérée. *J'ai moi-même fort à faire pour être un homme libéré.*

3) *Aimer plus le chemin* (que nous expérimentons pratiquement) *que notre but* (toujours trop théorique, en droit)

Ne jamais être incohérent entre les moyens et les fins : « je fais du mal pour produire du bon ».

Exemple. Des révolutionnaires emploient des armes de propagande pour « éduquer » le peuple afin de l'avoir de leur côté : « nous n'avons pas le choix car les masses prolétaires sont endoctrinées par la bourgeoisie, donc nous devons bien leur parler de la seule manière qu'ils comprennent ».

2. L'HYPOTHÈSE SPINOZIENNE FONDATRICE
DE LA PRATIQUE EXPOSÉE DANS CE LIVRE

De tout ceci découle le sens de la pratique exposée dans cet ouvrage : il est inutile de contredire autrui si nous cherchons à penser ensemble. Essayons de comprendre ce que cela signifie.

Prenons le propos capital de Spinoza cité en épigraphe de ce livre : il affirme l'intuition dont cet ouvrage tente de déployer les conséquences pratiques dans l'éducation de soi avec les autres, c'est-à-dire dans la *formation d'un « nous »*. L'ayant bien en tête, voyons comment continue Spinoza :

> Il est avant tout utile aux hommes de nouer des relations entre eux, de se forger ces liens qui les rendent plus aptes à *former d'eux tous un seul*, et, absolument parlant, de faire ce qui contribue à affirmer les amitiés. Mais il y faut de l'art (*ars*) et de la vigilance [6].

C'est exactement cet *ars* que désigne la pratique exposée dans ce livre : des artifices pratiques que je peux me donner pour réussir à percevoir l'autre comme mon égal, comme une source de joie, comme la chance de devenir plus rationnel, donc plus capable de comprendre vraiment le monde, les autres et moi-même.

2.1. *Spinoza + Rancière*

Spinoza a rarement été lu comme un philosophe de l'éducation. De fait, les problèmes éducatifs sont peu thématisés pour eux-mêmes dans son œuvre. Il n'empêche, ses analyses constituent une aide cruciale pour penser une éducation radicale à la liberté [7], surtout si on ne réduit pas l'éducation à un certain intervalle biologique de l'existence humaine – confusion sans doute provoquée par la forme scolaire, adressée aux moins de seize ans, hégémonique au XXe siècle. Je lis donc Spinoza, non comme un historien de la philosophie pourrait le faire, mais comme une boîte à outils pour penser les conditions affectives et pratiques de l'égalité.

Voilà l'exercice pratique dont ce livre voudrait porter témoignage : *comment causer les affects qui déterminent ma perception sensible de l'autre comme mon égal ?* On pourrait dire la chose aussi de cette manière : une lecture spinozienne de Rancière invite à ne pas exiger le postulat d'égalité – exigence trop théorique, et par-là même trop volontariste * –, mais à se demander comment former un sentiment d'égalité. La démocratie est un vain mot tant que les individus ne se *croient* pas, de tout leur être, égaux les uns aux autres ; or les injonctions n'ont jamais constitué le début d'un apprentissage.

Comment donc arriver à se croire égaux ? C'est au niveau même de la perception que cela se joue, au niveau des affects que nous éprouvons les uns pour les autres.

2.2. *Ni admirer, ni mépriser, mais apprendre à aimer*

Ce sentiment d'égalité naît précisément de la capacité à aimer l'autre. Cela signifie former en soi une *propension pour* autrui, c'est-à-dire l'habitude de percevoir l'altérité, avec sa différence, comme une chance chaque fois renouvelée d'apprendre et de nous augmenter [8].

---

* C'est en tout cas ce qui transparaît dans les formules de Jacotot, rapportées dans *Le Maître ignorant*. Je suis donc absolument d'accord avec Rancière sur l'importance du postulat d'égalité – l'égalité est un point de départ qui produit des effets dans les relations, et non pas un point d'arrivée à viser par des actions bienveillantes d'émancipation sur autrui ; c'est un principe politique aux effets performatifs et non un fait social falsifiable empiriquement. Mais je ne crois pas, en tant qu'éducateur, à l'injonction : la méthode de l'égalité ne peut pas être une « méthode de la volonté », elle est une *pratique de la sensibilité*. Nous avons donc à nous y exercer, sinon nous ne la *penserons* jamais vraiment.

On évite ainsi le double écueil de l'*admiration* ou du *mépris*[9], qui sont les deux conséquences principales du « ratage » perceptif d'autrui : en effet, Spinoza dit clairement qu'il n'y a pas d'affection à proprement parler dans ces deux cas, car *c'est la rencontre elle-même qui est manquée*, soit qu'on reste fixé à une idée imaginaire de l'autre par distraction de l'esprit[10], soit qu'on voit négativement ce qui manque à l'autre – perception d'une absence, qui est en fait déploration du réel au nom d'un idéal imaginé – plutôt que ce qui est en lui.

La pratique ici présentée vise donc la formation d'une puissance de percevoir *ce qui est présent* en l'autre, c'est-à-dire accueillir la puissance réelle de l'autre, seul événement d'expérience qui puisse fonder l'*agir avec*. Tout le reste n'est qu'un enfermement de type solipsiste dans un univers imaginaire de normes ou de valeurs qui nous font regretter que l'autre n'y soit pas conforme. Tout le reste empêche le dialogue, car il obstrue notre capacité perceptive à entendre ce que l'autre nous dit d'intéressant, de nouveau, de différent.

2.3. *La pratique : refuser de contredire*

Afin que cela ne reste point trop abstrait, il y a un *moyen pratique* simple pour s'y exercer, dont cet ouvrage voudrait éprouver la justesse : fuir la contradiction.

Cet exercice pratique cimente, en quelque sorte, les grands principes d'une philosophie spinozienne de l'apprentissage de la philosophie, dans sa dimension pratique. En effet, la philosophie peut former en nous une plus grande capacité d'être affecté et d'affecter si nous sommes soucieux de suivre au moins ces quatre règles[11] :

a) définir la philosophie comme formation du corps et de l'esprit critiques (« ne plus penser l'esprit comme indépendant du corps »);

b) problématiser les conditions affectives de l'apprentissage (« ne plus penser l'activité cognitive déconnectée de la vie affective »);

c) envisager la détermination réciproque des puissances d'agir (« ne plus penser l'individualité dégagée des déterminations du collectif ») ;

d) concentrer notre attention sur la puissance des choses, sur la positivité de l'expérience faite (*facere experimentum*) comme production de la *présence* (« ne plus envisager les choses en fonction d'une absence imaginée, de leurs privations ») *.

Cet ouvrage est une exploration des conséquences pratiques radicales du dernier point, et le déploiement des liens qu'il tisse avec les précédents. Qu'est-ce que cela implique de prendre au sérieux cette dernière règle, notamment dans la discussion philosophique avec autrui ?

L'idée est que le geste épistémique de la contradiction, dans le dialogue avec autrui, est un procédé qui détourne de la différence pour ramener au même ; il annihile le surgissement de la différence – sans doute par peur de celle-ci.

À l'inverse, par le refus de contredire, je refuse de chercher à avoir du pouvoir sur l'autre – par exemple le corriger –, je rends possible l'égalité en dissolvant concrètement l'échelle unidimensionnelle de la hiérarchie. Je ne peux alors plus m'appuyer dessus : « en tant que prof, c'est moi qui sais » ; « en tant que riche, je suis mieux placé pour décider au nom de tous » ; etc. En refusant de contredire, je suis *forcé d'apprendre* avec l'autre car je suis forcé d'apprendre de l'autre, je suis forcé à une attention pour la singularité irréductible,

---

* La critique négative nous inscrit dans des schèmes finalistes : au lieu de percevoir affirmativement la présence, méthode qui mène aux définitions adéquates des êtres, la focalisation imaginative sur l'absence n'exprime rien d'autre que mon impuissance à percevoir *ce qui a lieu*. La conceptualisation traditionnelle de l'enfance est un exemple paradigmatique de ce renversement malheureux : « Parler d'enfance comme privation est un jugement de valeur, une catégorie trompeuse qui doit être rattaché à cette illusion finaliste par laquelle l'homme interprète toute chose singulière, enfant compris, par le prisme de son propre usage ». Il y a là un point aveugle dans bien des philosophies de l'éducation, induit par le lien ténu entre pouvoir gérontocratique et pouvoir épistémocratique, que j'analyserai dans un prochain ouvrage – tant ce point mérite qu'on en esquisse plus précisément la dangerosité politique.

je ne peux pas le ramener à du déjà connu *. En essayant de ne plus contredire, je fais de chaque rencontre un problème, je m'expose.

Soit nous problématisons et construisons ensemble, soit nous ne pouvons que nous faire du mal l'un l'autre.

Et si vraiment la situation devient trop dangereuse ou ennuyeuse, il me reste la fuite [12] qui aura au moins le mérite de ne pas chercher, par délire de certitude, à vouloir faire ployer l'entendement d'autrui sous mes propres solutions.

Pourquoi le refus de contredire serait-il un horizon régulateur nécessaire de la pratique philosophique du dialogue?

La croyance en l'intérêt politique et épistémologique de la contradiction d'autrui souffre d'une limite rédhibitoire pour la pratique philosophique : les logiques du « non » sont un régime de discussion spécifique au domaine théorique, c'est pourquoi elles nous embarquent ensuite vers le faux problème de l'« application pratique » des bienfaits *seulement* théoriques qu'elles ont pu créer. Elles orientent vers une séparation de la théorie et de la pratique, et sont donc aporétiques lorsqu'on vise l'exigence formatrice de la pratique philosophique. Par conséquent, ces logiques négatives du jugement, de l'empêchement, du redressement par correction peuvent-elle avoir une efficacité pratique, c'est-à-dire parviennent-elles à augmenter la puissance d'agir de leur destinataire? C'est ce dont je doute…

Cela étant dit, on peut proposer plusieurs reformulations de ce refus de contredire : *la négation ne produit aucun effet d'apprentissage*. Dit plus amplement : *contredire, réfuter ou dire le négatif (de manière générale) ne sert à rien, car cela ne permet point, ni à moi ni à l'autre, de devenir meilleur*. La dispute théorique est vaine

---

* L'idée qu'on ne pense que *forcé* est une conséquence du déterminisme spinozien, elle est également cruciale dans la tradition du pragmatisme, comme le montrent les premières pages de *La Volonté de croire* de William James. Cette idée sera magnifiquement illustrée par Deleuze avec sa lecture de *La Recherche du temps perdu*, effectuée dans *Proust et les signes*.

car ses modalités de constructions des idées nous empêchent d'être augmentés *pratiquement* par celles-ci * [13].

Dans un puissant livre, Stéphane Sangral formule une idée proche, avec une beauté aphoristique qui en saisit l'âpre paradoxe : « L'éthique, bien loin d'être ce qui combat le non-éthique – *foutre le feu à l'enfer ne le détruit pas, mais au contraire le renforce* –, est ce qui, sur tous les fronts et sous tous les fronts, combat, position impossible, le combat... » [14].

Voilà ainsi exprimée trois fois l'intuition de ce livre, qui est indissociablement épistémologique et politique. Elle signifie que je ne peux pas montrer à l'autre qu'il se trompe simplement en lui démontrant la fausseté de ce qu'il pense : c'est seulement si je lui donne à penser quelque chose de plus vrai qu'il pourra, en pratique, abandonner son idée première.

Les vivants corps que nous sommes sont le nid des archives *indestructibles* de nos apprentissages et de nos gestes passés. Qui voudra me corriger devra m'en apprendre d'autres, de plus beaux, de plus libres – mais il ne pourra en éradiquer un iota. S'il insiste à me corriger, il produira simplement une gêne supplémentaire dans mes gestes de pensée – qu'il estime, pourtant, déjà malhabiles.

Si nous voulons nous rendre meilleurs, il n'est pas d'autre voie que de nous augmenter mutuellement. Pourtant, on rencontre souvent ce positionnement épistémique inverse dans le dialogue avec les autres : être contre quelqu'un, vouloir lui démontrer qu'il a tort. Beaucoup de personnes jugent négativement – autrui ou elles-mêmes –, ou bien démontrent la fausseté de certaines idées, avec l'intention d'aider et l'espoir d'améliorer les choses. Les relations éducatives, de toute nature, sont saturées de tels réflexes.

---

* Cela n'exclut donc aucunement qu'il puisse être légitime, et peut-être même nécessaire, de se disputer pratiquement avec l'autre lorsqu'il nous asservit : cela s'appelle la lutte. L'objectif, dans ce cas, est clair : diminuer l'autre. C'est la différence entre la « libération » comme obtention de garanties légales – condition politique ou historique – et les « pratiques de liberté » comme exercices menant à des formes d'existences. Seules ces dernières sont concernées par le présent ouvrage.

Face à cette réalité, les problèmes que pose l'hypothèse du livre gisent au cœur des relations vécues avec les êtres rencontrés : qu'est-ce que nous pouvons faire ensemble ? Pourquoi dis-je à celui que j'aime qu'il a tort de faire telle chose, si je n'ai pas mieux à lui proposer ? Pourquoi humilier les goûts de l'autre sinon parce que je ne supporte pas qu'il fasse cela, car il s'éloigne ainsi de l'idéal que je m'en fais : son tort, c'est de ne pas se mouler dans mon système de croyances, de ne pas coller au modèle auquel je le confronte.

Les critiques négatives sont l'affaire des paresseux qui s'intéressent suffisamment à nous pour nous faire part de leurs reproches (dont ils épargnent les inconnus), mais pas assez, visiblement, pour vouloir vivre avec nous des aventures qui permettraient, ensemble, de devenir meilleurs : plus joyeux, plus curieux... Lorsque l'autre agit ainsi, c'est de la colère que je ressens : cercle terrible puisque ma colère signifie que je désire diminuer la puissance d'agir de celui dont je sens qu'il diminue la mienne [15]. Combien d'élèves ou d'adultes encore infantilisés (dans telle ou telle relation sociale) souffrent de ne pouvoir discuter vraiment parce qu'ils sont préjugés inférieurs !

Or, cette idée est suffisamment importante pour mériter que l'on tourne autour, que l'on tente de la cerner obliquement par autant de perspectives qui la disent chaque fois singulièrement. « Ce qui le mérite, il faut le répéter au moins deux fois », disait Empédocle.

3. Les possibilités du dialogue

En parfait accord avec Geneviève Fraisse, dans sa discussion avec Rancière, il s'agit ici d'essayer de privilégier l'analyse de l'émancipation plutôt que la pensée de la domination [16].

a) D'un côté, l'analyse de la domination est d'abord une *théorie* : elle court donc le risque de n'être qu'une prise de conscience. Soit malheureuse – je perçois le problème, mais je ne sais pas quoi faire pratiquement ; soit carrément humiliante – on essaie de m'expliquer les ressorts de la domination, et si je ne comprends pas c'est que je suis trop bête.

b) D'un autre côté, l'analyse de l'émancipation oriente d'abord vers des questions *pratiques* : elle essaie de penser les conditions pratiques qui rendront possible que nous pensions ensemble ce qu'il nous arrive. L'émancipation est apprentissage pratique en ce sens simple : ce qui compte, ce n'est pas le *contenu* de l'idée émancipatrice – le savoir comme résultat ; est émancipatrice une certaine *forme* politique du dialogue produisant l'idée – l'apprentissage comme processus. C'est donc bien un problème d'exercices pratiques : il s'agit de se faire un corps voué à autre chose qu'à la domination, c'est-à-dire un corps échappant aux rapports de pouvoir figés.

La pratique spinozienne du dialogue – avec soi-même aussi bien qu'avec les autres – paraît être à la hauteur de cet enjeu : à quelle condition allons-nous pouvoir penser ensemble ? Comment l'« être avec » pourra-t-il advenir à l'existence ?

3.1. *Apprendre à dialoguer ne va pas de soi*

Partons d'un constat : dialoguer est chose ardue. Philosopher avec l'autre suppose d'être capable d'« écouter non moi, mais le discours (*logos*)... »[17]. Ce geste inaugural de la philosophie antique *pour l'entendement mutuel*, contre toute autorité, suppose une *générosité d'écoute* que notre socialisation primaire et notre vie adulte nous dissuadent d'accorder.

Comment peut-on l'expliquer ? Les pouvoirs fonctionnent premièrement comme un empêchement à dialoguer, parce qu'accéder à cette puissance d'entendement du discours d'autrui est une action révolutionnaire. Il faut donc tenter d'échapper aux pouvoirs. Pour les éducateurs, l'enjeu pratique est très concret : comment ne pas activer les leviers des pouvoirs gérontocratiques ou épistémocratiques notamment ? Comment ne pas abonder dans les représentations collectives qui se font l'écho des discriminations liées à l'âge et aux savoirs réifiés : il est plus âgé, donc il sait mieux ; il a des diplômes, donc c'est à lui qu'il faut obéir ; etc.

Former en soi la vertu de *justice épistémique*[18] est une pratique difficile. On aurait tort de sous-estimer le défi qu'elle pose, tant nous sommes enfermés imaginairement dans des logiques inégalitaires – qui prennent bien souvent les masques de la bienveillance, du souci des autres, etc. Accepté-je d'être entendu parce que je suis un homme et parce que j'ai des diplômes, ou bien pour ce que je dis ? Comment refuser la faveur des pouvoirs ? Comment ne pas accepter la place du maître, celle du parent, celle de l'expert, celle du militant : autant de places qui peuvent, sous couvert de l'enthousiasme, nous empêcher de percevoir en l'autre un égal, et nous encourager à y voir un inférieur, un dominé, un aliéné, un exploité, etc., autant de catégories qui vont me rendre plus difficile d'écouter son discours, sans déjà lui attribuer une *provenance* qui en relativisera le sérieux ou en diminuera le crédit à mes yeux.

On ne réduira pas ce problème à une question de (bonne) intention : il s'agit ici d'émotions rivées socialement dans notre corps et notre regard. Tout dans la société me dispose à ne pas écouter pareillement un enfant de 7 ans et un adulte de 30 ans, une étudiante de 20 ans et un maître de conférences de 50 ans, un paysan chasseur de 75 ans et un artiste parisien de 40 ans, etc.

Les affects sont cruciaux dans ce que Lipman nomme la « pensée vigilante » : savoir écouter son interlocuteur ne va pas de soi, cela s'apprend. Accorder suffisamment de crédit à l'autre : non pas pour croire *a priori* ce qui est dit, mais ne serait-ce que pour désirer examiner ensemble ce qui se dit[19]. « Accorder du *crédit* à ce que l'autre dit » suppose d'avoir soi-même suffisamment de *ressources* affectives pour s'en-*gager* avec l'autre – si on file la métaphore économique. C'est ce type d'amour de l'égalité qu'il s'agit d'apprendre.

À l'inverse, la contradiction est d'abord le geste qui oppose une solution, que je maîtrise déjà, à ce que je crois comprendre de l'autre : je « sais » déjà où il veut en venir, je surplombe alors son point de vue, je le totalise pour le réduire d'un contre-argument. Mais justement, il y a de grandes chances que la convocation de solutions, construites antérieurement, ne soit pas une aide pour comprendre ce qu'il se passe *avec* l'autre *maintenant*.

Or, ce désir de reconstruction perpétuelle *dans* les situations avec autrui est l'essence de la démocratie : nos existences, comme pratiques, forment des problèmes inédits que les héritages sont impuissants à penser. Le refus de contredire fonde précisément l'affect démocratique, car il me force à percevoir l'intéressant dans ce que l'autre dit.

3.2. *Ni moraline ni pitié*

Le refus de contredire n'est donc en rien une règle de politesse sociale ou psychologique. Il ne s'agit pas d'être bienveillant pour « encourager » son interlocuteur. Une telle attitude est même dangereuse lorsqu'elle est vécue avec un sentiment de supériorité morale : il arrive que l'hommage rendu à la parole de l'enfant ou de l'élève soit corrélatif au peu de sérieux qu'on lui accorde. L'être bienveillant est rarement bouleversé ou mis en doute par ceux envers qui il se sent bienveillant. Le refus de contredire n'a donc rien à voir avec la manipulation pédagogique qui veut *encourager* à faire « comme il faut », ou bien à *motiver* pour s'y mettre, même si le désir manque chez l'élève : autant de mécanismes qui asservissent subtilement les apprentissages.

S'exercer à ne pas contredire autrui ne vise pas à épargner psychologiquement autrui – ménager un ego –, ni à s'épargner par lâcheté sociale – ne pas fâcher un dominant –, mais bien à tenir une double exigence *proprement philosophique* : la rationalité n'existe que produite dans l'entrelacs du dialogue ; le collectif existe parce qu'en dialoguant ensemble nous sommes « comme-un ». Il s'agit donc de penser l'exercice d'une pratique qui fonde doublement, et réciproquement, les conditions politiques et épistémologiques des idées vraies – c'est-à-dire des vrais problèmes.

a) La vérité demeure l'horizon régulateur de l'effort méditatif, mais une vérité des problèmes plus que des solutions, c'est-à-dire une capacité à construire, en situation, l'intéressant. Le drame est que, lorsque l'on veut des « trucs », des « recettes », bref des solutions (théoriques) à appliquer pratiquement, ça ne peut qu'échouer, car cela revient à espérer une sorte d'annulation magique des conditions de la pratique – exercices, répétitions, lente formation de soi, etc. On ne se transformera pas tant qu'on ne remontera pas au niveau des problèmes eux-mêmes, afin de construire nous-mêmes les *meilleures* résolutions en situation.

b) L'altérité est constitutive de la vitalité de la démocratie radicale et de la recherche de l'intérêt général – conçue comme une recherche rationnelle ; j'ai donc besoin d'autrui, je ne peux résoudre aucun problème seul*.

Apprendre à aimer, c'est s'exercer à écouter l'autre comme son égal, à être vigilants ensemble les uns avec les autres, à nous enthousiasmer par ce qui est partagé, à nous causer les uns les autres – aux deux sens du terme. On ne pense jamais seul, mais on peut être socialement déterminé à penser par nous-mêmes :

> à condition que la causalité extérieure ne diminue plus nos *liens avec les autres*, à la condition qu'elle soit une véritable causalité commune. Le développement ne se fait pas *contre* les autres, mais au contraire en faisant *cause commune avec eux* [20].

Il s'agit de vivre avec tout mon corps l'affect d'égalité, afin que l'égalité soit éprouvée, pratiquée, bref une idée incarnée et pas une simple posture théorique. Une telle pratique philosophique forme la cohérence entre les valeurs et les gestes, pour ne pas devenir, malgré soi, identique à l'oncle de Sartre : ce « vieil homme de gauche [qui] enseignait par ses conduites des maximes de droite » [21].

---

* Cette double exigence politique et épistémologique en fait une certaine pratique *philosophique* : on voit, par exemple, quelle différence cette pratique philosophique peut avoir avec la méditation de pleine conscience. Selon cette dernière, il s'agit de vouloir méditer – à l'intérieur de soi – afin d'obtenir la pleine conscience ; de l'autre côté, il s'agit de partir d'une inconscience un peu folle – me mettre à nu pour aller vers l'autre *comme un égal* – afin de pouvoir méditer *avec* l'autre.

4. (SE) RACONTER (PAR) LA PRATIQUE

En parlant de cohérence, un problème pratique d'écriture s'est posé : comment *partager* dans un livre, alors que le dialogue y est rendu impossible par la forme même de l'écrit ?

La structure volontairement arbitraire de l'ouvrage – l'alphabet est le plus bête des classements, comme dit Barthes – souligne qu'on peut le prendre et l'ouvrir par tous ses interstices : ces pages forment une variation autour de son idée centrale, variation qui espère en montrer la présence forte dans des domaines variés – épistémologiques, politiques, esthétiques, etc. –, dans des situations parfois éloignées en apparence, à travers des problèmes assez différents.

Ce plan d'ouvrage, par méditations, essaie de satisfaire cette exigence de la pratique : il ne suffit jamais de comprendre théoriquement *une fois*, lorsque l'on vise la transformation de soi. Il faut du temps pour reconstruire en soi ce qui a mis du temps à être étouffé. Exercices quotidiens, ces entrées sont comme un ensemble de modifications que chaque lecteur peut effectuer, s'il veut être à son tour le sujet énonçant, pour son propre compte, ces hypothèses[22]. Essayer, tout est là. Mieux : *s'essayer* au travers de ces épreuves transformatrices qui permettent d'éprouver, de tester, l'intuition de ce livre.

Puisse le lecteur être attentif à ce que lui font les situations présentées dans ces pages, à les essayer bien sûr, les transposer pour soi lorsque l'occasion se présente. Ce serait une belle manière de dialoguer avec les méditations de ce livre, de les éprouver en acte, afin de les améliorer en situation, les amender, les rendre plus justes en les faisant coller au plus près de ce dont on est capable *présentement*.

Ce courage de l'essai est la meilleure manière de ne pas vivre les idées sur le mode de l'écart (« oh comme je suis loin de pouvoir faire ça ») : il faut aussi pressentir *avec qui* on peut s'autoriser à pratiquer, sans se mettre en danger – car le pouvoir épistémocratique peut être la scène de grandes violences.

Par ailleurs, ce livre voudrait être conséquent entre la théorie exposée ici et la pratique d'écriture. Il est donc lui-même une manière de s'exercer à ne pas contredire ceux qui contredisent : c'est plus difficile qu'on ne pense, tant nous sommes conditionnés à ce mode opératoire dans la discussion. Probablement, l'écriture glisse-t-elle parfois vers cette tentation, cette protection de soi, cette impuissance à tendre la main le premier, cette trouille. Ces méditations sont un peu comme un journal philosophique qui tente de raconter, honnêtement, une tentative de *pratiquer* le dialogue philosophique avec soi-même et les autres. Bref, on peut alors voir ces entrées comme le récit aléatoire d'une *mise au travail* du désir de ne pas contrer l'autre.

Les plus touchantes écritures philosophiques sont fragiles : elles existent d'abord pour soi-même, pour s'obliger, se travailler, et jamais parce que l'auteur ou l'autrice « sait déjà tout bien » et voudrait faire la leçon aux autres du haut de ses « acquis » théoriques. On écrit pour « tenter de savoir ce qu'on écrirait si on écrivait »[23], selon la belle formule de Duras. La publication d'un écrit n'est qu'une forme d'obligation supplémentaire, par la publicité précisément. Les enjeux de cette pratique philosophique sont partagés pour cette double raison, au cœur de la pratique éducative : on peut commencer à l'éprouver comme bien véritable, *mais* ne pas encore arriver à vivre à sa hauteur. Dans la pratique de la philosophie, il n'est pas plus facile de nous convaincre d'une idée que d'en convaincre autrui.

Ce livre n'est cependant pas qu'un journal écrit pour moi-même, sinon cela n'aurait pas de sens de publier. Il est aussi une adresse.

Dire que ce livre est un ensemble de méditations pratiques sur l'inutilité des « non » adressés à l'autre – pour la formation de l'esprit et du corps critiques –, c'est dire qu'il est une invitation à pratiquer par nous-mêmes le refus de contredire : un tel exercice, grâce à sa répétition dans des situations chaque fois singulières, est une épreuve pour l'hypothèse philosophique de cet ouvrage. Cette *mise en pratique* est la meilleure chose que puisse faire le lecteur de ces pages : il fera alors de ces méditations un dialogue, il leur donnera une vie politique que ne peuvent avoir les mots par eux-mêmes. Un discours n'est rien de lui-même : *nous n'avons une voix politique que d'être entendu.* Sans écoute, nos mots restent lettre morte.

Ce texte engage donc également une certaine pratique de lecture : on lit pour s'informer, s'armer, se donner courage, avoir l'air cultivé parfois, mais on s'ose aux idées d'autrui également pour se transformer, se rendre vulnérable à ce qu'on lit, se faire peur. Ce livre invite chacun à être attentif à ce que ces mots lui font, à prendre conscience de ce qu'il se passe à la lecture. Y a-t-il des passages contraires à l'intuition de l'ouvrage, emprunts d'armures blessantes ou de lucidité amère ? Si tel est le cas, qu'est-ce que cela fait ? C'est une attention à soi que requiert la lecture, pour pouvoir éprouver *pratiquement*, dès la lecture, les effets des idées rencontrées dans un livre.

4.1. *La fragilité que suppose la mise en pratique*

La pratique qui est au cœur de cet ouvrage est la création du dialogue, le tissage affectif de l'*avec*, c'est-à-dire la venue à l'existence du politique comme tel, l'individuation du collectif, le surgissement du nous. Rien n'est plus difficile que d'*être avec l'autre et de faire ensemble pour nous augmenter mutuellement.* Quelle sensibilité se joue en moi chaque fois que je m'expose à dialoguer avec l'autre ? Pourquoi ai-je la trouille de m'exposer ? Car si le dialogue est transformation mutuelle, il faut une sacrée dose de confiance pour s'exposer ainsi, nu, avec l'autre. C'est tellement improbable.

Ce jugement sévère est lié à un constat : les personnes sont rarement dans un désir de dialogue, elles veulent surtout débattre, et c'est encore mieux si c'est un débat contradictoire. Disant cela, il n'est point question de les juger, car nous sommes tous plus ou moins portés à cette posture si rassurante *qui promet de ne rien changer en soi.*

De quoi avons-nous peur lorsque nous venons trop protégés, blindés même, par nos citations, nos analyses sauvages de ce que l'autre « a voulu dire », nos déconstructions lucides et toute une armada qui cherche à en *imposer* à l'autre pour ne pas avoir nous-mêmes à nous *exposer ?*

À ce titre, ces pages peuvent être lues comme le récit d'une fragilité[24], récit qui pourra peut-être rendre désirable, pour le lecteur, d'explorer également ses propres vulnérabilités, s'il croit que ce geste est la condition de la rencontre rationnelle, la condition pour *penser avec l'autre*, donc le *fondement de la politique et du juste.*

A contrario, chaque fois que je cherche à *imposer des limites* à autrui, je ne nous rends pas meilleurs. Cette manière de faire est celle du pouvoir : j'essaie de faire croire quelque chose à l'autre, c'est-à-dire de lui faire faire quelque chose – telle est la finalité plus ou moins consciente de mon adresse à autrui, lorsque je le contredis, le réfute ou tente de le corriger[25].

Et nous y perdons tous les deux. Moi, parce que je me rends inquiet en espérant obtenir quelque chose qui ne dépend pas de moi ; je ne suis donc pas en train de former une puissance d'agir, mais je tente d'occuper une place de pouvoir vis-à-vis de l'autre. L'autre, car je tente de lui imposer une solution qui m'apparaît bonne pour lui, je ne peux donc pas faire autre chose que lui demander de s'en remettre (aveuglément) à moi – au minimum sur le diagnostic que c'est *maintenant* qu'il devrait changer.

Ce qui est manqué, ce que j'ai l'impression de manquer chaque fois que je fais ça, c'est la rencontre *comme telle.*

4.2. *Être cohérent moi-même avec l'hypothèse de l'ouvrage*

Parce que j'ai suivi une longue formation philosophique, parce que j'évolue dans le milieu universitaire qui porte haut dans son cœur le débat contradictoire, parce que je lis beaucoup de livres qui se perdent et s'épuisent avec virtuosité dans le « contre », j'ai moi-même beaucoup à faire pour essayer de vivre à la hauteur de la pratique que j'expose ici.

Comment atteindre une relative clarté dans nos intentions de dialoguer ? Lorsque nous nous adressons à l'autre, se trame toujours un difficile problème de connaissance de soi-même : *que cherchons-nous à lui dire ?*

Or, la plupart du temps, nous ignorons la réponse à ce problème. La pratique philosophique exposée dans ce livre part de ce constat : cette ignorance est dommageable *et pour moi et pour l'autre*, car elle masque plus profondément un désir : « qu'est-ce que je veux faire avec lui ? » Et, souvent peut-être, c'est moins un désir de faire avec qu'un désir de faire faire : « qu'est-ce que je veux obtenir de lui ? ».

La pratique spinozienne de la philosophie permet d'éviter un tel glissement, qui répète la division policière en nous – c'est-à-dire en moi comme entre nous –, empêchant l'institution du politique : comment former ensemble nos puissances mutuelles et non informer l'autre de mon pouvoir ?

Dès lors, j'ai essayé de ne pas tomber dans l'inconséquence flagrante qui aurait consisté à vouloir prouver aux autres qu'ils ont tort de dire à quelqu'un qu'il a tort. En racontant des hésitations, un parcours, j'espère exprimer pourquoi il m'est apparu meilleur que je ne cherche pas à contredire les autres si je veux apprendre avec eux.

Puisse au moins ce pari être tenu : que mes mots forment le *récit* d'une *pratique* philosophique – « raconter », comme dirait Rancière, pour émanciper – et non la démonstration théorique aux autres de *ce qu'ils devraient faire* – « expliquer », dirait Rancière, qui revient à abrutir. Je parlerai donc *depuis* moi et, faisant cela, j'espère ne pas parler que *de* moi et ainsi parler à d'autres, donnant envie d'explorer des dispositions éthiques que je crois radicales, car radicalement exigeantes et profondément politiques.

C'est très difficile de tenir cette exigence : parler depuis soi, construire sa voix, et non parler à la place des autres, et risquer de les rendre muets ; raconter des essais pour penser le plus possible avec les autres, afin de former des « nous », au lieu d'expliquer aux autres ce qu'ils devraient faire pour qu'un « nous » soit possible. C'est très difficile pour un dominant – que je suis, car j'ai été adoubé par le pouvoir épistémocratique des institutions scolaires et universitaires : diplômes, lectures légitimes, etc. Sans compter que je suis blanc, que je suis un homme, que je vieillis, etc. Comment la curiosité pour le savoir ne finira-t-elle pas par nous isoler, nous rendre arrogants ou persuadés de mieux savoir que les autres ? C'est un problème pratique, vital même, que je sens un peu ignoré ou minimisé par les intellectuels… Un problème pourtant crucial pour tout éducateur, pour tout enseignant-étudiant qui aime son métier.

4.3. *Le risque de se payer de mots*

Que de blessures et de peurs portons-nous ainsi en nous pour croire avoir besoin de tant de boucliers pour aller vers l'autre ! Toutes mes carapaces, je voudrais les faire tomber avec la philosophie, alors même que je sais qu'elles ont été construites avec une certaine pratique de la philosophie : l'usage des auteurs, la férocité des déductions, la rapidité des rapprochements, la virtuosité des synthèses sont autant d'armes dont je sens trop bien, au fond de moi, qu'elles m'ont parfois tenu éloigné des autres – amis, élèves, professeurs, étudiants, militants – plus qu'elles ne m'ont permis de *faire avec* les autres.

Le « non » est l'arme pauvre – et inefficace – que je suis tenté d'user chaque fois que je prends mes audaces verbales pour des actes révolutionnaires, englués dans une stratégie de défense qui fonctionne comme un linceul pour mon imagination. Il est d'abord une manière maladroite de *me protéger* : je contredis l'autre pour ne pas m'exposer face à lui.

À ce titre, le pouvoir des mots est comme une régression évolutionniste, car il fait de nous des invertébrés, marchant maladroitement dans notre exosquelette, qui s'est formé autour de nous comme s'il fallait nous protéger des autres. Aucune souplesse, un gros blindage : dans les discussions philosophiques ou politiques, même sincèrement altruistes, nous nous regardons les uns les autres, ainsi caparaçonnés, attendant que l'autre tombe l'armure pour faire de même.

La pratique philosophique exposée ici commence par ce principe stoïcien tout simple : ce qui dépend de moi, ce n'est pas que l'autre s'expose le premier, ce n'est pas que l'autre fasse preuve d'un esprit de douceur pour que j'ose m'aventurer, nu, à penser avec lui. Non, ce qui dépend de moi, la seule chose que je puisse pratiquer, grâce à la philosophie, c'est de *donner d'abord*, de m'exposer complètement, d'être nu le premier.

Voilà un pari que je pense être une grande puissance de la philosophie éthique quand elle est *pratiquée* : travailler sur soi pour avoir la puissance de faire un premier pas *vers* l'autre pour espérer faire *avec* lui. Cette mise à nu, cette exposition de soi, me paraît le fondement pratique, le geste philosophique, qui institue entre nous l'égalité. C'est une manière de vivre l'égalité dans son corps : car il n'y a d'égalité entre les humains qu'une fois ramenée à la pure singularité de la rencontre qui nous découvre l'un l'autre aussi fragile et vulnérable, donc superbement puissant à faire ensemble. Ce qui est en jeu, ce n'est pas de nourrir un égoïsme intéressé (*ma fin justifie les moyens*), ni un égoïsme servile (la fin que d'autres m'ont imposée, justifie les moyens)*, mais de construire ensemble de nouvelles fins avec nos moyens mutuels. Faire cela *est* faire un geste proprement révolutionnaire.

5. À QUI S'ADRESSE CE LIVRE ?

J'écris pour les dominants que je suis, que nous sommes : que ce soit en tant qu'homme, en tant que blanc, en tant que diplômé, en tant qu'ancien, en tant que Français, etc. Il y a tellement de types de rapports de pouvoir dans lesquels sont sommes pris…

La situation la plus évidente demeure, à mes yeux, celle de l'éducateur, qu'il prenne la forme du professeur, du parent, du

---

* C'est le grand risque de ce qu'on nomme « développement personnel » : une optimisation des moyens sans une analyse critique de la fin en vue de laquelle on cherche à rendre plus efficaces les moyens. La philosophie forme l'esprit et le corps critiques justement lorsqu'elle est formation en acte du désir : puissance de faire (les moyens) et puissance de penser (la fin) se forment toujours ensemble, sinon il n'y a pas puissance d'agir à proprement parler. Plus de moyens sans plus d'analyse de la fin serait l'efficacité aveugle ; plus d'analyse de la fin sans formation des moyens serait la conscience malheureuse. Je ne nous souhaite ni l'un ni l'autre.

militant engagé, de l'intellectuel : chaque fois que nous sommes tentés d'aller vers l'autre pour l'aider, il y a ce risque du pouvoir épistémocratique que je tente d'analyser dans les pages de ce livre.

5.1. *Refuser de contredire = refuser de parvenir*

Le « refus de parvenir » est un concept anarchiste, créé au début du siècle, lorsqu'il s'est agi de savoir quelle(s) place(s) de pouvoir il pouvait être raisonnable d'accepter, au nom de la lutte pour la liberté de toutes et tous. L'entraînement pratique au refus de parvenir permet d'avoir la force de répondre, en acte et en situation, aux sollicitations du pouvoir : « non merci ! ». La formule originale est celle-ci : « Refuser de parvenir, ce n'est ni refuser d'agir, ni refuser de vivre ; c'est refuser de vivre et d'agir pour soi et aux fins de soi »[26].

Il faut voir le refus de parvenir dans toute sa diversité : ça peut-être refuser un avancement de carrière qui confère trop de pouvoir, ou bien demeurer vigilant à ne pas accaparer la parole, par enthousiasme spontané de dominant, dans une discussion collective. C'est pourquoi il y a mille occasions de s'exercer à refuser de parvenir au pouvoir.

Le refus de parvenir est un concept pratique qui fonctionne ici parfaitement, puisque c'est un refus absolu de l'idée qu'il y ait quelque chose de bon à tirer du pouvoir, pour l'augmentation de notre puissance d'agir, individuelle aussi bien que collective. La question devient : quels dispositifs didactiques, éducatifs, militants réussissent à ne pas activer les tentations de parvenir ? Comment avoir la force de ne pas user de mes diplômes, de mon statut, de mon sexe, de mon âge, pour me faire entendre et pour convaincre les autres ?

En finir avec la posture du maître, qu'il soit bienveillant ou non : je ne suis pas meilleur que les autres et j'ai besoin d'eux, de leur intelligence, de leur différence, pour devenir moi-même meilleur.

On évitera donc un contresens malheureusement fort répandu dans la littérature consacrée aux problèmes éducatifs : il ne s'agit pas, grâce à ces analyses, de devenir « super-prof » ou « mégaéducateur », encore mieux capable de voler au secours des plus démunis... Le but de la pratique philosophique n'est pas de se préparer solitairement, en amont de son cours en classe par exemple, mais bien de s'exercer à venir nu pour parler de ces difficultés avec les autres, les élèves, les étudiants. Il ne s'agit pas de monologuer, avant la rencontre, sur les conditions de la rencontre parfaite, mais bien d'arriver avec le désir de construire ensemble les conditions de notre rencontre fragile.

Tout est question de désir : désiré-je entrer dans la compétition de tous contre tous, donner des ordres, par obéissance à d'autres ordres ? Ou bien désiré-je faire avec les autres, les aimer suffisamment afin d'*exister pour faire exister ?*

Car il faut bien comprendre cela : le pouvoir fait toujours de celui qui l'accepte un *rouage* : je ne *parviens* à donner des ordres que si j'accepte d'en recevoir. Je me sens supérieur aux autres, grâce à ma plus grande collection de solutions, parce que j'ai accepté, dans le temps de ma formation, de collecter les solutions imposées par d'autres. C'est mon obéissance aux savoirs non-problématisés, imposés par d'autres, qui me fait croire que ces solutions pourront être utiles à d'autres – en dehors de tout contexte.

5.2. *Accéder au niveau des problèmes,*
c'est construire avec d'autres de nouvelles idées

De fait, ces essais sur une *pratique* spinozienne des relations d'apprentissage mutuel s'inscrivent dans le prolongement d'un travail de recherche sur la fonction des problèmes philosophiques dans la formation d'un individu[27]. Comme le remarque Rivette, « le jour où l'on est d'accord avec soi-même, le jour où l'on a résolu le problème, on s'arrête, on ne fait plus rien. N'est-ce pas cela qui est inquiétant ? »[28]. Les rencontres de problèmes scandent l'existence et la formation de tout individu : c'est ce qu'on appelle l'*individuation* – qui signifie non pas revendiquer son individualité, mais faire de l'individu un chantier. Pour les philosophies du problème, la crainte de Marx n'existe pas : la philosophie, en tant qu'activité de construction de vrais problèmes, ne peut que changer le monde

– elle n'est jamais une simple interprétation du monde. En effet, former l'esprit et le corps critiques, c'est-à-dire conquérir le *sens* du problème, nous permet de sortir des faux problèmes qui nous empêchent précisément le diagnostic pertinent du présent, donc l'action juste. Deleuze écrit ainsi à propos de Marx : « Il y a des hommes dont toute l'existence sociale différenciée est liée aux faux problèmes dont ils vivent, et d'autres, dont l'existence sociale est tout entière maintenue dans ces faux problèmes dont ils souffrent, et dont ils remplissent les positions truquées » [29].

C'est pourquoi il est si réducteur de cantonner l'Apprendre à la seule période de l'enfance, alors que c'est l'activité de toute une vie. Ceux qui cessent meurent. Je n'ai jamais compris les gens qui semblent fatigués à la seule idée de devoir apprendre. « On n'est plus à l'école », soupirent ceux qui ont perdu le goût d'apprendre. L'intensité de la vie se joue pourtant dans les joies de nos transformations, dans les difficultés rencontrées qui sont autant d'occasions de *devenir*. Qui refuse cela est mort spirituellement. À ce propos, Sénèque dit préférer « être mort plutôt que vivre mort » et nous questionne abruptement : « le comble du malheur n'est-il pas de se retrancher du nombre des vivants avant de mourir » [30] ? Rousseau est plus explicite encore : « L'homme qui a le plus vécu n'est pas celui qui a compté le plus d'années, mais celui qui a le plus senti la vie. Tel s'est fait enterrer à cent ans, qui mourut dès sa naissance. Il eût gagné d'aller au tombeau dans sa jeunesse » [31].

On comprendra donc tout de suite que le titre de l'ouvrage est porteur d'une joie pure à mes yeux. Non pas quelque constat déceptif (« encore quelque chose à apprendre »), mais plutôt la délectation de penser que l'amour est un parcours d'obstacles, l'occasion mille fois répétée de se transformer, d'apprendre encore, de découvrir des perspectives insoupçonnées, de trembler un peu plus à chaque fois que l'on pressent l'inconnu. On ne sait pas ce qu'on peut apprendre avec les autres !

La notion de problème, tant aimée des philosophes, a donc une valeur éminemment positive : un problème est une fête, et certainement pas synonyme d'« ennui », comme le sens commun tend à le croire. En affrontant la question de l'amour, j'espère que ce livre donnera à sentir pourquoi l'on peut trouver désirable de poser (des) problème(s). Apprendre est bon parce qu'il est désirable de changer, de nous changer les uns les autres en changeant le monde. Aimer est révolutionnaire car aimer met en mouvement.

5.3. *La pratique philosophique comme éducation des adultes*

Ceci étant précisé, le titre devient sans doute plus clair : si apprendre à aimer apparaît aussi important c'est parce que cette puissance est au cœur même de la philosophie, comme « amour de la sagesse ». En ce sens, la philosophie est essentiellement reprise, elle vient « en second ». « Il ne saurait y avoir de vérité première, il n'y a que des erreurs premières » [32], écrivait Bachelard. Je fais mienne cette approche reconstructive de la philosophie. Dialoguer, c'est pouvoir conceptualiser des croyances que nous avons acceptées, pour la plupart, sans aucune exigence critique.

C'est pourquoi il est aussi difficile d'apprendre à dialoguer avec soi-même qu'il l'est de le faire avec les autres : je suis déjà plein des autres, vieux de mes préjugés, disait encore Bachelard. Je ne résiste pas à citer le grand texte de Cavell ou celui-ci définit justement la philosophie comme *éducation des adultes* :

> La philosophie recherche une perspective sur un fait de nature qui est inévitablement mal interprété : le fait qu'à un stade précoce de la vie un corps normalement constitué atteint sa force et sa hauteur définitives. Pourquoi concluons-nous de ce fait que, puisqu'il nous faut dès lors laisser de côté nos affaires d'enfants, il nous faudrait aussi abandonner le projet de grandir, et tout le souvenir de l'enfance ? L'angoisse d'enseigner, l'angoisse de la communication sérieuse tiennent à ce que moi-même, je requiers d'être éduqué. Et à ce que, pour les adultes, il n'est plus question de croissance naturelle, mais de *changement* [33].

Par conséquent, la pratique présentée dans ce livre forme des adultes[*] : « il faut d'abord éduquer les éducateurs »[34]. Apprendre à aimer est d'autant plus souhaitable que je suis un dominant de tel ou tel point de vue – ancien, homme, blanc, diplômé, etc. En effet, la domination éloigne de l'amour de l'autre dans la mesure où elle rend plus difficile de percevoir l'autre comme un égal.

Tout ce livre est un manuel pratique de lutte contre le pouvoir épistémocratique : combien les sachants, avec toutes leurs bonnes intentions, ont du mal à rencontrer l'autre, à apprendre avec lui ! C'est de ce constat et de cette inquiétude qu'est né ce livre : qu'est-ce que les savoirs ont fait de moi ? Qu'est-ce que la société attend de moi, une fois diplômé et statutairement assigné au rôle d'enseignant ? N'ai-je plus le droit d'être étudiant, d'apprendre avec des personnes que la société stigmatise comme « faibles » ? Qu'ai-je perdu si j'intériorise l'idée de ma supériorité sur les autres, si je finis par croire, émotionnellement, que je sais mieux que les autres ? J'ai perdu la relation. Le pouvoir nous capte en nous mettant de son côté : il nous isole. Alors, méfions-nous ! *Caute.*

Aimer l'autre est notre rempart contre la division des pouvoirs qui façonnent en nous des regards de bienveillance ou de mépris, d'admiration ou d'agacement, toujours des prismes qui nous éloignent les uns des autres, nous empêchent de faire ensemble parce que nous avons accepté cette idée terrible : *nous ne serions pas tous également aimables*, donc pas également dignes de participer aux aventures d'idées.

---

[*] Les adultes sont les égaux : définition politique ! Cela n'a rien à voir avec l'âge biologique. Ainsi, il existe une infantilisation pédagogique – pratiques universitaires asymétriques et purement magistrales, par exemple – qui traite des grandes personnes *comme* des enfants ; à l'inverse, on peut accorder une égale dignité épistémique à un enfant, au sens où l'on espère apprendre *de* lui au même titre qu'on escompte lui apprendre. Être adulte n'est donc pas une condition pour essayer cette pratique, c'est l'inverse : on devient adulte en s'y exerçant.

Les amours sont des livres interdits que les audacieux
se lisent les uns aux autres.
Proverbe persan

"Acquérir de l'expérience" signifie : se former au contact de
rencontres qu'en aucune circonstance on n'aurait pu imaginer par
soi-même. Donc jamais : "Deviens ce que tu es" mais : "Deviens ce
que tu n'es pas" ou : "Sois ce que tu deviens."
Günther Anders, *Sténogrammes philosophiques*

Apprendre à vivre, c'est mûrir, éduquer aussi : apprendre à l'autre et
surtout à soi-même. Apostropher quelqu'un pour lui dire : "je vais
t'apprendre à vivre", cela signifie, parfois sur le ton de la menace,
je vais te former, voire te dresser. Puis, et l'équivoque de ce jeu
m'importe davantage, ce soupir s'ouvre aussi à une interrogation
plus difficile : vivre, cela peut-il s'apprendre ? s'enseigner ? Peut-
on apprendre, par discipline ou par apprentissage, par expérience
ou expérimentation, à accepter, mieux, à affirmer la vie ?
Jacques Derrida, *Apprendre à vivre enfin*

AIMER

Aimer ne se décide pas sur le moment. C'est pourquoi l'occasion d'apprendre est toujours idoine et qu'il apparaît hautement désirable de vieillir pour aimer.

Il y a un sens commun de l'amour qui nous détourne de ce que signifie aimer : « L'amour est une illusion qui tue la réalité de l'amour » [35].

Aimer est un infinitif, je l'entends donc ici comme une action, et non comme un état passif – être amoureux. Le geste d'aimer est plus ou moins bien accompli, il peut s'apprendre, il gagne en finesse et en subtilité avec le temps. L'équilibriste débutant est gauche et ses gestes maladroits, l'homme d'expérience est subtil et plein de grâce. Je m'inscris donc ici dans une éthique de l'habitude et j'envisage « aimer » comme une puissance conquise, au fil du temps, à force d'agir – et non un événement qui nous tombe dessus.

La puissance, c'est l'acte : aimer forme la force. On devrait dire « je t'aime » comme on dit « je marche ».

Nul volontarisme cependant, du genre : « si je veux aimer, je peux le faire ». Je ne défends pas l'idée qu'on peut *vouloir aimer*, sur commande. Aucunement : j'entends justement le verbe « aimer » au sens d'une force patiemment conquise, de l'effectuation d'une puissance lentement apprise au cours des aléas de l'existence. Aimer, donner, augmenter sont des actions difficiles qui supposent d'avoir beaucoup appris de la vie et des autres.

Aimer est donc un ensemble de forces conquises qui nourrissent l'action grâce à ma vie *précédant* mon geste. Aimer provient des habitudes, entendues comme manières de vivre qui donnent puissance au vouloir. D'où ce paradoxe célèbre en éthique : je suis responsable des habitudes que j'ai acquises, mais lorsque mon acte présent s'origine en elles, c'est presque malgré moi. De même, c'est toujours par ce que j'ai vécu avant d'aimer que j'ai la puissance d'aimer : c'est un don permis par mon existence passée. Il est toujours terrible de constater que je n'arrive pas à aimer à la hauteur de ce qui nous arrive, mais ça ne peut être autrement : je n'y peux rien.

Je n'arrive pas plus à aimer l'autre *en le voulant* que je n'arrive à m'endormir en le voulant : c'est même le meilleur moyen d'échouer, de s'énerver, de constater mon impuissance à accomplir ce que je voudrais. Les aimants, même les plus généreux dans l'intention, ne peuvent faire plus que ce qu'ils peuvent. Le bon dormeur accomplit ce miracle de l'endormissement sans rien faire : c'est la simple récompense d'une journée où tout son être s'est superbement fatigué, de cette fatigue vitale et d'abord physiologique – par contraste avec l'épuisement psychique ; c'est le résultat de bonnes habitudes de sommeil prises au fil du temps. Il ne saurait d'ailleurs même pas très bien dire *comment* il fait. Cette opacité de la pratique exprime sa grandeur : il faut la patience des apprentissages rationnels pour conquérir la perception libre de l'égalité.

Je vise à n'avoir aucun *mérite* lorsque j'aime : je vois les autres comme aimables, en tout point égaux à moi, je ne peux pas faire autrement. Libre nécessité.

Aimer est une épreuve. Comment m'y préparer ? Il faut entendre la polysémie du terme : c'est une *épreuve* au sens d'un exercice relativement difficile que je vais traverser et accomplir ; mais également au sens où cela constitue une preuve en acte, comme lorsque l'on dit qu'on va éprouver une hypothèse. C'est pour cela que l'amour est le lieu privilégié de tous les apprentissages : dans ces moments-là, je suis entièrement exposé, je n'ai pas d'autre choix que d'essayer de m'en sortir. Rien ne peut y être factice ou contingent : penser devient nécessaire, comprendre ce qui m'arrive apparaît comme une urgence et je constate d'ailleurs que *ça* pense en moi – ce n'est plus le triomphant « je pense », mais l'impersonnel « il pense », comme on dit « il pleut »[36].

Le problème de l'amour se construit dans la vie : il y a *formation* lorsque j'accepte l'interpellation de l'autre (éminemment problématique) dans une expérience qui est une épreuve. J'apprends à aimer si, chaque fois que j'aime, je me laisse interpeller par l'événement pour en faire l'occasion de *m'individuer*, de continuer le chantier de moi-même. Se créer soi-même pour *se donner*, pour avoir quelque chose à offrir à l'autre, pour s'offrir à l'autre.

Le plus bel éloge de l'amour comme don de son existence, fruit mûr de tous les apprentissages de sa vie, apparaît dans une lettre de Rainer-Maria Rilke :

> Il est bon aussi d'aimer ; car l'amour est difficile. L'amour d'un être humain pour un autre, c'est peut-être l'épreuve la plus difficile pour chacun de nous, c'est le plus haut témoignage de nous-mêmes ; l'œuvre suprême dont toutes les autres ne sont que les préparations. C'est pour cela que les êtres jeunes, neufs en toutes choses, ne savent pas encore aimer ; ils doivent apprendre. De toutes les forces de leur être, concentrées dans leur cœur qui bat anxieux et solitaire, ils apprennent à aimer.

Le poète ne condamne pas les amours imparfaites – sinon que resterait-il ? Toutes nos amours sont bonnes en ce qu'elles sont l'occasion d'apprendre. D'où ce paradoxe : les *jeunes* amours sont nécessairement l'expérience du « trop tôt ». Je suis embarqué dans l'histoire alors que je n'étais pas prêt à aimer, pas près d'aimer. Mais qu'importe, nous sommes là et nous tâtonnons, nous nous trompons : que peut-il nous arriver de plus beau ? Et mes amours prochaines seront plus belles parce que je serai plus riche*.

---

* Lorsque j'écris « amours » au pluriel, cela ne signifie pas nécessairement « des histoires différentes avec différentes personnes », ce sont des événements. L'« événement » ne doit pas être entendu ici en un sens scénaristique (le rebondissement, le grand instant) : il signifie simplement *ce qui a lieu*. Dès lors, « rencontrer » signifie « faire l'expérience d'un événement » : cela ne concerne pas des personnes.

Rilke continue ainsi :

> L'amour ce n'est pas dès l'abord s'unir à un autre. (Que serait l'union de deux êtres encore imprécis, inachevés, dépendants ?) L'amour, c'est l'occasion unique de mûrir, de prendre forme, de devenir soi-même un monde pour l'amour de l'être aimé. C'est une haute exigence, une ambition sans limites, qui fait de celui qui aime un élu qu'appelle le large. Dans l'amour, quand il se présente, ce n'est que l'obligation de travailler à eux-mêmes que les êtres jeunes devraient voir. Se perdre dans un autre, se donner à un autre, toutes les façons de s'unir ne sont pas encore pour eux. Il leur faut d'abord thésauriser longtemps, accumuler beaucoup. Le don de soi-même est un achèvement [37].

L'imaginaire de Rilke est bien sûr pétri de l'idéal romantique, mais n'est-ce pas une bonne description de l'amour parental aussi ? La beauté de l'expérience d'être parent est de découvrir que j'apprends autant de mon enfant que lui de moi.

Je vois se lier ici l'amour comme surprise et l'apprentissage comme long chemin autour de la notion d'expérience. Dans cette perspective, l'amour est une *disposition à être surpris par l'autre* : c'est une question d'ouverture, de disponibilité à l'aventure. En ce sens, le sentiment du « trop tôt » n'est pas un accident de parcours, il est d'essence. Il est terrible de croire que, plus je vieillis, plus il risque d'être « trop tard » pour vivre l'amour. Cette perception angoissante se calque sur la temporalité passive de « la surprise qui me tombe dessus », c'est-à-dire sur ce qui ne dépend pas de moi. Au contraire, plus je vieillis, plus je deviens prêt, plus je sais être surpris. C'est la temporalité active de l'apprentissage en train de se faire : la sagesse est l'art des bonnes rencontres.

Les grandes amours sont devant nous : telle est la leçon éthique de celui qui voit la vie comme un apprentissage. À ce titre, il est frappant de voir comme, pour Aristote, il est évident que la vieillesse est un temps riche d'amour véritable. Apprendre à aimer, c'est apprendre à tordre le biais culturel actuel qui nous fait craindre le vieillissement pour des raisons complètement extrinsèques à ce qu'il permet réellement.

On peut ainsi renverser la perspective : l'événement ne vient jamais trop tard, c'est moi qui ne suis peut-être pas assez prêt. En effet, quand l'événement advient, il est toujours « trop tard » *pour m'y préparer*, donc « trop tôt » pour l'événement.

Quand il est trop tôt, je dois forcer sur la bonne volonté, faire des efforts justement parce que je ne suis pas prêt. Par contraste, le sublime des grandes amours provient de cette alchimie rare : chacun se donne à l'autre dans la mesure où il *a appris*, pour pouvoir donner, mais aucun n'a besoin de vouloir donner. La magie émane de ce que chacun réagit à l'événement *sans y penser au moment où il advient*.

C'est pourquoi l'apprentissage est au cœur de l'amour *se faisant*, et pas seulement en amont (une simple préparation) : il a lieu pendant l'amour et construit progressivement le « nous » *à l'occasion* des moments où nous nous rencontrons. C'est pourquoi, si je suis dans une curiosité vitale d'apprendre, *il est toujours temps d'aimer*.

Apprendre à aimer, c'est comprendre qu'il y a quelque chose qui peut être indéfiniment *repris* et qui est chaque fois *inédit**. Chaque rencontre de l'autre est ainsi une *répétition*, au sens ouvert d'un à-venir – comme on répète une scène de théâtre qui sonne toujours plus juste. Les événements sont *vécus* si et seulement s'ils sont *perçus* comme autant d'occasions d'apprendre à aimer l'autre. Dans ces moments-là, nous *existons* ; le reste du temps, nous vivons, mais existons-nous vraiment ?

---

* C'est l'opposé strict de la nouveauté au sens de la mode ou du marketing : ce nouveau-là est tout de suite déjà vieux parce que « déjà prêt », il ne se répète pas, donc ne peut être repris. D'où les expressions symptomatiques : « *dernière* nouveauté », « *dernière* conquête » – qu'est-ce que cela dit : un passé le plus récent possible, ou bien le spectre d'un terminus ? C'est le problème de la compulsion de répétition : untel a vécu trente histoires d'amour et n'a connu qu'un amour – toujours le même, répété ; alors qu'un autre a vécu une seule « histoire » parsemée d'innombrables amours.

RÉSOLUTION 2

APPRENDRE

Apprendre est l'expression d'une puissance en train de devenir meilleure, par amour – et non le signe que je manque de quelque chose pour vraiment savoir. Réciproquement, je ne peux qu'aimer ce que je suis en train d'apprendre à connaître. S'ensuit donc qu'apprendre et aimer sont un seul et même processus.

Apprendre est une activité de l'esprit et du corps : cette activité rend nécessairement joyeux puisqu'elle est l'effectuation d'une puissance. Certes, je peux apprendre des choses horribles et ne pas aimer ces choses, mais l'acte d'apprendre lui-même me rend plus fort parce que je comprends mieux le monde et les relations qui l'organisent. Un grand livre sur l'esclavage en Grèce antique, berceau de la philosophie, ne me fait pas aimer le phénomène ; il est une expérience enrichissante pour la pensée parce qu'il me fait comprendre ce qui a pu amener cette civilisation à de telles pratiques sociales.

Dit autrement, la vérité n'entraîne jamais la haine, qui est toujours un effet de l'ignorance. C'est le sens profond de la *libération par la connaissance*, qui est la thèse selon laquelle la réflexion rend bon. « Nul n'est méchant volontairement » [38], disait Socrate*.

---

* La thèse n'est ni de l'« angélisme » ni de l'« intellectualisme », c'est un réalisme éthique fondé sur une acception large de ce que signifie penser. Si je *pense vraiment* que l'injustice ou la haine rend malheureux, jamais je n'agirai de la sorte, tout comme je ne mets pas ma main au feu lorsque je sais ce que cela produit comme effet. C'est le fameux problème du lien entre théorie et pratique : ce qu'on pense détermine nos actes lorsqu'on le pense *avec tout son être*, et non pas « intellectuellement » – au sens d'une simple démonstration logique.

Ainsi, ni la philosophie ni les sciences humaines ne peuvent rendre misanthrope : l'intelligence du genre humain, aussi sombres soient certaines de ses tendances, est toujours un soutien pour aimer les humains – par contraste avec ceux qui regardent les résultats de loin et en tirent prétexte pour vomir sur le genre humain et cautionner leur tristesse de manière *ad hoc*. Pareille attitude serait plutôt la preuve de l'extériorité du « penseur » vis-à-vis d'un apprentissage véritable. S'ensuivent deux corrélats.

(a) Si apprendre suppose souvent de désapprendre, cet acte ne peut être une négativité pure : c'est toujours lorsque je réapprends que je désapprends *en même temps*. Désapprendre seulement n'a aucun sens.

Apprendre, cela signifie devenir meilleur, mieux comprendre. Il n'est donc pas question d'en rester aux louanges. Comment éduquer un enfant si on ne fait que dire « oui » à tout ce qu'il dit et fait ? À propos d'un essai pendant l'apprentissage, il est évidemment bienvenu de délimiter ce qui est réussi et ce qui reste à améliorer. De fait, ne faire que souligner ce qui est réussi est de peu d'intérêt, car celui qui fait ressent bien ce qu'il sait faire, il a justement besoin qu'on l'aide pour ce qui n'est pas encore au point.

Ceci étant précisé, reconnaître le bien-fondé d'une telle aide ne revient pas à faire l'éloge de la négation. Le problème est précisément le suivant : *comment parler de ce qui peut être amélioré de manière à pouvoir réellement l'améliorer ?* C'est à ce problème que je veux répondre : parler négativement de ce qui n'est pas bien fait n'aide en rien à mieux faire ; augmenter l'autre n'est possible que si je pars de ce qui est réussi pour faire comprendre, *par analogie*, comment mieux faire ce qui était maladroit. C'est une exigence de la pratique.

Le cas du geste physique permet de comprendre cette idée : si un individu marche maladroitement, il ne peut se rendre plus habile qu'en incorporant une nouvelle démarche. Cela n'a aucun sens de vouloir lui enlever sa mauvaise démarche d'abord, pour pouvoir lui apprendre à mieux marcher. Et ce qui vaut pour les gestes du corps vaut éminemment pour ceux de l'esprit. La croyance en la vertu de la négation n'est possible que si l'on extériorise la pensée, comme si c'était un objet : Descartes compare ainsi le doute à l'action de vider un panier de pommes pour les trier tranquillement et ne garder que les bonnes après avoir enlevé les pourries [39]. Analogie dangereuse : qui voudrait me faire croire que l'on peut retirer nos idées (les pommes) de notre esprit (le panier) ? Non, l'intellect n'est pas un contenant indépendant du contenu et préalable au contenu. En apprenant, j'acquiers de nouvelles idées *et* je forme mes capacités à penser.

(b) Ce qui compte est le geste d'apprendre, en tant que mouvement de la pensée, et non la conscience de savoir – qui est une position (*thesis*) de la pensée. C'est Deleuze qui a le plus explicité la nature de l'acte d'apprendre, contre tous les clichés « scolaires et infantiles » qui voudraient nous faire croire que la possession des bonnes solutions est préférable aux tâtonnements de l'apprentissage [40]. L'École rend honteux de ne pas savoir. Face à cette triste vocation de l'institution scolaire, il ne s'agit pas seulement de saluer la dignité de l'apprentissage (comme étape préalable), mais de soutenir que *penser est apprendre*.

Apprendre = penser. Faute d'aller jusque-là, on se contente d'« apaiser les scrupules d'une conscience psychologique ». Deleuze dresse un constat cinglant d'une telle réduction de sens : la conception scolaire de l'« apprendre » en fait un simple « intermédiaire entre non-savoir et savoir ». Dès lors, poursuit Deleuze, « l'apprentissage retombe plutôt du côté du rat dans le labyrinthe, tandis que le philosophe hors de la caverne emporte seulement le résultat – le savoir – pour en dégager les principes transcendantaux ». Comme si importaient seules l'arrivée, la fin, la victoire…

Savoir n'est rien d'autre qu'arrêter d'apprendre, ce n'est plus penser *comme tel*, ce n'est plus faire avec les autres. Apprendre est l'acte intersubjectif opéré par des esprits en train de penser un problème, tandis que savoir désigne seulement la calme possession d'une règle des solutions. C'est le devenir contre l'être, la série apprendre-aimer contre la série savoir-posséder, le collectif contre l'individuel.

J'entends donc « apprendre » en un sens éminent et restreint : c'est un événement de pensée rare qui exprime la conquête d'une puissance par une plus grande compréhension du monde. Pour prendre un contre-exemple, « j'apprends à me tenir tranquille quand mon père me hurle dessus » ne désigne pas l'acte d'apprendre tel que je l'entends ici. Il faudrait plutôt dire : « je deviens obéissant et triste car, faute de comprendre ce qui se passe, je préfère me taire et me terrer ». Dresser n'est pas apprendre.

Si aiment apprendre ceux qui ont aimé leurs propres apprentissages, il faut alors imaginer une distribution amoureuse des échanges. Sachant que nous ne pouvons pas tout faire seuls, que chacun se spécialise et que cela nous rend plus interdépendants les uns des autres, autant répartir les tâches selon un principe de désir. La forme idéale de ce que nous pouvons nous apprendre les uns les autres suivrait alors la règle de la *division amoureuse du travail social* : chacun peut contribuer le plus hautement aux échanges sociaux en fonction de ce qu'il aime. Parlez-moi de ce que vous aimez et non de vos haines et détestations ; là, vous êtes admirables, ici vous êtes médiocres ; là vous me donnez à penser et m'ouvrez des perspectives, ici vous donnez en spectacle vos préjugés.

Voici deux expériences radicalement opposées que j'ai souvent faites : entendre quelqu'un parler avec amour de ce contre quoi j'avais des préjugés (merci !), entendre quelqu'un dire tout le mal qu'il pense sur un sujet que je connais bien, s'offrant malgré lui en flagrant délit de catégorisation sommaire (merci bien…).

Si le secret de l'amour est dans la réciprocité, voilà sans doute une clef fondamentale : *aimer, c'est être prêt à apprendre de l'autre*. Voilà ce qui me manque chaque fois que je pense pouvoir apporter à l'autre et n'imagine même pas un seul instant avoir quelque chose à apprendre de lui.

Dans son beau recueil de témoignages documentaires sur la condition des mères chinoises, Xinran rapporte ce dialogue avec une interlocutrice :

– Pourquoi as-tu confiance en moi ?

– Eh bien, par exemple, vous êtes toujours contente quand je vous montre quelque chose, comme quand je vous ai appris à faire des crêpes. J'étais tellement fière de savoir faire quelque chose que grande sœur Xinran ne connaissait pas ! [...] C'est à ce moment-là que je vous ai fait confiance, quand je vous ai appris à faire des choses.

Jusque là, commente Xinran, je ne m'étais jamais rendu compte de ce que signifiait "faire confiance", mais, par la suite, j'ai fait bon usage des paroles de Fen dans mon travail. En devenant "élève", j'ai appris beaucoup et j'ai pu aussi entendre ce que bon nombre de femmes pensaient réellement [41].

Il n'y a aucun amour chez ceux qui veulent m'aider et ne me laissent pas faire de même pour eux. L'imposition de « bénéfices » unilatéraux dans une relation humaine n'est aucunement de la générosité, c'est une violence réelle et un déni de la valeur de l'autre [42].

Ici se terre le nœud entre la confiance en soi et la capacité à faire confiance à l'autre : c'est parce que d'autres m'ont *autorisé à leur donner* que je pourrai ensuite avoir la force de donner, c'est-à-dire d'aimer. C'est bien sûr crucial dans l'amour de ses enfants : apprendre d'eux c'est leur conférer de la confiance en eux-mêmes. Puissance de l'écoute : savoir écouter l'autre, c'est le rendre audible.

Aimer et apprendre fonctionnent rigoureusement selon le même principe du cercle vertueux : ils concernent les biens *communicables* : les partager ne me prive pas d'en jouir, cela en augmente même ma jouissance*. Leur circulation dans les échanges crée ce qui n'était pas là avant la relation. En apprenant ensemble, nous

---

* Par opposition aux biens exclusifs : le partage de ces derniers signifie leur perte pour le donateur. Cela ne recoupe pas la distinction entre biens immatériels et bien matériels, les deux pouvant contenir des types de biens exclusifs. Par exemple, si je prête ma veste à une personne grelottante, c'est moi qui risque d'avoir froid ; si je donne une réponse dans une situation de compétition scolaire ou de brevetage du vivant, je perds l'avantage stratégique de savoir plus que les autres. C'est pourquoi l'idée de « propriété intellectuelle » m'a toujours paru être une monstruosité au regard des fonctions politiques de l'apprendre.

aurons des idées que nous n'avions pas jusque-là, ni l'un ni l'autre ; en nous aimant, nous découvrirons des désirs et des plaisirs que nous ne soupçonnions même pas.

RÉSOLUTION 3

ATMOSPHÈRE

Les multiples micro-interactions qui passent entre les individus, par les canaux sensoriels (sourires, gestes, intonations, regards, etc.), font souvent plus pour aider l'autre à mieux penser, ou pour le briser, que les contenus explicites des discours entendus.

De même que Descartes et Spinoza voulaient faire une physique des passions, il faudrait élaborer une climatologie des conversations. Il y a des atmosphères favorables au déploiement de la pensée, d'autres sont au contraire étouffantes. Cette question du *milieu* de la pratique est fondamentale pour en penser les conditions d'exercice : on apprend toujours *en situation*. C'est pourtant un retour réflexif rarement opéré chez les enseignants, les parents ou dans les cercles d'amis. Combien de séminaires de recherche empêchent littéralement de chercher parce qu'ils sont saturés d'implicite, de violence symbolique, de révérences paralysantes et de jeux de pouvoir immondes. Frédérique Ildefonse souligne à ce propos les pernicieux effets de persuasion qui en découlent : « Parle-t-on de la manière dont les intellectuels s'auto-intimident entre eux ? Ils dissimulent souvent leur manque de clarté par l'usage d'une confusion que les autres ne s'autorisent pas de lever, de crainte de paraître stupides pour ne pas avoir compris »[43]. Croit-on vraiment qu'on *cherche* bien dans pareilles atmosphères ?

Dans les micro-interactions passent tous ces détails infimes qui peuvent terrasser les plus vaillants : « relisez Stendhal » lance un professeur, instillant d'emblée une anxiété chez ceux qui réalisent avec effroi qu'ils devraient déjà avoir lu Stendhal. Ces « presque-rien » sont terribles à combattre, car si je les relève je passe pour un chipoteur.

Ce problème des manières de dire permet de ne pas être dupe du contenu seul : je peux ainsi approuver l'autre et pourtant couper court à tout désir chez lui.

L'analyse du « remerciement » par Bourdieu dans son passage télévisé à *Arrêt sur images* en 1996 le montre bien. On y voit un présentateur remercier un jeune syndicaliste, non pas par gratitude, mais pour donner un ordre : en lui disant « merci », il le congédie. Il y a des politesses apparentes qui veulent faire taire. Sans amour, je ne sais pas partager la parole avec l'autre et son existence m'apparaît toujours trop encombrante. « Vous êtes de trop », signifient certains, malgré toutes leurs cajoleries. Et cela, je ne l'entends que trop bien : on veut me confisquer le droit de penser. « J'irai penser ailleurs », se disent les plus forts ; « je ne suis pas légitime pour penser par moi-même », en déduisent les plus fragiles.

La sensibilité à l'atmosphère qu'on installe dans une conversation (des esprits comme des corps) conduit vers ce problème : comment allons-nous faire ensemble ? Il faut alors distinguer au moins deux archétypes de conversation : dialoguer et débattre. Le dialogue est une construction commune où chacun déplace ses idées grâce à l'autre. Au contraire, le débat détermine une atmosphère qui empêche de penser. Ainsi, les débats contradictoires dans les médias sont une forme de catch : spectacle préparé dans le but d'amuser, sans risque intellectuel pour les protagonistes – chacun est choisi pour son opiniâtreté et chacun repartira sans avoir été transformé.

Faute d'un désir de partage et d'amour, la polémique n'apprend rien. « Il y a des effets de stérilisation : a-t-on jamais vu une idée neuve sortir d'une polémique ? Et pourrait-il en être autrement dès lors que les interlocuteurs y sont incités non pas à avancer, non pas à se risquer toujours davantage dans ce qu'ils disent, mais à se replier sans cesse sur le bon droit qu'ils revendiquent, sur leur légitimité qu'ils doivent défendre et sur l'affirmation de leur innocence. Il y a plus grave : dans cette comédie, on mime la guerre, la bataille, les anéantissements ou les redditions sans condition ; on fait passer tout ce qu'on peut de son instinct de mort » [44]. Éros est bien loin lorsque Thanatos occupe à ce point le devant de la scène.

À l'inverse, le dialogue suppose une écoute sympathique pour favoriser l'émergence de ce (et celui) qui cherche à se dire. Écouter, c'est être là, l'oreille ouverte, et laisser dire ce qui se dit. La production du vrai commence dès l'écoute : le dialogue est un art et s'apprend avec l'expérience. (Idem pour le dialogue des corps.) La bonne atmosphère se crée, elle n'est pas donnée : elle coordonne une bonne distance avec l'autre qui nous *autorise*, chacun, à entrer en construction commune d'une pensée. (Derechef, cela vaut éminemment pour l'acte sexuel : le corps pense autant que l'esprit !) Se forme alors un *cogito sympathique* que ni l'autre ni moi ne pouvons former isolément : il n'y a de pensée possible que par ces jeux de réciprocité dans une atmosphère d'égalité.

Apprendre ensemble, c'est précisément s'accorder : prendre le temps d'entendre à quelle distance nous fonctionnons bien. Opération délicate et minutieuse, qui suppose de se découvrir, donc de faire confiance. Jamais une atmosphère confiscatoire pour la pensée n'autorisera cela.

Résolution 4

AUTRUI

Lorsque je n'ai plus les ressources intimes suffisantes pour devenir meilleur, seul l'amour de l'autre peut m'augmenter en me redonnant la force d'apprendre.

Parler d'autrui a toujours quelque chose d'un peu redoutable. Il est plus facile de dégager les traits abstraits d'un « je » universel que d'un « tu » universel. Quel rapport entre l'aimé, l'enfant, l'ami, le quidam, le supérieur hiérarchique, l'acolyte, le pauvre-mourant-au-loin ?

Partons d'une opposition conceptuelle entre *autrui* comme figure concrète de l'altérité et le *tiers* comme figure abstraite de l'altérité. Partant de cette distinction, je soutiens que le tiers n'est d'aucune aide effective lorsqu'il s'agit d'apprendre. Il est trop abstrait pour valoir comme rencontre : la plupart des images de personnes mourant ailleurs n'ont jamais réveillé la conscience politique de qui que ce soit, elles ont même l'effet inverse : désensibiliser*. Le tiers n'est donc pas *aimable* – à la lettre : je ne peux l'aimer. Le tiers n'est d'aucun secours pour moi et ne peut en appeler à moi : il ne peut être que l'objet d'un discours spéculatif – celui du droit par exemple [45].

Lorsque je vise l'amour du tiers, je sombre dans la recherche de la gloire : étrange passion qui consiste à vouloir être aimé par des figures construites par mon propre imaginaire. La gloire n'est

---

* C'est ce que Serge Daney appelle le « visuel » : images qui servent à ne pas regarder le monde et qui nous désapprennent à le voir. Le visuel tue l'altérité. Voir Serge Daney, *Itinéraire d'un ciné-fils*. Ce problème du visuel pourrait constituer un critère distinctif pour les portraits artistiques (au sens pragmatiste) : *fonctionnent* comme art les portraits qui me rendent présent autrui.

le résultat d'aucune expérience concrète, elle est une relation imaginaire à ce que j'imagine que les autres imaginent.

Et lorsque l'on théorise la reconnaissance à partir d'un concept trop spéculatif de l'altérité, on en vient, comme Hegel, à poser le problème *trop tard*. En effet, loin d'être une scène originelle, la dialectique du maître et de l'esclave [46] est déjà un *moment second*, un rattrapage pour ceux qui n'ont pu obtenir la reconnaissance par l'amour. S'il n'y a que du négatif dans cette scène abstraite – dont les grandes absentes sont les passions joyeuses –, c'est parce que Hegel théorise le *manque* de reconnaissance, donc une volonté avide d'obtenir quelque chose de l'autre*.

Seul l'amour *reconnaît* l'autre : à la lettre, il répète une naissance, cette fois-ci commune. Re-co-naître, pour abonder dans l'étymologie fantaisiste de Claudel : voilà la véritable entrée dans l'existence pour les êtres relationnels que nous sommes. L'amour de l'autre me crée car il « exerce une action sur mon "mouvement" » : co-naître les choses, suggère Claudel, c'est « les produire dans leurs rapports avec nous » [47]. Pour le pasticher, on pourrait donc dire que nous ne naissons pas seuls : naître, c'est reconnaître et être reconnu. Toute entrée dans l'existence est une reconnaissance. De cela, la négation, la lutte, le combat sont incapables car ils tuent, ils ne créent pas. Seul l'amour est démiurgique : il nous produit l'un l'autre par les rapports que nous inaugurons. Faute d'avoir connu ce bonheur d'exister, je deviens alors un candidat au casting hégélien : maître ou esclave.

---

* Hegel attribue un rôle formateur au risque de la mort *par* l'autre dans le rapport à l'autre. Jamais plus que dans ses analyses de la reconnaissance par l'autre je n'ai été aussi dubitatif sur le « pouvoir magique » de l'« *Aufheben* » – cette négation qui conserve en supprimant pour qui « sait regarder le négatif en face, sait séjourner près de lui », parce que « ce séjour est le pouvoir magique (*Zauberkraft*) qui convertit le négatif en être », écrit Hegel. Il suggère qu'il faut « mettre sa vie en jeu » (le rapport à l'autre « engage nécessairement cette lutte ») pour atteindre la « vérité de la reconnaissance ». S'ensuit une relation radicalement inégale et asymétrique de domination et de servitude, dans laquelle la formation de soi passe par « la peur, le service, le travail » : « moment essentiel » ! Hegel voit dans l'angoisse une « libération » et dans la crainte « le commencement de la sagesse ».

J'émettrais l'hypothèse suivante : l'amour et la réussite sociale sont deux finalités entre lesquelles il faut choisir. Celui qui aime et est aimé n'a pas besoin de rechercher avidement une reconnaissance sociale dans la lutte : « X... me disait que l'amour l'avait protégé de la mondanité : coteries, ambitions, promotions, manigances, alliances, sécessions, rôles, pouvoirs : l'amour avait fait de lui un déchet social, ce dont il se réjouissait »[48].

L'erreur est donc de confondre les deux registres : croire que l'amour fonctionne sur les modalités de la lutte sociale. Vouloir *obtenir* une reconnaissance est déjà se fourvoyer par rapport à la logique de l'amour. Avec la grâce de la poésie et la cruauté de la forme courte, D.H. Lawrence nous expose à cette terrible vérité :

> Ceux qui sont en quête d'amour
> ne font que témoigner leur manque d'amour,
> et celui qui est sans amour n'en trouve jamais,
> seuls ceux qui aiment le découvrent,
> sans avoir à le chercher [49]

L'amour comme l'égalité se donnent, ils ne se demandent pas. « Mais que faire alors ? », clamera-t-on de manière inquiète. C'est le paradigme de la maîtrise, archi-dominant dans notre culture, qui s'effondre : suis-je capable d'accepter qu'il ne dépende pas de moi d'être aimé, que cela fait partie des choses sur lesquelles il faut humblement accepter d'être livré au hasard ? L'égalité qui est à la portée de ma puissance, c'est de percevoir l'autre comme mon égal, et non d'être ainsi perçu par l'autre. Ainsi je ne serai plus dans la crainte de « ce que pense l'autre ». Dure exigence pratique, à laquelle déjà la Bible nous invitait :

> Dans l'amour, il n'y a pas de place pour la crainte, car l'amour véritable chasse toute crainte. En effet, la crainte suppose la perspective d'un châtiment. L'amour de celui qui vit dans la crainte n'est pas encore parvenu à sa pleine maturité [50].

On peut considérer que l'amorce du *commerce* égalitaire est le signal distinctif du dialogue : c'est parce que je sais être véritablement généreux dans mon regard que nous nous rejoignons.

Dit autrement, l'absence de réciprocité est le symptôme objectif de mon impuissance à aimer. C'est le sens de la proposition 41 du livre III de l'*Éthique* : « Si quelqu'un imagine être aimé de quelqu'un, et croit n'avoir donné aucune raison pour cela, il l'aimera en retour » *.

Il n'y a ici aucun optimisme béat. En effet, face à l'écart entre la théorie et l'expérience, il y a deux possibilités : ou bien on rejette la théorie car on voit bien que l'expérience la dément – combien de gestes d'amour non reçus par l'autre ; ou bien on donne raison à la théorie et on réinterprète l'expérience – c'est donc que je n'ai pas véritablement aimé **.

Le problème apparaît alors dans toute sa cruauté : la possibilité de la rencontre qui m'embarque sur le chemin de l'amour ne dépend pas que de moi.

Je suis comme un bouchon ballotté par les flots de mes rencontres. Ainsi, certains passages de l'*Éthique* semblent impliquer que l'obstination dans un préjugé peut devenir un destin [51]. D'autres passages vont également dans le sens de l'idée d'une prédestination ou d'une « quasi-élection » pour employer un terme fort de Martial Gueroult [52].

À tout le moins, on pourrait parler d'une *élection par l'immanence* – non pas un choix effectué par un être transcendant, mais un effet immanent des rencontres successives sur le devenir de l'individu.

---

* Notons que la « reconnaissance » (*gratia*) chez Spinoza trouve sa définition dans le scolie de cette proposition : c'est lorsque s'amorce cette réciprocité de l'amour. Les conditions éthiques de la reconnaissance sont ici le symétrique exact de la dialectique du maître et de l'esclave : elles émergent de la positivité de l'« amour réciproque » et non de la négativité d'un combat à mort. La reconnaissance comme gratitude (sens 1) fonde la reconnaissance de l'autre comme être social (sens 2) : je me sais reconnu comme être libre (puissant) par l'autre lorsque je perçois qu'il me perçoit comme cause de sa joie. La reconnaissance comme *demande* est le symptôme d'une carence créée par l'absence d'une reconnaissance reçue comme *don*.

** N'oublions pas qu'il s'agit ici du *geste* d'aimer. Le début de la proposition de Spinoza signifie très précisément : « Si quelqu'un imagine qu'il est la cause de la joie de l'autre ». Question pour les aimants déçus : qu'est-ce qui, dans mon attitude, a pu faire croire à l'autre qu'il ne me causait pas de joie ?

Plutôt que d'y voir une leçon de fatalisme, cette vulnérabilité et cette dépendance qui nous habitent nous offrent une leçon de modestie : je ne pourrai pas m'en sortir seul, j'ai besoin des autres. Contre toutes les fictions volontaristes qui en appellent uniquement à des ressources personnelles*, il est bon de lâcher prise quelque peu et de reconnaître le rôle positif et nécessaire d'autrui. Savoir reconnaître lorsque j'ai besoin d'aide est une capacité précieuse : cela suppose de percevoir mon impuissance relative.

L'autre est une source d'apprendre, la ressource toujours disponible des êtres finis, imparfaits, bref *en devenir*, que nous sommes.

---

* Les discours sur l'« autonomie » et les « compétences » sont de plus en plus des injonctions à l'individualisme, qui neutralisent le désir de former des collectifs.

AVEUGLÉ

Ceux qui accusent les amants d'être trop aveuglés par leur amour pour voir les choses telles qu'elles sont croient, par conséquent, que les choses sont « telles quelles ». C'est l'inverse : le regard aimant voit mieux parce qu'il construit plus l'objet de son attention par ses lumières – il est extralucide.

« L'amour est aveugle », dit-on : c'est l'inverse. L'amour rend joyeux donc confère plus de force au regard. C'est l'un des grands postulats anthropologiques de Rousseau : le bonheur est centrifuge, il libère les forces perceptives, rationnelles et morales ; le malheur est centripète, il accapare tout et focalise l'attention sur moi-même, me rendant moins capable de voir ce qui m'entoure. Le procès de l'amour est la rancune des envieux : « on a fait l'amour aveugle parce qu'il a de meilleurs yeux que nous, et qu'il voit des rapports que nous ne pouvons apercevoir »[53].

L'amoureux observe comme nul autre : la puissance de son regard, c'est d'abord la force de son désir de voir. Au contraire, le désintérêt et l'éloignement font mal voir, parce qu'ils me laissent *éloigné*. L'aveuglé obéit à ses catégories mentales et se contente de « jeter un œil ». À force, il n'a plus beaucoup d'yeux pour bien voir. Or, tout cela a été appris, c'est pourquoi j'utilise le participe passé « aveuglé ». Cela doit donc s'apprendre autrement.

« C'est bien du X... » : verdict presbyte que je prononce chaque fois que je réduis à une essence stable un devenir dont tous les accidents m'échappent. Les catégories sont l'armure des aveuglés : je finis par croire que les individus se ressemblent tous (réduction de la diversité des êtres à des essences secondes : « c'est bien une fille, ça ») ou du moins qu'ils sont toujours les mêmes (réduction du devenir à une essence première : « c'est tout elle de faire ça »). Gain médiocre de ces économies perceptives : je me meus rapidement dans le monde, sans jamais avoir à tâtonner pour y découvrir quelque imprévisible nouveauté. L'amoureux, lui, s'attarde.

Apprendre à aimer est donc conquérir la force de modeler mes représentations à la hauteur de la valeur que je leur *prête*, nourrie par ma bonté. D'où cette règle de vie toute stoïcienne : « Regarde au fond des choses. Que la qualité particulière et la valeur d'aucunes ne passent pas inaperçues pour toi ». Ou encore : « Il faut qu'un œil soit en état de voir dans la pénombre de la forêt et non point que la bouche dise : Je veux ici un peu plus de vert » [54].

Aveuglé, je le deviens lorsque mon attention est surdéterminée par une *attente* : je cherche quelque chose que je veux trouver; et cette quête obstinée m'empêche de voir, par ailleurs, l'étonnant, l'inattendu, le détail [55]. Chaque fois que je m'exprime négativement, je reproche au réel d'être ce qu'il est : le négatif dit une *absence*, il dit donc très peu, voire rien, sur les événements ou les faits du monde. Par exemple, en classification naturelle, le concept d'« animal invertébré » est peu pertinent scientifiquement, car il n'indique aucune propriété de l'animal*. C'est une forme d'anthropocentrisme : le terme connote l'absence d'une propriété jugée éminente pour une raison non scientifique.

C'est le même problème dans l'appréhension des différences au sein de l'institution scolaire : paradoxalement, c'est souvent le regard « déficitariste » [56] – l'élève manque de quelque chose – qui fait baisser l'exigence vis-à-vis de ce que nous pourrions faire avec lui. Le choix de la bienveillance ne change rien, puisque c'est un

* On ne classe pas les animaux par des absences, sinon on risque vite d'arriver à des classements aussi farfelus que celui d'un texte de Borges, rapporté par Foucault au début de *Les Mots et les choses* : « les animaux se divisent en : a) appartenant à l'Empereur, b) embaumés, c) apprivoisés, d) cochons de lait, e) sirènes, f) fabuleux, g) chiens en liberté, h) inclus dans la présente classification, i) qui s'agitent comme des fous, j) innombrables, k) dessinés avec un pinceau très fin en poils de chameau, l) et cætera, m) qui viennent de casser la cruche, n) qui de loin semblent des mouches ».

problème de perception du réel, non de qualité de l'intention d'agir. De ce point de vue, souligne Jean-Pierre Terrail, la pédagogie différenciée entérine l'idée d'un « enseignement de compensation » qui ne pourra qu'être *correcteur* dès lors que les maîtres perçoivent un élève « en difficulté » comme un « être de manque » et le classe en fonction de son niveau d'éloignement à une norme arbitraire – maîtrise d'une certaine langue : *la leur*. Et ce sont souvent les enfants du peuple qui ont droit à une telle attention... Or, le regard « déficitariste » est précisément ce que Spinoza nomme le *mépris* : voir ce qui n'est pas chez l'autre, plutôt que ce qui y est [57].

De manière générale, chaque fois que je pointe des manques je m'aveugle, car je me prive de bien *décrire* les faits. Ne me disposant pas à être surpris par l'événement, par l'altérité, je suis déjà en train d'imaginer quoi *prescrire* aux faits pour qu'ils se conforment à ce qu'ils devraient être. On peut penser à l'analyse fameuse de Bergson sur le désordre : quand je qualifie la chambre d'une personne de désordonnée, *je ne dis rien sur la chambre*. Je parle de moi, de mes valeurs, de mon aspiration à un certain ordre que la chambre ne satisfait visiblement pas à mes yeux. Pourtant, souligne Bergson, la chambre, au sens physique de l'ordre, ne peut qu'être ordonnée : chaque objet est à la place qu'il doit avoir au regard des conditions objectives des interactions entre les choses.

Les invertébrés, les enfants issus des classes populaires ou le désordre ont ceci de commun : ils sont des faits construits par un regard qui s'« attend à », et donc perçoit des absences avant de voir les présences.

Il est d'ailleurs intéressant de remarquer que la passion de l'injure est historiquement liée à la classification d'un autrui détesté. En Occident, des individus ont souvent été nommés génériquement d'abord par ceux qui les détestaient ou les ignoraient : les gnostiques, les manichéens, les athées, les nègres, les *queer*, etc. Toutes ces catégories n'émanaient pas des individus qui en faisaient partie et s'y scraient reconnus : eux ne s'appelaient pas ainsi. Ce sont des désignations hostiles apparues sous la plume d'auteurs qui voulaient dénoncer leur dangerosité, leur infériorité, etc., dans des pamphlets rédigés « contre » les personnes ainsi génériquement regroupées – invisibilisant souvent une extrême disparité au sein de la catégorie ainsi créée.

Nos amours en art sont souvent prises dans ces pièges. C'est le paradoxe suprême des amours passées qui peuvent m'aveugler après m'avoir tant donné à voir…

Quand un artiste crée une nouvelle œuvre, c'est toujours une étrange expérience pour celui qui a aimé les précédentes. Personne n'est moins bien éduqué que l'admirateur, lui qui tend à vouloir une répétition du passé : « la même chose ». Pour peu que l'autre évolue, change, me voilà déçu, je crie intimement au scandale.

De même que l'obstacle épistémologique est un outil *jadis* utile qui me bloque *aujourd'hui* pour continuer d'apprendre [58], il y aurait des obstacles haptologiques : ce qui m'a touché (et que j'ai touché – *hapto*) autrefois m'empêche maintenant d'être touché (et de toucher) différemment.

Gracq dresse le portrait de ces paresses perceptives qui conduisent à l'autodressage de nos sens : « Quand nous nous sommes une fois "fait une idée" d'un écrivain (et tout l'effort de notre critique écrite et parlée vise à ce qu'une telle sclérose intervienne très vite) nous devenons paresseux à en changer – nous marchons en terrain sûr et nous lisons de confiance, d'un œil dressé d'avance à ramener les hauts et les bas, les accidents singuliers de ce qui s'imprime, à la moyenne d'une "production" sur laquelle nous savons à quoi nous en tenir » [59].

De manière plus grave et politique, les aveuglés forment les légions de racistes pour les mêmes raisons. Ralph Ellison dit, à propos de son grand roman l'*Homme invisible*, que l'invisibilité du héros est un échec de l'imagination et de l'éducation de la part des Blancs, et non un accident biologique de la part du héros. En effet, si le héros est « invisible » pour la société blanche, ce n'est pas une propriété « objective » (qu'il faut lui attribuer), mais « intersubjective » (que la société blanche, aveuglée, lui a *prêtée*).

Ceux qui n'aiment pas ne savent pas voir : le racisme est un échec des racistes. Les émotions aussi s'apprennent et sont peut-être l'enjeu premier de toute pratique de l'égalité [60]. En effet, une perception riche entraîne une imagination riche qui nous rend capables d'être touchés par la pleine humanité de gens que, dans la vie quotidienne, nous risquons de ne croiser que de manière superficielle (au mieux), voire chargée de stéréotypes dépréciatifs (au pire).

Le réel est d'abord silencieux, c'est nous qui le faisons parler. La croyance informe toujours l'expérience : le problème n'est donc pas de critiquer la déformation du réel par les croyances, car c'est inéluctable, il est de savoir quelles *formes* mes croyances *donnent* au réel.

« Parce que j'aime, je lui *prête* de nombreuses qualités ». Cette expression du langage courant traduit la vérité littérale du commerce des affects. À l'inverse, l'aveuglé, avec ses catégories générales, ne trouve que des défauts aux singularités du monde. Son insistance sur le négatif ne le dispose qu'à de tristes offrandes : « Il me prête tous les défauts du monde ».

Si l'aveuglé prête si chichement, c'est qu'il n'a pas assez de ressources en lui. Il faut essayer de comprendre ce problème de carence perceptive.

Voyons sous quel régime d'autorité nous vivons habituellement. Chaque nouvelle autorité se trouve mise en concurrence avec les autorités premières qui m'ont affecté ; c'est pourquoi j'ai du mal à prêter attention à une autorité qui tendrait à me faire croire autre chose : une telle autorité n'est pas *crédible*.

Or, un discours n'est *audible* que pour ceux qui lui accordent du crédit. Plus généralement donc, une rencontre, une expérience ne sont perceptibles que si je leur accorde du crédit : mes carences m'empêchent de donner *mandat* à toute expérience qui tendrait à me faire croire le contraire de ce en quoi j'ai eu confiance. Ma capacité à faire des rencontres dépend donc de l'autorité – c'est-à-dire du crédit – que je peux accorder aux événements. Si je ne le peux pas, je ne prête rien.

L'autorité n'est donc pas une qualité objective détenue par un événement ou un individu, elle est relationnelle. Elle découle directement de l'amour comme relation d'égalité : elle est moins une qualité substantielle d'un individu qu'une relation qui *établit les individus* lors de la rencontre – et non pas qui « s'établit entre les individus ».

Plus radicalement encore, ne pas savoir aimer, c'est être rendu incapable d'*accorder une autorité à l'expérience elle-même* : je ne dispose pas des ressources pour créditer mes expériences – dont le discours d'autrui est un cas particulier – d'une autorité qui me permettrait de percevoir ce qui m'arrive.

L'aveuglé est celui qui ne sait plus *donner mandat à l'expérience*, au contraire de l'aimant, prodigue, qui prête à l'événement cette qualité première sans quoi il n'est pas de rencontre possible : être perçu. *Esse est percipi**.

---

* En effet, « *esse est percipi* » ne veut pas dire : être ce n'est qu'être imaginé (« la vie est un songe »). Berkeley nie explicitement qu'on puisse douter de la réalité : si les choses sont des idées, les idées sont aussi des choses. Dans *esse est percipi*, ce qui importe, ce n'est pas la réduction d'*esse* à *percipi*, c'est que l'affirmation soit réversible : *percipi est esse*. Être perçu c'est pleinement être, et non pas être « seulement » perçu – sans être.

BEAUTÉ

Si je n'aime pas, je n'ai rien à dire sur la beauté des êtres : la laideur que je perçois n'est que la laideur de ma propre impuissance à percevoir. Ne peut parler de la beauté que celui qui aime.

Cette entrée est étroitement liée à celle qui la précède. Il faut donc partir de la même position du problème : celle des puissances perceptives de l'individu.

Nous sommes dans la droite lignée du renversement, opéré par Spinoza, de la pensée du sens commun sur les rapports entre désir et beauté : ce n'est pas parce qu'une chose est belle que je l'aime, c'est parce que je l'aime qu'elle m'apparaît belle[61]. Dit autrement, la beauté n'est pas *dans* les choses (propriété objective), elle est une création à la mesure des *puissances de projection* du sujet. Bachelard répète cette thèse fondamentale avec poésie : « on ne veut bien que ce qu'on imagine richement, ce qu'on couvre de beautés projetées »[62].

Cette position du problème met à plat les revendications tristes de la lucidité contre les élans enthousiastes permis par l'amour. En ce sens, l'aimant a toujours raison contre les haineux, dont l'orientation subjective leur fait trouver erreurs et défauts dans les actes et les paroles d'autrui.

Le diagnostic de la laideur (du monde, des autres) n'a pas raison *a priori* contre la beauté – ce dont les pourfendeurs de la joie ne semblent pas convaincus, prenant la morosité pour un signe évident de clarté et de lucidité.

Un parent qui voit son enfant beau a raison : ce bonheur du regard exprime la vérité d'un attachement. Descartes aimait les femmes qui louchent un peu ; cela venait sans doute du fait qu'il avait beaucoup aimé, enfant, une jeune fille pareillement « un peu louche » [63]. Imaginons un triste ami lui rétorquant : « Mais elle n'est point charmante, elle louche ! Tu te berces d'illusions, cher René ». Jugement bien statique. Ce que traduit l'élan amoureux, c'est la vérité d'un rapport : Descartes a passionnément aimé la fille qui louchait, par association il a un faible pour les femmes qui louchent. L'illusion est toujours une « erreur » pour ceux qui substantialisent et figent le réel ; au contraire, pour ceux qui savent voir les rapports, elle est l'expression d'une trame qui *relie* et permet de *comprendre*. De même que l'apparaître-brisé du bâton dit la vérité de la relation entre l'air et l'eau pour les rayons lumineux (ce n'est aucunement « faux »), de même ce qui nous apparaît est toujours vrai dans sa manière d'apparaître – comment pourrait-il en être autrement ?

Mais Descartes est un pourfendeur d'illusions et veut des repères stables... Verdict de son auto-analyse : « depuis que j'y ai fait réflexion, et que j'ai reconnu que c'était un défaut, je n'en ai plus été ému ». Voilà à quel socle de vérités on arrive : « n'y regardez plus », « circulez, il n'y a rien à voir ». Fin des émotions, triste lit de certitudes. Descartes est passé d'une certitude joyeuse (les louches sont désirables) à une certitude triste (les louches sont défectueuses) : qu'y a-t-il gagné ?

Et moi, de quel regard suis-je capable ?

Chaque chose peut être belle pour qui sait aimer. Ainsi, la laideur prêtée aux vieux visages est une triste passion de l'emmagasineur de clichés : obéissant jusque dans ses amours, l'impuissant ne voit de beauté que celle qu'on lui dicte. On dispose avec le vieillissement d'un cas paradigmatique, dans notre culture, de beauté perdue par manque d'amour et d'intérêt. Par exemple, la fameuse « libération sexuelle » conserve un impensé fort : l'amour des corps par-delà les âges, la vie sexuelle jusqu'au bout [64].

Prenons un autre exemple, celui du critique qui me dit tout ce qu'il n'aime pas dans un film. Qu'est-ce que cela établit entre nous ?

Rien. Dans un monde si vaste, dont il y a tant à raconter, qu'il use ses énergies à me parler de ce qu'il aime ! Sinon, j'ai l'impression d'une relation unilatérale : c'est comme si l'autre me prenait à partie pour régler des choses que je ne peux comprendre, qui sont du ressort de son for intérieur et ne peuvent donc que m'échapper *essentiellement*. Monologue [65].

Seule une coïncidence des structures psychiques intimes peut faire se comprendre les médisants. C'est pourquoi les critiques négatives ne sont jamais aussi efficaces que dans la connivence des milieux sociaux normalisés et homogènes – il y aurait toute une analyse à faire du phénomène du bouc émissaire [66], de ce point de vue*. Au contraire, celui qui sait me parler de ce qu'il aime dans ce même film, en souligner les forces, peut m'apprendre quelque chose et former *éventuellement* mon regard à percevoir des choses restées jusque là inaperçues.

Seuls ceux qui tiennent un discours amoureux peuvent apprendre *avec* les autres et faire se produire du nouveau pour le « nous ». Cela peut devenir une règle éthique de premier ordre : « toujours prêter attention à ce qu'il y a de bon dans chaque chose, afin qu'ainsi ce soit toujours un affect de joie qui nous détermine à agir » [67].

Les sceptiques bouderont cet enthousiasme optimiste et souligneront qu'on ne forme pas un être humain à coups de compliments. Certes, mais l'enjeu de ce problème est précisément d'arriver à tracer des lignes de partage entre les compliments qui rendent captifs et dépendants du regard des autres [68] et les regards nourrissants.

---

* Selon Girard, dans toutes les sociétés, des victimes sont désignées afin de *purger des tensions* au sein du groupe dans un acte cathartique. Il s'agit d'expulser des maux en nous et de régénérer le pouvoir *malgré un tiers*. Nous purgeons nos tensions, et c'est pour chasser notre culpabilité que nous voulons (nous) faire croire que notre intention est d'aider l'autre lorsque nous le contredisons. Pourtant, l'autre nous importe peu *pour ce qu'il est*, dans ces moments-là. Il n'est plus envisagé comme fin, mais seulement comme moyen : « la violence inassouvie cherche et finit toujours par trouver une victime de rechange. À la créature qui excitait sa fureur, elle en substitue une autre qui n'a aucun titre particulier à s'attirer les foudres du violent, *sinon qu'elle passe à sa portée* ».

C'est au sein du régime *producteur* des affects qu'il faut situer le problème, et non dans l'épuisante comparaison des mérites.

On pourrait même dire que la puissance du regard aimant bénéficie d'une reconnaissance intuitive : nous sentons bien que *quiconque aime voit mieux*, et d'instinct nous faisons crédit à la sincérité d'une admiration qui nous est étrangère.

Les vindictes des négateurs impétueux, qui sont bien réelles, loin de constituer un contre-exemple, fournissent un élément de preuve supplémentaire. Sur ce point, Gracq remarque, à propos des polémiques dans l'histoire de l'art, que « l'incompréhension esthétique est humble par essence, et révérencieuse, elle est beaucoup moins suffisance que sentiment caché d'un manque, comme en font la preuve les invectives trop grossières adressées aux mouvements artistiques à leurs débuts » [69].

Cette scène se joue d'abord en moi-même : chacun sait, en secret, quelle humilité (humiliation ?) l'écrase intimement lorsqu'il manque à percevoir la beauté d'un événement. C'est pourquoi les élans d'amour sont par nature altruistes (même lorsqu'il s'agit d'aimer un objet, une œuvre) : ils forment des alliés précieux pour mieux voir, donc vaincre ses peurs – la laideur fait peur. S'il est des frayeurs dans le monde, ce sont *les nôtres*.

Apprendre à aimer est ainsi une éducation de la perception : rien ne désarme comme l'amour et tous les gestes mal intentionnés s'effritent comme feuilles mortes (qu'ils sont) contre le souffle de ses forces. Je n'aiderai l'autre, si je le peux, qu'en l'aimant et le voyant beau, non en traquant *ses* démons *qu'il est*. Réciproquement, le regard donateur de forces me nourrit comme aucun regard clinique ne saurait me soutenir. Seules les relations d'amour nous sauvent des tristes substances qui font la liqueur de nos âmes. Comme dit le poète : « Tous les dragons de notre vie sont peut-être des princesses qui attendent de nous voir beaux et courageux » [70].

RÉSOLUTION 7

BISOUNOURS

De même qu'il existe un « point Godwin » dans les conversations, il existe un « point Bisounours » : c'est lorsque ceux qui se réclament de la lucidité, qui a tout du cynisme, ne supportent plus l'enthousiasme du poète ou du révolutionnaire, et prennent leur fatigue de la vie pour une vertu intellectuelle.

Le point Godwin désigne le moment où l'on se discrédite en faisant un parallèle entre les idées de son interlocuteur et Hitler ou le nazisme. En effet, ce genre de rapprochement tombe à coup sûr dans la catégorie des sophismes (arguments fallacieux) et exprime l'épuisement intellectuel de l'individu qui n'a plus « que cela » à opposer. Par analogie, le point Bisounours serait un moment dans la conversation où l'interlocuteur échoue à argumenter en se rabattant sur une attaque personnelle (ce qui est nul logiquement) qui dit en substance : ton enthousiasme m'écœure, tu n'as pas les mêmes yeux que moi et tu ne sembles pas voir toute la laideur du monde. Le pessimiste veut croire que sa tristesse est force de la raison.

Le mot qui exprime le mieux ce nœud est la « lucidité » – qui vient de « lumière » (*lux, lucidus*). Il est utilisé littéralement par certains, avec le sens de « perspicace », « clairvoyant »; mais d'autres y mettent une dose de cynisme, de dégoût, de désillusion. Au même moment, en 1927, ces deux usages : « Moi, songeait Thérèse, la passion me rendrait plus lucide »[71]; « Il n'était plus dupe du décor, d'aucun décor. Il contemplait celui-ci avec un dégoût lucide »[72].

Chaque fois que je suis désabusé, je dis moins de choses sur le monde que sur moi-même : j'ai aimé un monde non pas réel mais imaginaire (illusion), j'ai été déçu (désillusion). Bref, j'en veux au réel de ne pas coller à mes rêves. Platon nous l'a appris : la haine est toujours le fruit d'un amour déçu et non d'un *a priori* négatif. Le misanthrope attendait trop des hommes et médit sur eux à la mesure de ses espoirs devenus désillusions, le misologue [73] est celui que la raison a déçu parce qu'il a commencé par en surestimer la puissance. Le problème des pourfendeurs du « monde des Bisounours », comme ils disent, c'est qu'ils n'ont plus de puissance pour faire un autre monde. Leur dégoût les immobilise. Il y a quelque chose d'« enfantin et d'infantile » chez ces « calomniateurs de la gaieté » [74] – et leur attitude montre une forme de lassitude, de vieillesse vitale.

Leurs analyses ne les font aucunement avancer et ne cherchent qu'à ralentir les autres. « Soyez lucides », dit avec assurance celui que plus aucune lumière n'anime.

Il y a une scène du film *Lincoln* de Spielberg, lors des débats au Congrès sur l'abolition de l'esclavage, où les opposants se fendent d'une surenchère qu'ils croient comiques : « et pourquoi ne pas donner le droit de vote aux noirs ? » Les rires ponctuent l'atmosphère. Un autre plus inspiré encore : « et les femmes aussi, tant qu'on y est ? » C'est l'hilarité générale. Lucidité pleine de dégoût et de haine, quand tu nous tiens. Plus banalement, combien de conversations utopiques et riches d'imaginaire sont brisées net par le « réaliste » de service qui semble oublier que le réel ne va pas de soi, il n'est pas donné : il se construit.

De même, il est toujours délicat de brosser l'avenir d'une relation d'amour avec un ami déçu de l'amour. Mon ami, devenu impuissant à imaginer et construire par-delà ce qui existe et se donne à voir, risque le « point Bisounours » parce que mes projections utopiques sont pour lui douloureuses à entendre. Moi, je sais que mes rêves peuvent affronter l'armée des faits et les mettre en déroute.

Comment, alors, sortir de la chasse aux Bisounours ? William James insiste sur la performativité de la confiance : « y croire » a des effets concrets. Dans un chapitre au titre éloquent (« La vie vaut-elle d'être vécue ? » [75]), il signe de singuliers concepts d'« optimisme » et de « pessimisme » en les articulant autour de la catégorie du « peut-être » :

> Dans toute l'étendue de l'activité de l'homme, et de sa productivité, sa fonction vitale tout entière est subordonnée à un "peut-être". Il n'est pas de victoire, pas d'acte de courage qui n'ait à leur base un "peut-être". Nous ne vivons qu'en risquant notre personne d'heure en heure. Et bien souvent, notre foi anticipée en un résultat incertain est la seule chose qui rende le résultat vrai.

L'optimiste est donc le personnage qui croit que ses idées sont déjà une force, que son optimisme n'est pas pure chimère puisqu'il est réel et donc a des effets réels. Inversement, le pessimiste n'a pas confiance et croit que le domaine théorique est sans aucune incidence sur le monde réel ; il ne voit pas que la pensée se faisant est déjà une pratique, au sens où elle transforme au moins celui qui pense. L'un et l'autre sont des tendances qui traversent chacun de nous : ils ne correspondent pas à des individus comme tels, mais à des parts de nous-mêmes.

Certes, il existe un optimisme de la position dominante, produit de l'ignorance par naturalisation de son propre confort* ; mais le problème du point Bisounours n'est pas l'optimiste, c'est ce qui se passe chez le pessimiste – lassé ou excédé, plus ou moins légitimement, par ce qu'il croit percevoir de niaiserie chez l'autre.

Le problème de la vie est celui de la création, de l'action, de ce qu'on fait advenir par le désir qui nous habite. À propos d'une hypothèse injustifiable en soi, Michel Vanni rappelle l'espoir parfaitement raisonnable qu'il y a à accompagner des idées pour leur pouvoir performatif *meilleur*, car « il en va toujours – en dernière

---

* Il y a une certaine manière masculine d'être « optimiste », quant aux issues des combats féministes, à la mesure de la méconnaissance des souffrances et injustices encore nombreuses vécues par les femmes.

instance – d'une décision en bonne partie arbitraire. Et un point de vue cynique ou sceptique aura toujours beau jeu d'accumuler des faits à l'appui de ses soupçons » [76]. De ce point de vue, c'est toujours l'optimiste qui a raison et le pessimiste qui se trompe.

Imaginons la scène suivante. Si, acculé dans une situation pressante pour ma sécurité, je crois qu'il faut sauter au-dessus d'un ravin, et que *j'y crois* – c'est-à-dire que je pense qu'une telle action est possible et a des chances de succès – alors la probabilité que j'y arrive est plus grande que si je n'y croyais pas. La prochaine fois qu'un individu se réclamera de la raison pour briser mon élan enthousiaste à *faire*, je lui demanderai avec douceur et fermeté *à quoi sert sa remarque*. Quels effets espère-t-il produire en moquant le débordement optimiste de ce que je voudrais pour le monde de demain ? Car, si l'on y regarde de près, son intervention ne fait que diminuer les chances de réalisation en brisant les puissances de faire. « Je te l'avais bien dit » est le triomphe des pessimistes qui ne voient pas qu'ils concourent activement aux défaites qu'ils prédisent.

Le « point Bisounours » est le symptôme que je n'ai plus la force d'aimer et de créer le monde. Ainsi, en confondant mon dégoût de la vie avec la lucidité, j'exprime ma faiblesse : *le manque de confiance en soi et dans le monde est une impuissance objective*. En effet, celui qui manque de cette confiance a « raison » puisque sa puissance est effectivement restreinte par ce qu'il imagine pouvoir faire. Spinoza l'a dit admirablement : « tout ce que l'homme imagine ne pas pouvoir faire [...] le dispose de telle sorte qu'il ne peut pas faire, en vérité, ce qu'il imagine ne pas pouvoir faire. Car, aussi longtemps qu'il imagine ne pas pouvoir faire telle ou telle chose, aussi longtemps il n'est pas déterminé à agir, et par conséquent aussi longtemps il lui est impossible de le faire » [77]. Seul l'amour peut sauver ceux que le désarroi a désarmés.

CONFIANCE (EN NOUS)

Est capable de se relier (aux autres) celui qui se décide à agir sans se demander ce qu'il vaut. La confiance est un partage d'idées qui donne à chacun plus de foi, plus de crédit en lui-même : elle est donc l'action démiurgique par excellence car elle crée de la valeur par le simple fait d'échanger – sans présupposer cette valeur comme condition de l'action.

« Il faut croire en soi ! », dit-on. Mais il faut bien distinguer deux formes. (a) L'estime de soi est la forme de croyance que j'hérite des autres comme d'un bien figé – l'*estime de soi* se nourrit d'un passé. Je porte un regard sur mon « moi » perçu comme substance valable. (b) La confiance en soi est la forme de croyance en nous qui se crée avec les autres et donne la force de créer avec les autres – la *confiance en soi* puise sa force du futur. Elle rend possible la subjectivation, la mise en œuvre de soi par une reprise de ce que les autres ont fait de moi.

Trop sûr de moi, lorsque je m'estime je crois m'aimer et n'aime en réalité qu'être aimé. Je serais alors prêt à passer à côté de ma vie pour conserver cette cagnotte affective : ne rien changer, ne plus essayer pour ne pas risquer d'échouer, pour conserver le petit pouvoir dont je suis dépositaire. Terreur du conformiste, que je voudrais ne jamais devenir : plutôt ne plus vivre que de risquer de perdre en estime, c'est-à-dire en pouvoir conféré par d'autres.

Loin d'être une force propre, l'estime de soi est la dérivation stricte de l'estime des autres pour moi : ils m'accordent un certain pouvoir (« oh toi mon fils aîné, tu es le meilleur et c'est toi qui auras le privilège de reprendre l'usine de ton père ») et je crois à cette fable aux effets sociaux très réels. La fable du pouvoir promet des réussites et, ô miracle performatif, elle les rend réelles. Je crois dans les mots parce que j'ai confiance en la parole d'autrui : je n'ai pas le choix au début de mon existence, je dois survivre. Les parents injurieux ou insultants envers leur enfant créent ce qu'ils disent parce que l'enfant *les prend au mot*. À force de qualifier le petit d'homme d'« idiot » ou de « méchant », ce dernier finira par le croire dans la mesure où il aime ses juges. « L'homme est ainsi fait qu'à force de lui dire qu'il est un sot, il le croit »[78].

L'estime de soi n'a donc rien à voir avec les puissances créatrices et aventureuses de la confiance en soi. C'en est même l'exact opposé. Si l'on entend par estime de soi ce que les sociologues nomment « assurance » chez les dominants, on voit bien que celle-ci gît dans le *passé* d'un individu, résultat des « effets bien réels » de la « magie sociale ».

Les concours de l'État français donnent un bon exemple de cet adoubement par l'ordre épistémocratique, dont l'École a le secret. C'est d'autant plus flagrant qu'une différence de degré dans l'ordre classificatoire devient une différence de nature entre le dernier admis d'un concours et le premier recalé. Le pouvoir nous fait alors jouer le rôle (social) que notre nouveau statut (social) nous confère. Le pouvoir fait de nous des pantins : « la division s'impose à la croyance de ceux qu'elle sépare, leur imposant du même coup les conduites propres à justifier, à leurs propres yeux autant que pour les autres, leur distinction »[79]. Il suffit de voir ce que l'agrégation de philosophie obtenue peut faire à un esprit fragile de 23 ans, en termes de modifications de comportement, pour se dire que cette « magie sociale » relève plutôt de la sorcellerie.

Le pouvoir grave des préjugés dans nos corps, il nous les trace à même la peau et jusque dans la chair[80]. Par exemple, une femme pourra, même très diplômée, continuer de se sentir illégitime, « pas à sa place » : avec un sentiment d'usurper la place qui lui est donnée dans l'ordre épistémocratique, tant l'ordre phallocratique a buriné en elle les sillons de la honte.

L'estime de soi est donc l'*adhésion obéissante à un préjugé sur soi*. Nulle connaissance de soi ici, mais la répétition d'une dictée :

les autres me font croire au système des privilèges et projettent en moi des certitudes sur les pouvoirs qui me sont attribués ou refusés. « Tu seras un homme, mon fils ».

Précisément : lorsque je m'estime je ne suis pas près d'aimer, car je ne suis pas prêt à apprendre avec l'autre, à m'aventurer. J'ai un capital à faire fructifier socialement. L'estime de « soi » concerne le moi réifié par les préjugés, auquel l'estimateur tient. C'est la méthode de ténacité (celle de l'autruche) [81] : surtout ne pas voir les événements qui pourraient faire démentir la haute idée que j'ai de moi-même, me faire réaliser que mon pouvoir n'est rien sinon une hallucination collective. La méthode de ténacité est utile pour faire des affaires, obtenir la gloire : tout ce que permettent les diplômes, notamment, en créant l'assurance. Obéissant, celui qui a capitalisé de quoi avoir une estime de soi met sa vie au service d'un modèle, il se fait modèle pour les autres, simple rouage de la perpétuation des ordres : « faites comme moi » est la pédagogie des dominants [82].

La pratique est la seule défense effective et efficace face à ceux et celles qui veulent nous persuader de notre impuissance. Seuls les essais *en acte* nous diront ce que ça vaut. Certes, la résistance active n'a pas raison *a priori* sur le fond, mais elle nous permet d'expérimenter *a posteriori* s'il valait mieux ou non obéir aux conseils et aux injonctions. C'est pourquoi la résistance, la désobéissance ont toujours raison sur la forme : il n'y a pas d'autres moyens de savoir ce que nous pouvons qu'en étant *en train de faire*.

L'estime de soi renvoie donc bien au temps du passé, des cartes du pouvoir déjà tracées par d'autres : je crois en ce que les autres m'ont dit que j'étais. *S'estimer c'est « s'attendre à »*, en vertu de la projection, dans l'avenir, d'une connaissance passée en vertu des effets attendus quand j'occupe telle place. C'est la matrice du ratage de l'événement, l'anti-*kairos* : tant que je « m'attends à », je suis incapable de percevoir tout ce qui pourrait différer de mon attente. (La mésestime de soi est le miroir en négatif de ce décalage avec le présent : chaque fois, je *m'attends à* ce que ça rate.)

Je m'attends au prince charmant et *pendant ce temps* je ne vois pas les charmants autres qui croisent mon existence [83]. Et l'horrible dans tout ça est l'enfermement grandissant dans le passé : plus j'attends, plus il m'est difficile d'admettre que j'ai eu tort de m'y attendre. Question d'investissement : je suis celui qui le vaut bien, qui mise sur tel grand événement. L'événement ne vient pas ? Mais j'ai déjà tant attendu : je refuse d'avoir attendu pour rien, alors je persévère – méthode de ténacité toujours [84].

Les pouvoirs nous mettent « off », en « stand by » comme on dit, ils nous mettent *en attente*. Or, attendre c'est ne rien faire. Les pouvoirs nous rendent structurellement passifs, puisque le pouvoir n'est rien *de nous* : « Si l'homme qui attend manque à son présent, c'est d'abord selon lui parce que le présent n'est pas à la hauteur de son attente. Ce n'est pas lui qui manque à son présent, ce sont les occasions de se conduire en héros viril qui font défaut ». En bref, « attendre, c'est prétendre » [85]. Or, rien ne m'éloigne plus de la pratique. Et tout finit en complexe de Calimero : « l'enfer c'est le monde, décidément trop injuste ».

Un exemple banal depuis deux siècles est « le grand soir » : aidé par les clichés les plus coutumiers, j'espère vivre un événement qui rendra dérisoires les réussites des autres. Mon attente devient présentement supportable, car le démenti présent de l'expérience est vécu subjectivement comme une preuve supplémentaire de la grandiosité de l'événement à venir qui nous attend. Mais gare aux démentis : « c'est trop injuste, pourquoi rien ne change ? », me demandé-je chaque fois que j'attends que ça change. « *L'ingratitude de la vie* » *est le verdict subjectif de mon devenir misérable.* Jamais je ne suis plus éloigné de la pratique !

Apprendre à aimer est apprendre à agir : la pratique est une aventure parsemée d'actions quotidiennes, elle est mise en mouvement, arrachement à ce piège des pouvoirs qui nous mettent en attente et nous rendent simples spectateurs de nos existences. Pour lutter, il faut s'arracher à cette alternative « estime/mésestime de soi ».

En effet, il faut assumer ce paradoxe. (a) Il est plus facile d'aimer pour ceux qui ne sont pas pleins de cette estime de soi donnée par la société – l'assurance. Au contraire, l'amour est beaucoup plus difficile pour un individu « assuré de lui-même » à cause de ce que sa socialisation a fait de lui : il devrait quitter des biens valorisés socialement pour un bien encore à inventer. (b) En même temps, si l'estime de soi est un obstacle objectif à l'aventure, la carence en estime de soi l'est tout autant : la mésestime de soi opère selon les mêmes modalités et s'oppose pareillement à la dynamique encapacitante de la confiance en soi. C'est donc le mécanisme lui-même d'*estimation*, en bien ou en mal, qui pose problème, en tant qu'il nous fait croire dans les pouvoirs et nous y asservit. La confiance en nous permet, justement, d'échapper à ce mécanisme.

En anglais, le mot d'Emerson qui désigne le concept est bien mieux : *self-reliance* – puissance de se relier au monde et aux autres [86]. Ici, aucune référence à un « moi » dont on apprécierait la valeur – ce qui est précisément le piège du pouvoir, avec l'estime de soi. La confiance dont il s'agit est donc une *confiance en l'événement*, bien plus qu'une confiance en soi. Elle est une forme d'immanentisme radical : le critère fiable, c'est ce qui advient présentement, c'est ce que me dit ma sensibilité, mon analyse de l'actuel, et jamais les rumeurs, les traditions, la morale – toujours anachroniques par principe.

La confiance en nous, c'est pouvoir essayer un mode de vie pour savoir ce que ça nous fait, sans peur des jugements, sans peur de perdre des places dans les ordres de pouvoir, sans pré-juger que ce sera mauvais pour nous parce que d'autres l'ont dit.

C'est ce qui fait de la confiance un concept de démocratie radicale. La démocratie vit de la possibilité de faire des expériences et la confiance est la puissance de traduire les expériences pour ce qu'elles sont. C'est la condition pour répondre à nos problèmes à nous, aujourd'hui, et ne pas nous contenter de reproduire des solutions pensées par d'autres en fonction de leurs problèmes – qui ne sont plus les nôtres. La démocratie est, au moins en droit, l'activité de transformation collective perpétuelle : elle exige une re-formation continuelle de ses buts, de ses institutions, de ses représentants. Il ne s'agit pas de changer pour changer, mais de poser un principe de vigilance, car *en provoquant le changement,* nous demeurons attentifs aux circonstances mobiles et variables de l'association. C'est pourquoi l'expérimentation doit être au cœur de la vie publique, elle exprime la bonne santé de la démocratie [87].

On peut donc définir la *self-reliance* ainsi : est capable de se relier (aux autres) celui qui se décide à agir *sans se demander ce qu'il vaut*. La confiance est le désir de faire avec autrui. Elle réussit à créer de la valeur par le simple fait d'échanger – sans présupposer la valeur des personnes comme condition de l'action réussie. La confiance est donc sans objet *a priori*, puisqu'elle le crée : elle est autant confiance en soi, confiance en l'autre, confiance dans le monde. Non pas par naïveté ou bisounourserie, mais par puissance. La confiance se donne, elle ne se prête pas : c'est pourquoi *elle ne peut jamais être trahie**. La promesse de la confiance, c'est le risque de l'aventure, la sanction immanente du réel qui ne promet que ce qu'il devient : « nous verrons bien ».

La confiance n'est pas l'assurance, elle est la prise de conscience de nos fragilités, le premier moment de l'acceptation de la méconnaissance de soi. C'est parce que le « moi » est d'abord ex-proprié que j'ai à devenir ce que je ne suis pas : sans certitude de ce que je suis, je peux m'engager dans un processus de construction de moi-même – ce qui est la définition de la confiance. Celle-ci forme la conscience de ma vulnérabilité et me prémunit des assurances pérennes contractées dans la circulation des clichés – par exemple, devenir un diplômé sûr de lui, donc insupportable. La confiance sensibilise, au sens où elle préserve du besoin de me rassurer et de prendre l'autre en otage dans ce processus.

Le problème de la confiance ne peut qu'être mal posé si je crois qu'il s'agit de m'aimer suffisamment *tel que je suis* pour oser faire ceci ou cela. La confiance n'est jamais un amour arrêté de soi (les autres m'ont aimé, donc je suis aimable), c'est au contraire la confiance dans l'agir, la puissance de continuer à rencontrer les

---

* On trahit lorsqu'il y a contrat, on trahit un prêteur, mais pas un donneur. La trahison est la hantise du pouvoir, mais elle n'a aucun sens dans le régime de la puissance. C'est à méditer pour l'amour !

autres pour faire avec eux. Le concept de confiance, éminemment relationnel, nous renvoie aux échanges d'énergies nécessaires pour tout mouvement, tant il est vrai qu'un homme n'est rien par lui-même, qu'il n'est rien tout seul, qu'il n'est quelque chose que par les sympathies qui sont en lui et par celles qu'il réveille dans les autres. Le drame du manque de confiance, ce n'est pas de ne pas s'aimer, c'est de ne pas oser entrer en dialogue avec l'autre.

Si l'estime de soi enfermait dans un passé, la confiance renvoie au temps du futur : j'ai confiance en ce que je vais devenir. Ici, je ne m'*attends* à rien : la finalité de la confiance est l'essai (vers l'inconnu) et non le succès (attendu, anticipé, bref déjà su). Le « *self* » de *self-reliance* n'est pas un point de départ, il est l'espace évidé de quelque chose à construire : un nous. C'est pourquoi la confiance est un concept d'empirisme radical : le nous n'est pas donné, il se construit à travers nos expériences, et peut se déconstruire et se reconstruire toujours par l'expérience. Nos perceptions et nos expériences sont plus fiables que nos croyances héritées : voilà ce qui fait repère grâce à la confiance. Cet empirisme fonde l'identité entre confiance et puissance d'expérimenter.

On arrive donc au cœur du problème : si la confiance est bien puissance d'être relié au monde, puissance de voir le réel, est alors déplacé le problème : « qu'est-ce que croire en nous ? » Chaque fois qu'il advient un événement, je me demande « qu'est-ce que *ça* vaut ? » Est-ce bon pour nous, ou pas ? Veut-on poursuivre dans cette direction ? Évaluer le monde, c'est s'orienter dans l'existence. Croire en nous, ici, c'est croire en notre puissance d'essayer, croire en notre désir.

La confiance déplace donc le problème de la valeur par rapport à l'estime de soi et la mésestime de soi. Car ces deux-là répondent à une tout autre question, véritable faux problème qui mine l'existence : « qu'est-ce que *je* vaux » * ? Les pouvoirs nous classent

---

* On n'est donc pas très avancé lorsqu'un ordre passe du *hard power* au *soft power*, c'est-à-dire lorsqu'on passe de la réponse violente : « tu ne vaux rien » – avec les conséquences terribles pour l'existence des « corps vils » – à l'injonction minante : « demande-toi ce que tu vaux ». Et même en répondant positivement à

et nous hiérarchisent : les intérioriser, c'est voir notre puissance de penser captée par des problèmes sans intérêt pour nous, à savoir « où est notre place dans ces classements ? »[88] Dès que je m'intéresse au faux problème, « qu'est-ce que je vaux ? », c'est foutu. Croire ou non en soi, alors, c'est croire que les lieux que j'occupe (« en tant que ceci ou cela ») disent quelque chose de ce que *je peux*, c'est croire dans les fables des pouvoirs.

La confiance, c'est à la capacité à se débarrasser de ce faux problème qui nous enferme dans des positions truquées et des existences étriquées. *Réussir à devenir indifférent à ce que je vaux*, ne pas dépenser une minute de mon existence à tenter de répondre à ça, c'est réorienter mes puissances d'agir vers les vrais problèmes : la connaissance de nous-mêmes et de nos intérêts mutuels.

En effet, le faux problème « qu'est-ce que je vaux ? » n'oriente pas vers la connaissance de soi, bien au contraire : il rend préoccupé des jugements des autres sur soi et des places qu'on occupe dans les ordres sociaux. C'est très différent. Seule la question « qu'est-ce que ça vaut ? » focalise mon attention sur ce que nous vivons, sur l'expérience en train de se faire, sur l'événement même – seule réalité empirique véritable.

Débarrassé du faux problème de savoir ce qu'il vaut, l'aimant est capable de se relier, par lui-même (*self-reliance*), au monde qui l'entoure : il n'a pas peur d'interagir avec les autres. Il ne présuppose pas qu'il faille avoir une certaine valeur pour s'autoriser à agir : « suis-je légitime pour faire ça ? », « qui suis-je pour faire une objection ? », etc.

Quelle libération de pouvoir en finir avec l'oscillation entre estime de soi et mésestime de soi, qui sont deux réponses possibles à cette question tellement décapacitante : « qu'est-ce que je vaux ? »

---

cette dernière question (« parce que je le vaux bien »), la rhétorique publicitaire contemporaine ne déroge pas à la longue histoire de l'ultra-violence faite aux dominés – qu'on pense au « complexe mode-beauté » du pouvoir phallocratique. C'est normal : toute réponse à un faux problème, quelle qu'elle soit, ne résout rien pratiquement. La philosophie est déplacement de problèmes et production de *vrais problèmes*, c'est en cela qu'elle est une pratique de liberté.

Une telle question détruit l'individu, car elle lui fait dépenser en vain une quantité folle d'énergie pour tenter d'y répondre.

Voilà donc le sens de la confiance : la puissance d'aimer, d'essayer, de lutter, c'est-à-dire d'exister, est rendue disponible par toute l'énergie libérée une fois que je cesse de me demander ce que je vaux.

CONTRE

Se positionner contre n'est pas seulement stérile, c'est l'épuisement même : et de celui qui est contre, et du destinataire de ce « contre ». Je n'ai jamais rien appris de ceux qui sont contre moi et je n'apprendrai jamais rien aux autres en étant contre eux.

Partons d'un projet politique récent : vouloir lutter contre certaines croyances des élèves d'aujourd'hui. Que signifie le fait de vouloir leur montrer qu'ils ont tort de croire aux théories du complot, comme a voulu le faire une ministre de l'Éducation Nationale [89] ?

Une telle stratégie est stérile, voire contre-productive : en luttant *contre* les idées des élèves, je diminue leur puissance d'agir, donc je produis nécessairement une réaction de défense qui rend impossible une relation de co-production des savoirs. Bref, les élèves se braquent et tendent à s'arc-bouter sur leurs croyances premières.

Le défi didactique, ici rencontré, doit être posé en liant rigoureusement sa dimension politique et sa dimension épistémologique. Faute de cela, je prendrai surtout le problème par son aspect épistémologique et je craindrai le relativisme : « pensez-vous vraiment que tous les discours se valent et que l'on ne peut pas se positionner clairement contre des idées fausses ? » Mais le problème ainsi formulé serait mal posé.

Je suis entièrement d'accord avec le diagnostic posé par Jacques Bouveresse : il y a des croyances nuisibles contre lesquelles il faut pouvoir lutter, et la philosophie développe des outils qui servent à cela. Mais je doute du remède qui consiste à *réfuter* l'autre en lui montrant qu'il a *tort* lorsqu'il a failli dans son argumentation [90]. La force théorique de la logique, c'est qu'elle *efface* et invalide les erreurs de raisonnement; mais le fonctionnement de l'esprit et du corps pensant n'est pas tel : les croyances que l'on a eues sont ineffaçables. Elles sont imprimées en nous, nous changent sans retour. Or, la logique peut opérer ce miracle de l'effacement qui est un véritable piège lorsque l'on veut comprendre les mécanismes progressifs de la formation concrète des idées. Victime d'une déformation professionnelle, Frege s'étonne ainsi, avec tout le charme de son pur amour pour la vérité : « Il y a, à ce qu'il semble, des hommes sur lesquels les raisons logiques glissent comme des gouttes d'eau sur un ciré. Il y a sans doute également des opinions qui, bien qu'elles aient été réfutées de façon répétée, et bien qu'aucune tentative sérieuse ne soit jamais faite pour réfuter cette réfutation, se répandent sans cesse à nouveau, comme si rien n'était arrivé. Je regrette de ne connaître aucun moyen parlementairement et littérairement acceptable de les faire rentrer dans leur repaire, d'une manière telle qu'elles n'osent *plus jamais* se risquer à la lumière du jour » [91]. Aussi agaçantes, voire dangereuses, que soient les idées fausses, je raterai les luttes à mener tant que je ne comprendrai pas qu'il faut donner *plus de force* à ceux qui pensent mal – et non les mettre à genoux. Celui qui pense mal manque de puissance, c'est donc de soutien dont il a besoin pour mieux apprendre.

L'être ne renonce jamais à la valeur : montrer à quelqu'un que ce qu'il pense n'a aucune valeur est un discours inaudible *parce qu'il implique des effets pratiques impossibles*. Seule la survaleur d'un bien autorise à quitter un bien plus pauvre.

Que faire lorsque je croise du faux, du malhonnête, du charlatanisme ? Faut-il dépenser mes énergies, finalement comptées, pour contrer ? C'est une vraie question stratégique : est-il intéressant de parler ou d'écrire pour dénoncer, pour dire du mal, pour démolir ? Certains font le pari contraire, je les crois sages : mieux vaut garder mes énergies pour parler de ce qui est beau et vrai, ignorer la médiocrité et faire la publicité de la pensée critique et des œuvres exigeantes – dont le champ médiatique parle si peu. Nous mourons d'être submergés par l'information ; c'est aussi une question de politique culturelle qui se joue là : mieux vaut parler bien de ce qui importe plutôt que de parler mal de ce qui n'apporte rien.

Que produit la critique qui « descend » une œuvre artistique ? Un soulagement pour celui qui l'écrit ou alors une volonté de se rassurer sur ses goûts en ralliant les autres à soi ? À tout le moins, je ne vois là nul partage qui donne et apprend aux autres.

Par exemple, quels effets produit un livre qui nous explique que Michel Onfray est une tartufferie ? Si je pense qu'un tel personnage ne produit rien d'intéressant, puis-je détourner ses lecteurs par un livre plus riche, plus puissant qui leur fasse sentir ce qu'est la bonne philosophie ? Si je n'y arrive pas, qu'est-ce que cela prouve ? Et si je produis un livre qui montre à ses lecteurs* qu'ils ont eu tort d'être séduits par les idées d'un auteur, puis-je éviter de me poser la question des conditions de possibilité de l'entendement – entendre, c'est écouter *et* comprendre – de mes démonstrations ? Je pose vraiment la question.

Le problème à construire est le suivant : comment former l'autre à une plus grande puissance s'il est présentement occupé par des croyances fausses – dont je pense qu'elles sont dommageables ? Entendons ici « puissance » au sens spinozien : capacité à agir librement.

Quand bien même il serait possible d'argumenter « contre » une idée défendue par l'autre, il n'y aura pas de conviction possible sans que je réussisse en même temps à lui faire *ressentir* la plus grande liberté qu'il éprouvera à penser autrement. Or, une telle expérience de la libération par la connaissance est affective : c'est pourquoi elle suppose des émotions nouvelles dans le corps, et non un « simple » retrait des mauvaises idées.

Dans *La Demande philosophique*, Bouveresse défend l'usage de la réfutation en philosophie, contre ce genre d'affirmation ici soutenue par Bergson : « J'estime que le temps consacré à la réfutation, en philosophie, est généralement du temps perdu. De

---

* On supposera qu'ils sont les destinataires d'un tel ouvrage, car il n'est pas possible qu'un non-lecteur d'Onfray puisse être intéressé par un livre expliquant qu'il faut arrêter de lire Onfray.

tant d'objections élevées par tant de penseurs les uns contre les autres, que reste-t-il ? rien, ou peu de choses. Ce qui compte et ce qui demeure, c'est ce qu'on a apporté de vérité positive : l'affirmation vraie se substitue à l'idée fausse en vertu de sa force intrinsèque et se trouve être, sans qu'on ait pris la peine de réfuter personne, la meilleure des réfutations » [92]. Prise d'un point de vue seulement logique, cette démonstration paraît pauvre et Bouveresse a raison de montrer quelque scepticisme à l'idée que « la réfutation sans négation est donc possible et est même la seule possible en philosophie » [93]. De fait, l'expérience commune tend largement à démentir ce qui paraît une foi irréaliste dans les pouvoirs de la raison. « Pour vaincre cette inertie de dispositions qui tiennent à ce que Pascal appelle la "coutume" – c'est-à-dire, pour Bourdieu, à l'éducation et au dressage des corps –, il faut bien autre chose que la "force des idées vraies" » [94].

Autrement dit, la thèse de Bergson laisserait de côté le problème crucial de l'ancrage affectif des idées : une idée fausse, rivée au corps de celui qui l'a faite sienne, ne partira pas seulement en exposant la démonstration purement logique d'une idée plus vraie. Le raccourci pourrait être qualifié d'idéaliste, ou de logiciste (au sens que donne Bachelard à ce terme) : croire que l'énoncé de la vérité objective est par lui-même une *condition suffisante* de l'appropriation, par le sujet, de cette vérité. C'est le déni des difficultés de l'apprentissage. L'emprise émotionnelle des préjugés rend précisément caduque la possibilité de les combattre par la simple affirmation du « vrai ». Jusque là, je suis entièrement d'accord avec Bouveresse. Mais la sensibilité à cette dimension affective des idées – qui sont toujours, en tant que croyance, des *dispositions* à faire – invite à construire le problème en refusant absolument de séparer la question épistémologique et la question politique.

Il faut transcrire l'intuition de Bergson dans des termes bachelardiens*, c'est-à-dire refuser effectivement le présupposé

---

* Ce qui peut paraître une hérésie est, de l'aveu même de Bachelard, une manière assez honnête de penser le rapport entre leur pensée. Ainsi, à propos de sa philosophie du temps, il écrit dans *L'Intuition de l'instant* : « nous disons exactement

que la force intrinsèque de l'idée vraie soit une condition suffisante pour entendre le vrai, car il y a des obstacles internes à la pensée qui peuvent contrer cette force.

On peut alors comprendre les propos de Bergson ainsi : une objection conçue comme pouvoir négatif de corriger une erreur ne peut satisfaire aucun processus de pensée, car elle vise les symptômes mais non les causes de l'erreur. Celle-ci réapparaîtra donc très vite. De plus, la réfutation directe supposerait qu'on puisse *abandonner* une croyance ; or, c'est une pratique impossible : cette stratégie logique est donc nulle pour des raisons pratiques qui fondent le processus épistémologique de l'apprendre.

Je ne peux quitter une croyance qui m'était aimable que si je rencontre une croyance plus vraie qui me rend plus joyeux ; alors, et alors seulement, l'erreur première ne m'affectera plus, ne me disposera plus. Mais la rencontre de l'idée vraie suppose de lever des obstacles internes à la pensée qui ne tomberont que si l'on construit des étais à coup de joie encapacitante.

Certes, l'affirmation simple de la vérité par démonstration rationnelle est sans effet sur les préjugés ancrés émotionnellement dans le corps (l'amour du cercle parfait empêchant l'astronome de concevoir des trajectoires elliptiques *là-haut* – où réside le parfait Amour[95]) ; mais d'un autre côté, la démonstration que l'autre à tort est stérile *pour les mêmes raisons*.

Le problème éducatif est le suivant : que puis-je fournir à l'autre pour qu'il pense autrement, pour qu'il ait le désir de se mettre à repenser telle idée, à la considérer autrement ?

A contrario, l'explicitation des torts de l'autre n'est-elle pas toujours une volonté de lui signifier son impuissance ? Loin d'organiser la possibilité d'apprendre, manquant la politesse de la suggestion, le « contre » ne met pas en doute les adversaires, il les remonte contre nous – comme on dirait que l'on remonte une

la même chose que Bergson, mais nous le disons dans un langage direct ». Bachelard soutient que c'est l'esprit qui construit ce que Bergson prend pour une donnée – l'immédiat de Bergson est un indirect aux yeux de Bachelard. C'est la même chose pour le problème qui nous intéresse ici.

horloge –, il les enferme un peu plus dans la fixité de l'idée et nous accule à la querelle de personne plus qu'au dialogue sur les idées elles-mêmes.

C'est donc pour des raisons de *nécessité stratégique* qu'il faut une médiation par la joie lorsque je veux diminuer les préjugés et les idées dangereuses. En luttant ainsi, je ne cherche pas à détruire des maux précis, je les ostracise par un bien meilleur. Une des lois fondamentales du méliorisme, c'est de renoncer à l'épuisante lutte contre ce qui me détruit : les préjugés ne peuvent que gagner tant qu'on leur accorde de l'importance. Vouloir les combattre directement en les réfutant, c'est accepter d'aller sur leur terrain donc perdre la partie d'avance : s'ils sont faux, ils rendent tristes, donc toute l'attention que je leur accorde empêche de construire autre chose ensemble.

Leibniz suggérait ainsi que « les philosophies ont raison en ce qu'elles affirment, mais non pas tant en ce qu'elles nient » [96].

De manière conséquente, le silence est ainsi loué par Leibniz comme la meilleure stratégie de combat contre les idées vaseuses dans la politique de lutte pour les idées vraies [97]. À ses yeux, la volonté de s'opposer et l'esprit de contradiction forment une absence de vertu épistémique, c'est-à-dire qu'ils façonnent une disposition d'esprit qui, à force de vouloir détruire la position de l'autre, n'arrive plus à construire avec lui et accule par conséquent à la solitude [98] – sous la forme individuelle de l'isolément ou la forme collective de l'entre-soi*. Or, la solitude, entendue comme s'opposant à la constitution du commun, finit par produire la guerre ! Conséquence clairement aperçue par Leibniz : « Je trouve par l'histoire que les sectes sont nées ordinairement par la trop grande opposition qu'on faisait à ceux qui avaient quelque opinion particulière, et sous prétexte d'empêcher les hérésies, on les a fait naître. Quand on veut

---

* Le négatif conduit à la police (au sens de Rancière) : il s'agit d'obtenir un consensus, c'est-à-dire d'imposer un rapport de domination qui perpétue l'entre soi et favorise la connivence des dominants – relativement à un espace donné. C'est bien l'exact inverse de la politique, entendue comme performativité démocratique produisant (enfin !) du dissensus au milieu de l'étouffant consensus policier.

les opprimer par le grand bruit qu'on en fait, par les persécutions et les réfutations, c'est vouloir éteindre le feu avec un soufflet » [99].

Loin de vouloir contredire ou agresser l'adversaire au nom de la supposée dangerosité de ses idées, Leibniz préfère au contraire la louange! Mais ne risque-t-on pas, avec pareille sensibilité, de tomber dans un conformisme navrant, se réjouissant de tout, des mièvreries les plus futiles jusqu'aux préjugés les plus nocifs? Même Deleuze, pourtant lecteur enthousiaste de Leibniz, lui fait ce reproche. Mais, précisément, il tombe alors dans le travers du « contre », qu'il a par ailleurs si bien contribué à analyser. En effet, dans une page de *Logique du sens*, avec un agacement visible, Deleuze semble en vouloir à Leibniz d'avoir subordonné l'activité philosophique de création conceptuelle à une condition : « cf. la honteuse déclaration de Leibniz quand il assigne à la philosophie la création de nouveaux concepts, à condition de ne pas renverser les "sentiments établis" » [100]. Deleuze semble déplorer une attitude politiquement correcte de Leibniz, au sens d'un conformisme non-critique…

Mais si je prolonge la citation de Leibniz, comme le fait Émilienne Naert dans son étude sur la *Querelle du Pur Amour*, je lis ceci : « il *suffit* de ne pas renverser les sentiments établis, *mais les expliquer et les pousser plus avant* » [101]. On voit que l'avant et l'après de la citation changent la donne, car Leibniz développe l'idée d'une condition *suffisante* (et non une condition nécessaire : « il faut ») : « expliquer et pousser plus avant » suffit pour construire quelque chose *avec* l'autre, malgré les querelles et les dissensions.

Par ailleurs, il faut prendre au sérieux ce que signifierait « renverser les sentiments ». Leibniz a raison au moins à double titre : (1) d'abord, un sentiment, en tant que disposition incorporée, ne peut pas se *renverser*, car il fait partie de notre manière d'être et de sentir, il nous exprime, bref il n'est pas une chose que l'on *aurait* – comme si les sentiments étaient des objets possédés ; (2) de plus, renverser une manière d'être affecté ne peut que constituer une violence qui engendrera une contre-violence. Imaginons la scène suivante : je renverse le repas d'un enfant, son repas préféré que lui ont préparé ses parents, car je pense que c'est mauvais pour lui ; cet enfant ne peut qu'être affolé par le fait qu'il n'a plus à manger et il ne peut alors que haïr l'individu qui renverse ainsi une nourriture qu'il aime. Ceci illustre le point 2. Mais le point 1 signifie ce fait encore plus absurde : vouloir renverser un sentiment, c'est comme vouloir éradiquer une obésité contractée par des repas mille fois ingérés pendant des années. Un sentiment, ce n'est pas un pur événement présent, qui pourrait ne pas être et qu'on pourrait faire disparaître « comme ça », c'est d'abord l'expression d'une structure affective qui nous amène à réagir de telle ou telle manière.

Renverser un sentiment ce n'est pas comme renverser une nourriture, ce n'est pas empêcher d'ingérer, c'est plutôt vouloir faire vomir l'autre, lui faire régurgiter ce qu'il a avalé. Mais il y a peu de chance que ce qui se dit maintenant puisse s'expliquer uniquement par ce qui vient d'advenir. En bref, les contreurs font d'un cas particulier – étouffement avec une cacahuète dans la gorge, qu'il faut faire recracher – une stratégie générale de soin.

Parce que la croyance est émotion de part en part, elle est une affaire de corps : on ne peut donc pas plus se débarrasser d'un préjugé « comme ça » qu'on ne peut réussir une expédition « comme ça » : un entraînement long et minutieux est le seul moyen de réussir à se libérer des pesanteurs du corps et des habitudes contractées. Ce qui a mis du temps à se tracer en nous prendra du temps à ne plus avoir de pouvoir sur nous : « s'il est vrai que l'histoire peut défaire ce qu'a fait l'histoire, tout se passe comme s'il fallait du temps pour détruire les effets du temps » [102] Les apprentissages suivent nécessairement les rythmes lents de la pratique et des habitudes. Sinon, ils sont des mensonges à soi-même, des psittacismes, de simples postures intellectuelles que mes comportements réels démentent.

C'est de patience dont je manque chaque fois que je contredis l'autre en espérant le former.

RÉSOLUTION 10

CRÉATION

Si je veux montrer à l'autre qu'il se trompe, je devrai créer avec lui de nouvelles puissances pour le faire accéder à plus de vérité et de joie ; il n'est pas d'autre moyen d'amender la pensée.

Créer, ajouter, apporter : si aimer l'autre veut dire quelque chose, c'est au travers de ce ballet de l'existence qui fait advenir du réel. Pourquoi perdre mon temps à vouloir retirer, objecter, réfuter alors qu'il y a tant à faire ?

On peut poser le problème en termes économiques : tout a un coût d'opportunité*, donc ce qui ne *vaut rien* ne mérite même pas qu'on accepte de payer le coût d'opportunité de sa réfutation. C'est le sens de la réaction de Deleuze quand on lui demande de parler des « nouveaux philosophes » : il propose de passer à autre chose et n'a aucun désir de consacrer du temps pour ce qui lui paraît d'un intérêt nul. Pire même : non seulement on perd du temps, mais on renforce paradoxalement ce qu'on voudrait diminuer ou réfuter. Yves Citton en fait une maxime canonique de l'écologie de l'attention : « Nous nous transformons en "représentants" d'autrui sitôt que nous lui accordons notre attention. Même lorsque nous dénonçons, attaquons, critiquons des idées ou des personnes, nous contribuons à faire porter sur elles notre attention conjointe ou collective, et donc à les valoriser ("Il n'y a pas de mauvaise publicité"). Face à

---

* Ce concept désigne la valeur des biens auxquels je renonce virtuellement lors d'un choix. Par exemple, faire une sieste a un coût d'opportunité que je peux estimer en réfléchissant à ce que je pourrais faire pendant le temps de la sieste si je ne la faisais pas.

cette positivité de l'attention aversive, deux questions se relaient : *de quoi choisissons-nous de parler ? Faut-il faire à un ennemi la faveur de le critiquer ?* » [103].

Sun Tzu, dans son *Art de la guerre*, le disait à sa manière : « Je ne suis pas occupé à haïr mes ennemis. Ce serait leur accorder une trop grande faveur : alors qu'ils cherchent déjà à occuper mon territoire, qu'au moins ils n'occupent pas mes émotions ».

Le problème a une vraie portée politique. En effet, « est-il intéressant de parler ou d'écrire pour dénoncer, pour dire du mal, pour démolir ? » signifie rigoureusement : *évaluer si la « contradiction » peut être d'intérêt général* – c'est-à-dire pour nous : et pour moi et pour l'autre.

La sanction est déjà immanente : celui qui a tort ne me convainc pas, il est donc inutile de lui montrer qu'il se trompe, il fait déjà l'expérience qu'il ne produit rien en moi, qu'il ne m'apprend rien. Alors pourquoi tomber dans une logique de la double peine en l'attaquant ? C'est comme battre un enfant parce qu'il vient de tomber, s'est fait mal et pleure. Dewey expose ce point politique crucial du lien immanent entre erreur et pouvoir : « Ceux qui partagent une erreur factuelle ou qui souscrivent à une fausse croyance mesurent leur pouvoir à leur capacité de nuisance » [104]. Que faire donc, lorsque l'autre se trompe, qui ne redouble pas sa fureur de nuire ?

Quitter la logique de la négation signifie, pour parler comme Simondon, abandonner la forme « communautaire » de la pensée, qui veut toujours tracer des frontières entre les bons et les mauvais à partir des catégories d'inclusion et d'exclusion. La forme d'organisation du collectif qu'est la *communauté* repose sur un imaginaire clivé et jugeant. Simondon lui oppose une autre forme qui est celle de la *société*, s'articulant autour des potentiels de création : « pour l'être qui construit, il n'y a pas le bon et le mauvais, mais l'indifférent et le constructif, le neutre et le positif ; la positivité de la valeur se détache sur un fond de neutralité, et de neutralité toute provisoire, toute relative, puisque ce qui n'est pas encore utile peut le devenir selon le geste de l'individu constructeur qui saura l'utiliser ; au contraire, ce qui a reçu un rôle fonctionnel dans le travail ne peut le reperdre, et se trouve par là même pour toujours investi d'un caractère de valeur ; la valeur est irréversible et tout entière positive ; il n'y a pas symétrie entre la valeur et l'absence de valeur » [105].

Voilà ce dont on manque : apprendre à créer, aimer créer. C'est toujours encore un problème politique : comment changer le monde, comment en créer un meilleur ? Ainsi, Yves Citton polarise le geste de résistance politique entre l'action (révolutionnaire) et la pression à vocation pacifiste. Entre ces deux modalités se trouve l'œuvre créatrice : « ce n'est pas par ce qu'elle détruit, mais par les œuvres qu'elle contribue à créer qu'une insurrection affirme sa valeur ». D'où un éloge de l'« insurrection par l'œuvre plutôt que par le cassage de l'existant ».

Plutôt que de critiquer le conformisme des individus, donnons-leur les moyens de créer, leur permettant ainsi de devenir meilleurs, plus libres, plus joyeux. Le cœur de l'oppression gît ici : empêcher de créer. « C'est justement l'effet le plus détestable des pressions insoutenables qui montent actuellement au sein du système capitaliste globalisé que d'étouffer ou de menacer notre capacité individuelle et collective à ériger des œuvres (non préformatées) » [106].

Ce qui se joue dans la création, c'est la puissance de l'imaginaire à produire d'autres mondes possibles, à nous raconter d'autres récits à nous-mêmes ! Dans les stratégies de lutte, c'est tout le domaine de la subversion. Cette dernière est *invention* de nouvelles règles : c'est pourquoi elle déstabilise les possédants, les établis, les confortés par l'ordre social.

Par contraste, si je cherche à lutter négativement contre les dominants, je joue à un jeu où je suis sûr de perdre, car je suis sur leur terrain, avec des règles qu'ils maîtrisent comme jamais je ne pourrai le faire. Si je lutte contre plus fort que moi, la règle arithmétique l'emportera : le plus sera toujours supérieur au moins. En revanche, la construction de ruses, d'astuces, de stratagèmes est le moyen, pour celui qui est plus fragile, de faire vaciller le pouvoir en l'emmenant sur un terrain nouveau. L'intelligence de la ruse (*mètis*) [107] produit une « augmentation de soi » car elle invente de nouveaux lieux, de nouvelles règles – autant d'ajouts au monde qui renversent les rapports habituels de forces dans la lutte. C'est la définition de la politique selon Rancière : « une série d'actes qui refigurent l'espace où les parties, les parts et les absences de parts se définissaient. L'activité politique est celle qui déplace un corps du lieu qui lui était assigné ou change la destination d'un lieu ; elle fait voir ce qui n'avait pas lieu d'être vu » [108].

Le geste politique par excellence, ce n'est pas dire à l'autre qu'il a tort, c'est obtenir de rendre audible des torts. Dans la lutte politique, la parole qui crée de nouvelles manières de penser, et construit des problèmes intéressants, est celle qui sait faire entendre « j'ai des torts » plus que celle qui veut faire admettre « tu as tort ». Il s'agit de créer des puissances nouvelles chez l'autre, de construire avec lui un regard plus fort, « une sphère de visibilité nouvelle », pour avoir des faits mieux construits et poser des problèmes plus adéquats.

La *mètis* est une création critique : elle nous permet de faire autre chose que ce que les lieux communs attendent de nous*. Loin de nous épuiser dans le « contre », elle nous donne l'idée d'aller ailleurs : vers d'autres lieux nouvellement communs ! Apprendre à désobéir, c'est s'*autoruser* à faire autre chose que ce que les normes et les dominants attendent de nous, sans perdre de temps**.

---

* Rappelons la définition aristotélicienne, que goûtait Bourdieu : les lieux communs sont des notions ou des thèses *avec* lesquelles on argumente, mais *sur* lesquelles on n'argumente pas. C'est ce qui explique qu'une idée orthodoxe (= qui recourt aux lieux communs) peut être exposée rapidement et avec une forme de connivence tacite envers le public, alors qu'une position critique (dite hétérodoxe) aura toujours plus de mal à se faire entendre car elle ne peut pas susciter la récognition dans l'auditoire : il faut problématiser, inventer de nouvelles perspectives, etc. Ce point est crucial dans l'analyse des médias et des conditions de possibilités d'y faire circuler des idées subversives : dans un débat contradictoire avec égalité de temps de parole, il y aura toujours un avantage formel pour la pensée dominante.

** Contrer, c'est procrastiner la création. Tant que je passe mon temps à contrer une « solution » de dominant, j'ai perdu d'emblée, car je suis enfermé dans le faux problème imposé par les dominants. Me voilà diverti de l'essentiel : les dominants

Indociles ! Si nous pouvions grimper aux arbres comme le font les enfants face aux récriminations des parents apeurés (« tu vas te faire du mal »), nous deviendrions des démocrates qui s'essaient à penser ensemble leurs intérêts mutuels malgré les prévenances des dominants (« vous allez faire des bêtises, or nous voulons votre bien, donc laissez-nous faire »).

Ne pas détruire, mais construire autrement et mieux : « les croyances et les désirs ne produisent du comportement que s'ils sont modifiés par l'intermédiaire d'autres croyances et d'autres désirs, attitudes et circonstances concomitantes, sans limite » [109]. C'est uniquement en situation que mon système de pensée s'amende : il n'y a qu'en pensant *plus*, en créant de nouvelles idées, que je pourrai éprouver (ou non) si je pense *mieux*.

n'auront jamais peur de la critique négative, car ils auront fait l'essentiel qui est d'accaparer notre attention sur leur faux problème. Délester de notre puissance de créer autre chose, nous sommes inoffensifs politiquement. Construire de vrais problèmes est le travail premier de l'esprit et du corps critiques.

RÉSOLUTION 11

CRITIQUER

*Critiquer, c'est produire une idée et non s'opposer à un fait.
L'opération critique ne résulte pas dans le résultat inerte de l'idée
faite, aussi subversive soit-elle, car un résultat est toujours mort –
donc manipulable. La critique réside dans l'acte même d'apprendre,
car celui qui produit véritablement une idée ne sait pas lui-même où
cette idée va le mener, et c'est cela qui fait peur aux pouvoirs.*

Qui peut critiquer l'autre en disant qu'il est aliéné dans son
existence, qu'il fait des choix non libres ?

Les gens qui nous méprisent nous jugeront comme aliénés, à
l'aide de catégories abstraites et présociologiques [110]. Leurs discours
n'intéressent qu'eux-mêmes, ils s'épuisent dans leur misanthropie.

Mais le plus difficile à vivre est lorsque le jugement vient de
ceux qui disent m'aimer et que j'aime. « Tu passes trop de temps
devant les écrans » ! Qu'est-ce qui se joue dans ce reproche de mal
conduire ma vie, ou bien d'avoir mauvais goût ?

Réciproquement, imaginons que je pense que l'autre se trompe
et que son erreur est dangereuse : soit qu'il dise le faux, soit qu'il
croie en une mauvaise valeur. Que puis-je faire ? Que signifie le
désir de le *corriger* ?

Le problème pointe vers la question proprement politique du
souci : de qui me soucié-je lorsque je veux corriger l'autre ? Est-ce
vraiment de lui, ou bien de moi ?

Distinguons ici deux actions : corriger et critiquer. Cette dernière
ne signifie pas être en retrait du monde, en posture contemplative
et théorique. Elle est d'abord création. Mais comment apprendre

à critiquer ? Et que critiquer : moi-même, mes œuvres, les autres, leurs œuvres ?

Si j'énonce une critique qui n'est pas un jugement de la personne, c'est que je veux apprendre avec l'autre et lui suggérer d'enrichir sa pensée ou son acte en participant à son amélioration. La critique est une tentative d'amendement de nos pratiques. Elle est un acte dynamique et collectif qui transforme chacun. Car critiquer, c'est s'exposer aussi avec son incompréhension, ses interprétations, ses doutes.

À l'inverse, le jugement *pose* l'autre comme individu individué et réassure la *position* de juge : tout est statique et réifié. Le jugement fige, car il substantialise sans précaution : « tu *es* méchant ». Oubliant de replacer la réalité vécue comme une perspective singulière, le jugement veut toujours affirmer plus que ce dont il est l'expression – sa prétention à valoir « en général » est un piège du langage. C'est pourquoi les jugements enferment ceux qui les professent et ceux qui les subissent : ils entérinent les valeurs qu'ils présupposent. Le piège de toute éducation est de nous empêcher d'aimer ce qui est nouveau et le jugement est d'abord un rempart contre la différence. (« La plus sûre façon de corrompre un jeune homme, c'est de l'inciter à estimer davantage celui qui pense comme lui que celui qui pense différemment » [111]).

Si l'on distingue juger et critiquer, s'effondre le faux problème de l'*akrasia* – à savoir : « comment peut-on penser qu'une chose est bonne et agir autrement ? »

Ce faux problème existe lorsque je vis sous le règne des solutions, dans la théorie pure : recevant des idées déjà individuées, celles-ci me restent étrangères et ne me font rien faire – c'est l'analogie célèbre des idées versées dans l'esprit comme l'eau dans un vase [112]. À l'inverse, critiquer n'a de sens qu'au niveau pratique des problèmes. Apprendre y est un geste continué : l'opposition entre critique « idéale » et transformation « réelle » n'a plus aucun sens.

L'idée de succession temporelle entre les deux est même le contresens majeur sur ce que signifie critiquer. Comme le dit très bien Foucault :

> il n'y a pas ceux qui ont à faire la critique et ceux qui ont à transformer, ceux qui sont enfermés dans une radicalité inaccessible et ceux qui sont bien obligés de faire les concessions nécessaires au réel. En fait, je crois que le travail de transformation profonde ne peut se faire que dans l'air libre et toujours agité d'une critique permanente [113].

Critiquer et transformer sont deux points de vue, épistémologique et ontologique, sur ce même processus *pratique* qui se nomme Apprendre, et certainement pas des moments distincts. L'erreur d'un discours négatif soi-disant généreux (« c'est pour ton bien », « c'est pour toi que je dis ça ») est avant tout un contresens sur ce qu'apprendre veut dire.

Nous critiquer, c'est apprendre ensemble, c'est nous retrouver dans une situation de devoir penser mieux en écho à une pensée qui nous a donné à penser. En tant que geste de la pensée, critiquer signifie donc implicitement un *remerciement* : « merci de m'avoir donné à penser ».

Une critique reçue *m'apprend* dans la mesure où elle me fait aimer, c'est-à-dire quand elle me fait *désirer œuvrer*, mais jamais quand elle dicte ce qu'il faut aimer. Je défendrais l'hypothèse que juger c'est vouloir conformer l'autre à soi ; les jugements cherchent en secret à « forcer » les goûts des autres. Ce n'est pas le cas du partage véritable de l'amour – qui suppose le renoncement à la posture d'expert et se moque d'influer.

Le jugement négatif ne permet pas à l'œuvre d'être meilleure. En ce sens, il peut exister des professionnels du jugement, mais ils viennent trop tard et sont donc inutiles ; en revanche, les critiques ne peuvent être que des amateurs et des amis. Je reprendrais ici des arguments décisifs (mais étonnant pour nous aujourd'hui) des peintres de l'Académie royale de peinture et de sculpture [114], radicalement opposés à l'idée d'une critique d'art faite par des non-artistes. Deux arguments sont ici pertinents. D'abord, la bonne critique, c'est-à-dire la critique utile, ne peut venir que de personnes dont nous savons qu'elles nous aiment et nous veulent du bien – il faut donc savoir choisir ses amis, en déduit Coypel[115]. En effet, il va falloir se remettre à l'œuvre si critique il y a, donc il faut avoir du courage, recevoir des encouragements. Ensuite, la critique n'est utile que si elle aide à améliorer une création, elle doit donc se faire avant qu'une œuvre soit terminée. La critique n'est possible qu'au *temps opportun*, souligne Coypel, contre l'arrivée de cette nouvelle figure du critique d'art en position d'extériorité par rapport au processus créatif – le juge qui vient après l'œuvre achevée. « S'il faut qu'une critique, sous peine de ne servir à rien, soit faite au bon moment, quand l'artiste est encore à travailler à son ouvrage, la seule critique vraiment utile est donc celle qui s'exprime dans l'espace privé de l'atelier, et non dans l'espace public du Salon »[116].

En résumé, le critique veut rendre son ami meilleur et l'aider à mieux faire. A contrario, les « critiques d'art », tels qu'ils apparaissent au XVIIIᵉ siècle, font profession d'être des juges du bon goût : ils ont des objectifs différents, ils ne s'adressent plus aux créateurs mais au public. Ils sont tendanciellement des prescripteurs : leur rôle est d'orienter les activités et les goûts du public. Ce sont eux que vise Gracq lorsqu'il s'insurge contre la « bouffonnerie » et l'« imposture » du métier d'« expert en *objets aimés !* »[117].

Néanmoins, renoncer au jugement, est-ce à dire que tout se vaut ? Deleuze renverse l'accusation : « N'est-ce pas plutôt le jugement qui suppose des critères préexistants (valeurs supérieures), de telle manière qu'il ne peut appréhender ce qu'il y a de nouveau dans un existant, ni même pressentir la création d'un mode d'existence ? »

Sans doute conscient de cette impuissance, le jugement produit activement les conditions de son efficacité : il empêche tout nouveau mode d'existence d'arriver – évitant ainsi de se retrouver confronté à ce qu'il ne peut penser.

« Faire exister, non pas juger », crie Deleuze qui explique : « S'il est si dégoûtant de juger, ce n'est pas parce que tout se vaut, mais au contraire parce que tout ce qui vaut ne peut se faire et se distinguer qu'en défiant le jugement » [118]. La critique est un acte : elle apporte au monde et donne à voir les valeurs qu'elle défend en les agissant – entre autres en les pensant vraiment, car n'oublions pas que penser est un acte.

C'est particulièrement flagrant dans la question des choix de vie. Si l'on suit la définition perspectiviste du bon et du mauvais proposée par Spinoza, contre l'induction illégitime que constituent les catégories de Bien et de Mal, on doit garder à l'esprit que « mauvais » a un sens objectif et relatif : ce qui ne convient pas avec nous, ce qui décompose nos rapports [119]. Je vois dès lors la grande difficulté, avec une telle base théorique, à être certain de la légitimité de corriger l'autre. Dans un cadre scientifique, ou déterministe, on peut difficilement parler d'individus aliénés par les formes sociales ou quelque forme de détermination que ce soit, car tout individu est *créé* par elles [120]. L'opposition n'est donc pas entre une pureté du sujet souverain *autonome* parce que « bien éduqué » et l'immixtion d'autrui dans les délibérations *aliénées* d'un sujet « mal éduqué », ou conformiste, ou crédule, etc.

Non, le problème se situe dans les types de rapports avec autrui qui me *font* être et penser : devenir libre et autonome ne peut donc pas signifier apprendre à échapper aux influences d'autrui, mais apprendre à vivre selon un certain régime de rapports avec les autres.

Il faut donc être prudent : la volonté de corriger l'autre risque toujours, au moins *en droit*, de tomber dans le travers du nomo-centrisme – « *mes* valeurs sont *les* valeurs ». La double polarité qui organise l'idée selon laquelle on pourrait, en toute transparence (c'est-à-dire armé de nos seules bonnes intentions), rééduquer l'autre est la suivante : d'un côté, le *consentement* serait l'approbation intime donnée par une volonté libre ; de l'autre, l'*aliénation* serait l'approbation extorquée (inconsciemment) par un autre auprès d'un sujet « conformiste ». Mais qui peut dire quand le consentement est authentique ou bien quand il est frauduleusement obtenu ? Qui peut dire qu'un enfant, un élève, ou même un autre adulte se trompe ou s'égare dans ses valeurs ?

L'esprit est causé, toujours : celui de l'éduqué (le prétendu « aliéné ») comme celui du sujet éducateur (le prétendu « émancipateur » qui perçoit le « mal-être » d'autrui). Dès lors, on ne peut échapper à l'antinomie fondamentale de toute éducation aux valeurs : il n'y a que de l'hétérodétermination et c'est toujours en fonction de mon système de valeurs que je juge l'autre « devant-être-corrigé », donc en besoin d'apprendre d'autres valeurs – les miennes de préférence.

Il est si difficile d'imaginer que l'autre consente librement à ce qui m'apparaît « certainement » faux ou mauvais. Autrement dit, *je crois qu'il y a un besoin éducatif de corriger quelqu'un lorsque ses consentements ne me plaisent pas.* Spinoza donne un nom à cette manie de diagnostiquer des « illusions » chez les autres : « Cet effort pour faire que chacun approuve ce que soi-même on aime, ou on a en haine, est en vérité de l'Ambition ; et par suite nous voyons que chacun par nature aspire à ce que tous les autres vivent selon sa propre constitution » [121].

Paradoxe de l'amour : nous ne sommes jamais aussi ambitieux que pour ceux que nous aimons. C'est pourquoi je ne suis jamais aussi pénible et désagréable qu'envers ceux que j'aime. Apprendre à aimer, c'est aussi prendre conscience de cette tendance à vouloir régenter le mode de vie des personnes qui me sont les plus chères…

Ne pas juger, mais critiquer amoureusement pour faire plus et mieux ensemble.

CROYANCE

Il n'y a que des croyances dans l'esprit humain, et rien d'autre : tous ceux qui croient dans un savoir se distinguant en nature de la croyance (qui serait forcément vulgaire et crédule) se racontent des fables.

En philosophie, il est classique d'opposer la connaissance rationnelle, justifiée, à la croyance, infondée. Les philosophes y sont allés de leurs distinctions : la connaissance (objectivement fondée) n'est pas la foi (subjectivement ancrée); ou bien : si la vérité convainc, la foi persuade. La philosophie supposerait alors de commencer par suspendre son jugement – c'est-à-dire cesser de croire. Ce précepte est la conséquence d'une distinction entre concevoir et juger. Concevoir serait l'affaire de l'entendement; la volonté, quant à elle, aurait pour mission de juger si l'on doit croire ou non à ce que l'on conçoit. Cette distinction est un boulevard au mépris du vulgaire : « qu'ils sont bien bêtes de croire ». L'opposition entre savoir et croire prépare l'impuissance à penser avec l'autre.

Pour mieux poser le problème de l'orientation dans la pensée, je partirais d'une lignée philosophique plus dure dans ses hypothèses, mais plus douce dans ses conséquences pratiques. Posons donc qu'il existe à chaque étape d'une réflexion chez un individu un « je ne peux penser autrement » qui n'est pas, à proprement parler, une croyance erronée – pour l'individu, c'est la vérité absolue [122]. Je ne crois pas, ou bien je crois : cela s'ensuit, et ne se décide pas. L'amour de certaines croyances suit des règles précises de formation des idées, nos attachements en général ne sont pas voulus librement.

Certes, il est pourtant déjà arrivé à chacun de se détacher « comme ça » d'une croyance ; mais de l'expérience rare que je peux parfois décrocher, je ne saurais ériger la libre circulation des croyances en faculté de la psyché humaine. Dans ses *Pensées*, Pascal pointe bien cette généralisation indue de circonstances exceptionnelles au cours desquelles nous fut donnée la force de ne pas croire : « Stoïques. / Ils concluent qu'on peut toujours ce qu'on peut quelquefois [...] / Ce sont des mouvements fiévreux que la santé ne peut imiter » [123].

Partons donc de l'hypothèse d'une crédulité primitive chez l'homme : toute idée, toute perception, tout témoignage est cru ; il n'est même pas considéré comme cru – cela supposerait déjà un retour réflexif sur le contenu de la pensée –, il est vécu comme vrai, comme *ce qui est*. Nous croirions tout si seulement nous le pouvions. L'hypothèse de la crédulité primitive est donc une loi simple, la plus simple possible, qui permet de comprendre les mécanismes d'interactions et de créations des croyances. Les flux de croyances obéissent à cette loi de distribution de la croyance : deux idées crues en même temps pourront se heurter, devenir incompatibles, générer doute, souffrance, hésitation.

Il se joue donc bien plus dans l'échange d'idées, dans l'argumentation, dans la réfutation que ce que certains veulent bien y voir : les croyances ne sont pas décidées librement, et pourtant (pour cette raison probablement) elles *forment l'identification à un « moi »*. Mes croyances, c'est tout moi ! Elles sont le tissu ontologique de mon esprit, qui n'est rien d'autre que l'ensemble des idées le formant.

Se passer de la négation n'est donc pas une question de délicatesse psychologique (« il va prendre cette objection pour lui »), c'est un problème vital. Reconnaître que les croyances forment un tissu ontologique qui *est* l'individu a pour conséquence le holisme des croyances : si un individu a des préjugés, « ce à quoi il s'en tient fermement, ce n'est pas *une* proposition, mais un nid de propositions » [124]. Il est donc illusoire et terriblement infécond d'attaquer une croyance isolément et de croire que je peux ignorer tout ce qu'elle suppose et tout ce qu'elle implique – comme autres croyances. La réfutation d'*une* idée est nulle didactiquement car elle ne correspond pas au mode d'existence de nos croyances.

De plus, le rapport entre l'expérience et la pensée rend improbable la réfutation *univoque* d'une croyance : en effet, le recours aux faits d'expérience ne permet pas de désigner de manière certaine quelle proposition « cloche » dans une théorie [125]. C'est déjà vrai en sciences dites dures, alors on imagine en sciences humaines ou dans les conversations courantes ! En réfutant, même avec des arguments empiriques, je risque malgré tout d'échouer à convaincre, car il y a une sous-détermination de la théorie par l'expérience : aucun événement ne possède *en soi* la force pratique de faire abandonner *telle* croyance. Il y a toujours plusieurs modifications *rationnelles* possibles qui permettent chacune de s'accorder avec les mêmes données de l'expérience. Autrement dit, chacun peut arranger son système de croyances personnelles de telle sorte qu'il s'adapte à une nouvelle situation.

Bref, je ne saurais tirer sur un fil sans changer toute la texture des croyances, sans faire vibrer tout l'individu. Croire, ce n'est pas adhérer à telle ou telle idée prise indépendamment des autres, mais être pris dans une « *totalité* de jugements » : « si nous commençons à croire quelque chose, ce n'est pas une proposition isolée mais un système entier de propositions » [126].

Le problème politique devient : puis-je réfuter une idée de l'autre sans remettre en question tout l'individu pensant qu'il est ? À quelles conditions sommes-nous prêts à faire cela ?

DÉSACCORD

Les désaccords nous font devenir autre. Apprenons comment être en désaccord pour pouvoir penser ensemble : faute de cela, nous serons conduits au besoin de trouver des consensus tristes qui nous sépareront de nous-mêmes.

On n'est pas obligé d'être d'accord : ce serait terriblement lénifiant pour la pensée. Mais une fois cela dit, le problème reste entier : comment peut-on construire ensemble avec nos différences et ne pas rentrer dans des polémiques stériles ? En effet, si la condition de fécondité spirituelle des divergences est le désaccord, toute la difficulté est alors de penser les conditions existentielles de ce désaccord : sans certaines qualités humaines, sans certaines *vertus épistémiques* [127], je me risque aux abus de pouvoir et à l'étouffement des forces rationnelles. Le problème qui se pose est donc le suivant : comment exprimer mon désaccord sans tuer chez l'autre toute velléité de continuer à penser *avec moi ?*

Les objecteurs ou les contreurs qui voudraient me rallier à eux – et non accepter de construire une expérience commune – sont peu sensibles à cette condition de possibilité politique de la vérité. Voulant juste créer du vide en moi pour le remplir de leurs solutions déjà prêtes, ils sont les pauvres diables que Hegel condamne sous le nom de la « ratiocination », ce fourvoiement de la pensée négative. Une telle attitude est opposée à la pensée véritable parce qu'elle « se comporte négativement à l'égard du contenu qu'elle appréhende, elle sait le réfuter et le réduire à néant ». Or, c'est là *seulement* le négatif, en ce sens c'est une « limite suprême » parce qu'elle ne propose qu'un contenu de pensée vain, vide. Mais, ajoute Hegel, c'est aussi une manière d'examiner vaine, orgueilleuse, parce qu'elle ne parle pas de la chose, elle prétend la dépasser, mais en fait l'outrepasse, et « c'est pourquoi elle se figure, avec l'affirmation du vide, être toujours plus vaste que ne l'est une pensée riche de contenu » [128].

Les seuls effets concrets qu'on obtient sont d'apeurer l'autre, le ridiculiser, le faire se sentir illégitime. Car il est très difficile d'apprendre à renoncer à ses idées : seul l'amour peut donner cette force qu'on nommera « courage intellectuel » – ne pas avoir peur de la mort de ses hypothèses. C'est dans les moments d'apprentissage, faits de confiance mutuelle, que je peux sentir et expérimenter qu'abandonner une hypothèse n'est ni douloureux, ni humiliant. Mais cela ne va pas du tout de soi : il faut beaucoup de force*.

Si l'amour est au cœur de la production des vérités, c'est parce qu'il y a des conditions éthiques à l'existence du désir d'apprendre. Nous ne cherchons pas – avec tout ce que cela suppose d'énergie et de patience – si nous n'avons pas les ressources pour le faire. La force de se battre pour les idées vraies suppose certaines habitudes et des émotions précises. Israël Scheffler a même théorisé ce qu'il appelle des « émotions cognitives », mais déjà Spinoza faisait cette remarque géniale : « Qui s'emploie à triompher de la haine par l'amour combat dans la joie et la sécurité ; tient tête avec autant de facilité à plusieurs hommes qu'à un seul, et n'a aucun besoin du secours de la fortune » [129]. Tout est dans la conséquence d'une telle posture éthique : *il y a triomphe de celui qui est dans le vrai si et seulement si c'est aussi une victoire éthique pour celui qui était dans le faux*. Dit autrement, le désaccord ainsi compris est toujours une victoire pour moi *et* pour l'autre, il ne peut y avoir de perdant !

---

* Une récente expérience de lecture illustre ce phénomène : les analyses de François Athané sur le don, et ses désaccords puissamment exprimés avec des positions célèbres sur la question. Ainsi, la lecture critique de Derrida, qu'il propose dans *Pour une histoire naturelle du don*, est un chef-d'œuvre de partage d'une idée plus forte qui incline à renoncer *joyeusement* à la thèse derridienne, car on fait l'expérience de comprendre mieux ce qu'est le don.

En effet, insiste Spinoza, « ceux qu'il vainc perdent joyeux, d'une joie qui ne vient pas, bien sûr, du défaut de leurs forces, mais de leur accroissement ».

Un contradicteur conséquent est celui qui finit par tuer son adversaire, car il n'est pas d'autre issue à un processus qui se croit fécond par l'extraction. Le Grand Inquisiteur Torquemada a au moins le mérite d'aller jusqu'au bout de cette logique, dévoilant qu'il s'agit moins d'aider l'autre – « c'est pour ton bien, ton salut » – que d'assurer une unité en se réassurant dans sa propre croyance [130]. À l'opposé, si je veux vraiment « aider » l'autre, tout ce que je peux faire est de lui offrir la puissance de croire en autre chose, puissance qui lui offre une perspective neuve sur ce qu'il croit actuellement et lui permet de penser plus justement.

Si le désaccord n'est pas perçu comme cette force dynamique, il devient un désolant *constat*. « Nous sommes en désaccord » est souvent synonyme, pour le sens commun, d'impasse. De fait, faute d'une attitude aimable et joyeuse, les désaccords ne produisent souvent que du bruit – effet miséreux du négatif – et conduisent à filer des monologues parallèles – répétition du même, volonté de tenir à son soi déjà individué.

Combien de prises de parole commençant par « je vais t'expliquer » amorcent de véritables dialogues de sourds. On trouve les plus belles descriptions de situations similaires chez Sade. Par exemple, dans *Justine ou les malheurs de la vertu*, chaque libertin rencontré expose, avec force rationalité, le système athée, matérialiste et libertin qu'il considère comme une description juste du monde naturel et social. À cela Justine – l'individu « bien bête de croire » – rétorque toujours en deux temps : d'abord, elle présente son propre système de croyances – vertu, pudeur, justice (divine, surtout) et récompense dans l'au-delà – puis, face à la ténacité intellectuelle des jouteurs libertins, elle se rabat sur le constat, de fait, qu'elle ne *peut pas* se plier aux vues libertines, qu'elle ne *peut pas* renoncer à ses croyances. Le dialogue avec le moine Clément est le paroxysme de cette stérilité d'un désaccord statique puisque chacun ne fait qu'exprimer sa « répugnance » pour les croyances de l'autre – morale, système de lois et pudeur répugnent à Clément alors que l'immoralisme, la cruauté et la débauche répugnent à Justine [131]. Dialogue de sourds, effectivement, car chacun *ne peut pas entendre* ce que l'autre tente de lui dire.

Finalement, la violence des interlocuteurs et bourreaux de Justine fonctionne comme un principe de renforcement des convictions de Justine. Loin de l'ébranler, ils confortent son système de croyances par leur oppression, le rendant comme plus dense sous la pression de leurs attaques.

Le renforcement des convictions de Justine est l'effet d'une volonté farouche, chez le moine, de raccorder l'autre à soi. Quand suis-je pareil à ce moine ?

Par contraste, le désaccord est un *dissensus* avec l'autre : nous n'allons pas dans le même sens, et c'est une chance ! Rien n'est plus précieux qu'une rencontre embarrassante *pour la pensée* : une telle rencontre m'altère, elle m'enrichit et me déplace. Le désaccord s'apprend, car il est difficile de ne pas briser les élans et les forces de l'autre lorsqu'on se pose en désaccord. Trop souvent, le désaccord devient barrière et empêchement : cette dérive est terrible, car elle fait perdre le goût pour la différence, dont la pensée a nécessairement besoin.

Or, si le désaccord est perçu négativement, je chercherai alors le consensus : je provoque la stérilité spirituelle parce que je ne sais pas créer les conditions pratiques d'un désaccord fructueux – on se tape dessus, on s'engueule, on joue sur l'intimidation. Je suis englué dans le *combat contre l'autre*, je manque les idées et je m'enlise à détruire ou repousser des forces. C'est pourquoi je veux en sortir au plus vite : « trouvons un consensus » ! Je m'impatiente.

Au contraire, le désaccord est vital pour l'existence des idées critiques, mais cela suppose un art d'apprendre ensemble, cela suppose d'*aimer la lutte avec l'autre* : ne percevant plus ce dernier comme un ennemi, mais comme un ami, je cherche alors à m'emparer d'une force pour la faire mienne. Le désaccord est un processus d'enrichissement car nous captons des forces pour devenir un « nous ». Le plus bel hommage en ce sens est celui de Malebranche : « je dois à M. Descartes les sentiments que j'oppose aux siens et la hardiesse de le reprendre » [132]. Le combat contre l'autre accule à rester le même, la lutte entre nous permet de devenir autre.

En résumé, vouloir convaincre que l'autre se trompe est en fait un processus *passif* : conséquence de mon adhésion aux croyances des autres, que j'ai peur de mettre à l'épreuve dans un véritable dialogue ; c'est aussi un processus *égoïste* : c'est pour moi que j'entreprends de convaincre l'autre avant que de penser à son bien à lui, car c'est ma peau que je cherche à sauver ; c'est enfin un processus *prétentieux* : je sais mieux que l'autre ce qui est bon pour lui.

Apprendre à aimer est toute autre chose, c'est vouloir se permettre de penser avec l'autre. Ce processus est *actif* : mise en place d'un agencement qui prenne en compte le fait que les idées n'opèrent pas de soi, il faut en construire les conditions d'émergence ensemble ; il est *altruiste* : j'essaie de donner à l'autre confiance en lui en lui fournissant des points d'appui, je ne me sers pas de lui pour m'appuyer dessus ; enfin, il est *modeste* : je ne peux pas savoir, ni pour moi ni pour l'autre, ce qui va advenir du dialogue – qui est toujours une aventure d'idées.

Le désaccord dissensuel force chacun à se raccorder en lui-même : un tel désaccord est vital. Un problème est toujours une *épreuve vécue* parce que nos schèmes de pensées et d'actions présents ne suffisent plus à penser ou agir dans telle situation. Penser devient alors l'effort de résoudre le problème, c'est-à-dire nous réindividuer différemment, devenir autre pour pouvoir affronter une réalité embarrassante. C'est en ce sens que les problèmes sont des alliés merveilleux de la vie : ils nous font devenir plus libres, plus souples, plus forts, ils nous forcent à penser véritablement, c'est-à-dire à créer.

À l'inverse, le désaccord entre des solutions est une volonté de ramener l'autre à soi : on se trompe de raccord ! Le raccord visé est interpersonnel et comptable (*consensus*) et ne peut que créer le désaccord intime, la fausseté existentielle. Les plus faibles finissent par plier sans y croire et se condamnent à *être faux* [133].

Les consensus sont toujours de haine (explicite ou refoulée) : c'est parce que j'ai cédé à un désaccord de l'autre (m'empêchant de penser tel problème, voire m'imposant une réponse), c'est parce que j'ai accepté de me raccorder à lui (me détachant de moi-même) que je deviens *insensible* puisque détaché des conditions de ma propre expérience.

Il y a consensus lorsqu'est acceptée une résolution *a priori* des litiges, c'est-à-dire une liquidation des problèmes politiques. Le consensus vise à court-circuiter les problèmes en les posant à notre place, il empêche que nous les construisions nous-mêmes, en accaparant l'attention sur un débat contradictoire enfermé dans l'alternative entre les solutions d'un « faux dilemme ». Or, ceci est un sophisme bien connu. Par exemple, j'ai entendu un parent d'élève s'inquiéter de l'avenir de son enfant en ces termes : « Tu veux préparer sérieusement ton bac, ou bien tu veux vendre des frites toute ta vie ? » Que de consensus implicites faut-il pour croire vraiment qu'il est intéressant de répondre à une telle alternative ! Mais les dilemmes mis à l'ordre du jour par une certaine presse politique sont-ils plus pertinents ? « Pour sauver le régime de retraite par répartition, voulez-vous moins de pension de retraite ou plus de durée de cotisation ? »

L'horizon politique du consensus, c'est toujours le chantage des dominants, qui agencent un ordre policier du monde, véritable matrice à produire de faux problèmes qui minent les existences.

Dans un texte politique qui fouille ce problème, Rancière pose que « ce n'est pas d'abord entre soi que l'on consent mais contre l'autre. Consentir, c'est d'abord sentir ensemble ce qu'on ne peut pas sentir » [134]. Le consensus politique est la création de boucs émissaires destinés à nous faire oublier l'absence de liens entre nous. La haine grégaire de l'autre nourrit mon confort apolitique, au sens où elle me permet d'oublier relativement le manque d'amour au sein de mes groupes d'appartenance. Faute de savoir nous retrouver par la joie intrinsèque de ce que nous tissons, nous raccordons nos destinées *en creux*, par une haine commune. Triste soudure.

L'un des textes les plus bouleversants sur ce point, un grand texte sur l'éducation politique, est celui de Pasolini à propos des « facilités » intellectuelles de l'antifascisme, facilités proportionnelles au manque de *pratique* du dialogue :

> En réalité nous nous sommes comportés avec les fascistes de façon raciste : nous avons voulu croire hâtivement et cruellement qu'ils étaient prédestinés à être fascistes, et que face à cette décision de leur destin il n'y avait rien à faire. Et ne nous le cachons pas : nous savions tous, dans notre conscience profonde, que lorsque l'un de ces "jeunes" décidait d'être fasciste, c'était par hasard, ça n'était qu'un geste, immotivé et irrationnel : il aurait suffit peut-être d'un seul mot pour que cela n'arrive pas. Mais aucun d'entre-nous n'a jamais parlé avec eux. Nous les avons tout de suite acceptés comme des représentants inévitables du mal. Et c'était peut-être des adolescents et des adolescentes de 18 ans qui ne savaient rien de rien, et ils se sont jetés tête la première dans l'horrible aventure par simple désespoir.
>
> Mais nous ne pouvions pas les distinguer des autres. C'est là notre terrible justification [135].

Voilà de quoi souffre l'apprentissage : dans le régime de la pensée, le dissensus (pourtant vital) se règle selon la loi du plus dominant (avec toutes les subtiles et vénéneuses préventions dont sont capables les nantis et les polis) là où il devrait être pensé, explicité, partagé, interrogé.

Ne sachant pas aimer, nous ne savons pas vivre nos différences comme des outils magnifiques pour exister plus joyeusement et penser plus librement.

ENNEMIS

Si nous comprenons vraiment ce qu'est l'intérêt général, nos ennemis ne sont rien d'autre que des affaiblis qui survivent par l'exercice d'un triste pouvoir consistant à affaiblir les autres – pour demeurer relativement les plus forts. Les rendre plus forts en fera nos amis et constitue le juste remède.

Si vraiment nous n'aimons pas nos ennemis parce qu'ils sont dangereux, nous ne pouvons rien espérer de mieux que les mettre hors d'état de nuire. C'est de cette fin qu'il faut partir, et voir quels sont les moyens véritablement efficaces pour y tendre. Or, les mettre « hors d'état de nuire » n'est pas les mettre « hors d'état », c'est-à-dire les supprimer ou les abattre – surtout s'ils sont intérieurs. L'enfant qui frappe ses petits camarades doit apprendre à vivre avec eux : ce n'est certainement pas en le mettant au coin – méthode d'isolation, où les pensées fulminent et les stratégies s'affinent – qu'on résoudra le problème.

Pour bien poser le problème, je cherche du côté des figures sublimes – tant le rapport aimant aux ennemis est chose difficile. Prenons Jésus : il aime *malgré tout*. Seule voie pour lutter contre la haine. « Quelle force faut-il et qui le peut ? », objectera-t-on. Certes, mais cela n'en rend pas moins vraie l'analyse selon laquelle on n'a jamais apaisé la haine des haineux en les haïssant. Pareillement, Socrate, lorsqu'il court un danger mortel, cherche encore à ouvrir l'esprit de ses condamnateurs, il veut leur apprendre ce qu'est la vie bonne et cohérente. Merleau-Ponty fait cette remarque très juste à propos du rôle possible du philosophe par rapport à ce qui « ne tourne pas rond » : « Si le philosophe était un révolté, il choquerait moins. Car, enfin, chacun sait à part soi que le monde comme il va est inacceptable ; on aime que cela soit écrit. La révolte donc ne déplaît pas. Avec Socrate, c'est autre chose. Ce qu'on lui reproche n'est pas tant ce qu'il fait, mais la manière, mais le motif » [136]. En effet, l'attitude de Socrate pendant son procès est un bel exemple d'attitude intempestive contre les ennemis de la pensée libre. Socrate sait que ses juges ne peuvent pas ne pas penser ce qu'ils pensent. Il ne les combat donc pas au niveau des solutions – critique de leurs opinions par une prétendue vérité plus haute – mais problématise devant eux le problème de la loi afin de les faire vaciller par la violence de sa pensée. Voilà l'amour véritable qui essaie d'apprendre *avec* celui qu'on croit dans l'erreur ! C'est dans de tels moments, plus que dans l'exercice de la maïeutique, que Socrate peut faire figure de modèle : loin d'opposer aux autres une opinion contradictoire, il les force à penser en étant lui-même un paradoxe vivant. Sa dimension critique réside dans sa puissance de génitalité de la pensée, *pour l'autre*. Socrate *fait de sa vie un problème pour les autres*. Altruisme pur.

Les luttes sont cruciales dans nos sociétés toujours trop inégalitaires. L'intuition de cet ouvrage ne nie aucunement l'importance des combats face aux injustices. Elle permet cependant d'en penser les conditions d'efficience.

La question de l'ennemi nous met précisément au cœur des difficultés. Ainsi, les ennemis sont parfois parmi les nôtres : par exemple, les rouages de la domination masculine opèrent *aussi* entre femmes. Les relations entre mères et filles peuvent transmettre des modèles que les mères n'ont *a priori* aucun intérêt à véhiculer en tant que femmes. Faut-il leur en vouloir, dénoncer leur attitude ? Non, mais aimer pour pouvoir apprendre, réapprendre à s'aimer. Je ne peux pas lutter autrement contre les ravages d'une domination qui vient s'inscrire jusque dans les gestes les plus quotidiens des dominés eux-mêmes – que j'ai en moi, que les autres ont en eux.

Pour rester sur le même exemple, il y a une autre difficulté : non plus remarquer qu'on peut avoir des « ennemis » objectifs dans son camp, mais risquer de créer des ennemis nouveaux dans l'autre « camp » – justement parce qu'on raisonne en termes de positions fixes. C'est ce qu'on pourrait appeler la « présomption d'adversité », rencontrée chez certaines féministes qui perçoivent tous les hommes comme des ennemis en puissance.

En parlant de misogynie, prenons au sérieux ce mot d'esprit de Wilde : « Pardonnez toujours à vos ennemis, rien ne les ennuie davantage ». Car l'amour désarçonne même les plus endurcis – s'ils n'en montrent rien, c'est par orgueil, mais le coup est donné. Et surtout, l'amour protège dans les rudes combats, il est un rempart indispensable contre la folie qui guette au cœur des combats abominables – où l'on se heurte à tant de violence et de stupidité que l'on risque d'y laisser sa peau. « Quand tu combats des monstres, prends garde de ne pas devenir monstre toi-même. Si tu plonges longuement ton regard dans l'abîme, l'abîme finit par ancrer son regard en toi » [137].

D'où cette vigilance, toujours : lorsque je m'adresse à autrui, quelle est mon *intention*? En forçant le trait, je formulerais ce problème comme une alternative. (a) Est-ce que mon intention vise un résultat (élaboré dans la solitude de la *préméditation*) dans lequel l'autre *modifié* trouvera une place pensée pour lui, *sans* lui? (b) Ou bien, est-ce que mon intention vise à solliciter l'autre pour communiquer, pour me connecter *avec* lui afin de penser ensemble ce que nous pourrions devenir?

Dans l'interpellation d'autrui, la visée d'un résultat empêche intrinsèquement toute relation, toute communication. « *Connect before correct* », suggère Marshall Rosenberg lorsqu'il évoque les situations éducatives, voulant signifier par là qu'il est impossible de faire quelque chose avec l'autre tant que je n'aurai pas réussi à me situer en un lieu commun avec lui, *intellectuellement et affectivement*. Cette conjonction est nécessaire : on peut la nommer *empathie*. Mais il faut aller plus loin et tenter d'occulter l'intention de résultat : « *just connect* ». C'est déjà beaucoup, et c'est suffisant. Faire de la politique, c'est dialoguer pour produire des réflexions communes sur les finalités visées : *que désirons-nous devenir?* Dès lors, si j'arrive pour imposer mes finalités aux autres, je n'arrive jamais à atteindre ce lieu de *connexion* qui pourrait me nourrir par les flux d'altérité qui y circulent.

Le problème est encore : quelle est mon intention lorsque je m'adresse à l'autre ? Réussir à me connecter *avec* lui ou bien obtenir un résultat *sur* lui ? Dans le premier cas, nous aurons tous les deux à bouger (double devenir), dans le second cas, je reste sur ma position (*thesis*) et tente de bouger les lignes « ennemies »…

Malheureusement, une grande partie de la littérature pédagogique s'enferre dans ce second cas : par exemple, on sera bienveillant *pour obtenir de l'élève* qu'il fasse ce qu'on attend de lui, et non par confiance et mise à nu de ses propres doutes, comme adulte, en vue d'apprendre avec les élèves.

La clarté politique voudrait qu'on sache ce qu'on est en train de faire à l'autre lorsqu'on prétend intervenir pour aider : l'augmenter ou bien le diminuer ? L'hypothèse de cet ouvrage soutient que la « bonne » intention négative (prévenir l'autre, le corriger, le contre-dire, etc.) est un souci de soi maladroit, une volonté première de se rassurer, quitte, pour cela, à diminuer la puissance d'agir des autres. Lorsqu'un tel geste est collectif, l'enjeu est d'assurer l'entre soi, de reconduire la connivence du groupe – « nous contre eux ». C'est un rituel utile parfois pour les collectifs diminués, mais c'est un rituel qui cherche à produire de la domination, car il dévalorise l'altérité. Loin d'orienter vers la joie d'apprendre, il envoie des signaux pour la recognition, la reconnaissance des solutions déjà pensées par le groupe. Une telle logique est identitaire : elle cherche à rallier, elle ne s'adresse qu'aux mêmes que soi – en soi et en les autres.

La rhétorique de *Tiqqun*, par exemple, fonctionne puissamment sur ce mode contre-identificatoire : elle peut être féconde, tactique-ment, pour rallier les forces à un moment donné, elle peut faire du bien à ceux qui pensent pareillement, mais elle ne peut pas dialoguer avec le « Bloom » ou la « Jeune-Fille ». Ces derniers ne sont plus ici des fins en soi – êtres humains à qui l'on s'adresse –, mais de simples moyens pour mieux s'adresser à celles et ceux qui se reconnaîtront dans le même mépris qu'ils ont envers ces portraits-robots. C'est donc bien une adresse aux semblables, une recherche policière de consensus entre soi, mais ce n'est pas de la politique, au sens de Rancière, susceptible de provoquer un dissensus pour discuter avec ces personnes dont le mode de vie est décrié. La véritable critique devrait suivre cette exigence que se donne Marc-Aurèle [138] à lui-même : « Les hommes sont faits les uns pour les autres : instruis-les donc ou supporte-les ».

L'esprit et le corps critiques, en ce sens, sont *d'abord* un regard et un imaginaire critique sur soi : cette nécessité chronologique s'ensuit de la logique du dialogue – aussi contre-intuitif que cela puisse paraître. En effet, si elle vient trop tôt à s'intéresser aux autres, donc à s'adresser aux autres pour leur parler d'eux-mêmes, la critique risque une double peine : nous priver d'être audibles et intéressants pour les autres, nous priver de nous augmenter nous-mêmes en détournant notre attention de nos propres faiblesses.

Les ennemis sont une construction du regard. Comment, dès lors, puis-je me représenter ces personnes que je désigne *aujourd'hui* comme des ennemis du bien commun et de la liberté ? Faut-il chercher des coupables des maux de nos sociétés, de la domination des uns par les autres ? Dois-je penser que les maîtres – parents, instituteurs, dominants, tout ce que l'on voudra – perpétuent un système odieux ?

Les choses sont plus banales : ce sont les individus attristés qui sont destinés à fonctionner comme rencontres attristantes pour d'autres. Il n'y a pas des bons et des méchants : les enfants ou les opprimés face aux parents ou aux oppresseurs. La position du « manipulateur hypocrite et cynique » est une exception qui n'explique en rien la perpétuation coutumière des clichés. De Fontenelle à Marx, en passant par Pluche ou Warburton, tous montrent que les créateurs de croyances sont eux-mêmes dominés et séduits par ce qu'ils transmettent. La domination est un psittacisme.

Fontenelle montrait dans *De l'origine des fables* que celles-ci ne sont ni la création soigneusement suivie d'un esprit, ni une recréation chimérique à chaque instant, mais la broderie, par ignorance, enthousiasme, goût de trousser l'anecdote, vanité de raconteur : « Il n'y a pas deux camps, celui des trompeurs et des naïfs : tous les hommes sont leurs propres dupes. L'homme est fait de petits "travers" : il n'y a pas de grandes essences » [139]. La question de savoir si les producteurs d'idéologie sont de simples reflets, rouages de transmission, ou des stratèges conscients de la duperie qu'ils génèrent est un problème insoluble. Les scribes égyptiens croyaient-ils sincèrement aux légendes qu'ils véhiculaient – et qui les servaient objectivement – ou bien étaient-ils conscients d'affabuler pour droguer le peuple [140] ?

C'est le grand problème de l'innocence de nos ennemis : et si aucune intention coupable, aucune volonté de mystification, aucune stratégie perverse n'était à l'origine de la domination ? Celle-ci passe d'ailleurs par des proches *a priori* « aimants » qui n'ont aucun intérêt à perpétuer cet état de fait : encore une fois, pensons à la mère demandant à sa fille de venir l'aider à faire à manger, plutôt qu'à son fils.

Ce dont souffrent nos ennemis ce n'est pas de tenir une *mauvaise* position, c'est plus radicalement de tenir une position alors qu'il faudrait une pensée en mouvement, un désir de continuer à apprendre, un besoin de ne pas en rester là. L'amour est un élan qui permet la variation des perspectives et si nous avons véritablement raison, alors nos ennemis s'en rendront compte si nous leur rendons leur mouvement de pensée. Il faut dynamiser l'autre : voilà ce qui dynamitera de manière immanente l'inanité de sa position. (Certes, les contradictions d'intérêt sont objectives et matérielles, mais justement : celui qui croit devoir choisir entre son intérêt particulier *à lui* et notre intérêt général *à tous* est pris dans une alternative qui n'existe que *de son point de vue*, petit et figé.)

Nos ennemis sont d'abord pris dans un terrain stérile où la pensée n'émerge plus, où les apprentissages n'ont plus lieu.

Je peux donc être un ennemi pour moi-même, c'est d'ailleurs dans cette exacte mesure que je deviens aussi un ennemi pour ceux que j'aime.

ENTRACTE

à tous ces enfants qui meurent de lieux communs
le trop peu de nos vies et le trop plein de nos âmes
[...]
Rendez-nous la joie de nous croire inventeurs de l'amour
quand on aime
Laura Tirandaz, « Azizam »

L'hypothèse directrice de cet ouvrage a un caractère autoconfirmatif. En effet, celui qui voudrait démontrer la fausseté de mon hypothèse pourra toujours se voir objecter qu'il ne m'a rien appris, que ses objections sont stériles, bref que sa tentative est l'exemple vivant de la validité de mon hypothèse. Que faut-il en déduire ?

De fait, la philosophie est plutôt friande des paradoxes, qui sont des énoncés autoréfutatifs. L'un des plus célèbres est le paradoxe d'Épiménide le Crétois (version « faible » du paradoxe du menteur). Il est rapporté par Saint Paul dans son *Épître à Tite* : « L'un d'entre eux, leur propre prophète [Épiménide], a dit : "Crétois, toujours menteur, mauvaises bêtes, ventres paresseux" ». S'il ment, il ne ment pas, puisqu'il le dit ; s'il ne ment pas, il ment, puisqu'il dit le contraire. Épiménide ment *et* ne ment pas.

Les paradoxes sont embarrassants et donnent à penser : leur fortune fut donc grande dans l'histoire de la philosophie. En revanche, que penser d'un énoncé autoconfirmatif ?

(a) Si l'on entend par là une tautologie (A = A), c'est d'un intérêt nul. On aurait affaire à une vérité triviale, qui nous rappelle que la vérité n'est pas intéressante en soi. Mais ce n'est pas le cas.

(b) Si l'on entend par là une hypothèse métaphysique, au sens péjoratif donné à cet adjectif par le positivisme logique, on aurait affaire à une hypothèse que l'expérience ne peut invalider. Ce n'est pas le cas non plus : l'idée que la négation ne produise aucun effet d'apprentissage est suffisamment concrète pour être éprouvée dans de nombreuses situations, donc éventuellement réfutée.

(c) Si l'on entend par là une thèse qui offre un boulevard au délire d'interprétation, au sens où l'expérience peut toujours être réinterprétée comme confirmant la théorie, on touche du doigt une difficulté. En effet, éprouver la justesse de mon hypothèse suppose nécessairement, de la part du penseur, une grande honnêteté intellectuelle pour évaluer s'il y a eu, ou non, apprentissage réel suite à une négation intentionnelle d'autrui. L'apprentissage étant un geste de la pensée (où nulle procuration n'est possible), seul l'individu vivant consciemment l'effet d'une négation peut dire si celle-ci aura été formatrice pour lui. Il faut donc être exempt de toute mauvaise foi pour évaluer la pertinence de cette hypothèse, car le délire d'interprétation est assez facile à mettre en œuvre.

(d) Enfin, il reste une dernière possibilité : il est bon signe qu'un énoncé soit autoconfirmatif. On peut considérer cette propriété étrange comme une force véritable de l'idée. Non pas tant du point de vue de l'originalité, mais du point de vue de la simplicité – les idées éthiques vraies n'ont-elles pas la simplicité comme propriété première ?

Mais les intuitions éthiques les plus simples sont aussi souvent les plus difficiles à mettre en œuvre. Cela expliquerait la possibilité, et la nécessité, de la faire tourner dans des situations variées et selon des problèmes divers. Sa simplicité théorique apparente cache une difficulté de mise en œuvre pratique, parce que les relations humaines sont empreintes de cette illusion consubstantielle à la conscience : croire aux vertus éducatives et formatrices de la négation.

Il faut parfois revenir aux fondamentaux des croyances archaïques : « une bonne claque de temps en temps, il n'y a que ça de vrai ». Je ne parle pas des châtiments corporels dans cet ouvrage, mais ils sont peut-être l'aspect le plus évident de cette *croyance erronée* dans les pouvoirs pédagogiques de la négation, que mes analyses cherchent à comprendre dans des situations moins évidemment stériles, parce que discursives.

Pour des raisons de place, il n'était donc pas question ici de discuter l'hypothèse que la violence physique intentionnelle puisse être le moins du monde formatrice [141].

ERRANCE

Apprendre n'a jamais consisté à prendre le plus court chemin d'un problème à la solution : il faut errer. L'errance n'est pas une perte de temps, un ratage, elle est la condition indispensable de toute appropriation véritable. Le propriétaire prématuré est un dépossédé, seul le voyageur acquiert réellement.

Apprendre à l'autre est tout sauf une chasse à l'erreur. Ce genre de pratique réactive le schème colonialiste : réduction du monde spirituel de l'autre à mes propres cadres. Dans ses premières notes à propos du *Rameau d'or*, Wittgenstein fustige la posture de l'ethnologue britannique qui considère les croyances des « sauvages » comme des superstitions, des erreurs, bref des sottises [142]. Il y a erreur, dit Wittgenstein, si et seulement s'« il suffit de se rendre compte de son erreur pour renoncer à sa manière d'agir » ; dans les autres cas, il est grossier de parler d'erreur, il s'agit de *toute autre chose*. L'erreur ne vaut que pour celui qui accepte une hypothèse, et peut donc l'abandonner si contradiction logique il y a. Au quotidien, cette configuration est l'exception ; dans la plupart des cas, quand je crois avoir démontré à l'autre qu'il est dans l'erreur, et qu'il ne change rien à sa manière d'agir, la raison est que *je* me suis trompé en diagnostiquant une erreur là où se jouait toute autre chose.

Ce qui nous forme, ce n'est pas d'être plus ou moins près de la vérité (conception trop statique), c'est le mouvement, le déplacement. Nous avons tous à errer pour devenir meilleurs – plus joyeux, plus rationnels, plus libres.

Aimer suppose non seulement de reconnaître que l'autre est libre, mais de comprendre que c'est positivement une nécessité. Ce n'est pas qu'il est libre de partir (je prends ce risque), c'est qu'il doit partir et vivre de lui-même ses expériences. (Partir n'est pas quitter.) Pensons aux parents vis-à-vis de leurs enfants : il faut que ces derniers fassent des « erreurs », bien plus heureusement nommées « errances », mais comment se retenir de les *prévenir*? Cette sorte de prévenance qui veut à tout prix épargner à l'être aimé l'expérience de la tristesse est un souci de l'autre maladroit. Ne puis-je croire en sa capacité à affronter la difficulté?

Errer, c'est faire des rencontres qui nous construisent. Les petits malheurs sont encore des occasions d'apprentissage : « le goût est fait de mille dégoûts », suggère Paul Valéry. La grande leçon d'*À la recherche du temps perdu*, comme roman d'apprentissage, c'est qu'il n'y a pas de temps perdu : chaque chose dont je suis capable aujourd'hui est le fruit de ce que j'ai vécu. Nous ne soupçonnons jamais *dans* les moments douloureux ce dont leur traversée nous rendra capables *plus tard*. Plutôt que d'être nostalgique d'un temps d'avant l'erreur (l'inutile rumination au conditionnel passé : « si seulement je n'avais pas fait ou dit ceci »), il faut continuer son chemin. Nous sommes de bien piètres aimants lorsque nous déplorons un acte passé ou fantasmons sur des âges antérieurs. « Ah, les premiers mois de nos amours… »

Ce que nous apprend l'errance, c'est qu'il n'y a pas de revenir : j'avance toujours, et même si je reviens sur mon chemin, ce n'est pas un revenir, c'est un « dédevenir ». Jankélévitch commente ainsi les effets de l'errance d'Ulysse : « Si le Revenir renverse l'aller, le "dédevenir", lui, est une manière de devenir; ou mieux : le retour neutralise l'aller dans l'espace, et le prolonge dans le temps; et quant au circuit fermé, il prend rang à la suite des expériences antérieures dans une futurition ouverte qui jamais ne s'interrompt : Ulysse revient à la maison transformé par les aventures, mûri par les épreuves et enrichi par l'expérience d'un long voyage » [143]. Le retour au point de départ est une expérience *temporellement* impossible : de même qu'il y a une flèche du temps, de même les transformations se font à sens unique.

Prenons au sérieux l'expérience du voyage, qui littéralise le concept d'errance. Combien d'écrivains voyageurs tiennent un discours critique sur les vertus du voyage[144]. Il n'y a là rien de paradoxal : il fallait que ces écrivains y aillent pour comprendre la stérilité *pour eux* de ces déplacements géographiques. Mais ils n'ont en rien perdu leur temps, cet apprentissage fut essentiel.

Dès lors, la maladresse surgit lorsqu'un voyageur en vient à conseiller aux autres de ne pas voyager, comme un parent pourrait éloigner ses enfants de certaines idées sous prétexte qu'il a déjà expérimenté, *à leur place*, qu'elles étaient contradictoires. Ainsi Chateaubriand écrit dans les dernières pages des *Mémoires d'Outre-tombe* :

> L'homme n'a pas besoin de voyager pour s'agrandir, il porte avec lui l'immensité. Tel accent échappé de votre sein ne se mesure pas et trouve un écho dans des milliers d'âmes : qui n'a point en soi cette mélodie, la demandera en vain à l'univers. Asseyez-vous sur le tronc de l'arbre abattu au fond des bois : si dans l'oubli profond de vous-même, dans votre immobilité, dans votre silence vous ne trouvez pas l'infini, il est inutile de vous égarer aux rivages du Gange[145].

Et pourtant, ne faut-il pas avoir conquis la puissance d'aller au bout du désert et des routes, au fond des raisonnements et des conséquences pour comprendre ce que peuvent de telles errances pour soi ? Généreusement, Chateaubriand veut *prévenir* son lecteur de ce qu'il a compris pour lui ; cet anachronisme implique de priver autrui du voyage, donc des moyens qui ont justement permis à Chateaubriand de conquérir cette « vérité ».

La volonté de faire circuler des « réponses » qu'on juge bonnes ou vraies constitue un *empressement* qui court-circuite les possibilités pour les autres d'apprendre et d'expérimenter le mouvement – c'est les pré-venir de vivre*.

---

* Il faudrait distinguer, d'un côté « préparer », qui constituerait une aide pour autrui en orientant son attention, et de l'autre « prévenir », qui empêcherait ou du moins rendrait plus improbable la réussite du geste d'autrui.

La théorie procède selon un imaginaire spatial : elle croit que la contradiction rend possible un retour en arrière, elle croit en une pure symétrie entre affirmation et négation. Il n'y a donc aucune positivité accordée à l'errance, car il n'y a pas de place pour le temps de l'apprentissage.

Or, l'espace logique de la pratique, s'il veut être effectivement vécu par un sujet apprenant, suppose *du temps*, le temps des échanges par le dialogue, le temps de la reprise de soi pour affirmer autrement.

Il n'existe pas d'« abolition » dans le temps des apprentissages : l'inexistence, l'exclusion, la disparition ne sont jamais que des « affirmations du second degré ». C'est le sens d'une analyse célèbre de Bergson :

> Quand je dis : "cette table est noire", c'est bien de la table que je parle. Mais si je dis : "cette table n'est pas blanche", je n'exprime sûrement pas quelque chose que j'aie perçu, car j'ai vu du noir, et non pas une absence de blanc. Ce n'est donc pas, au fond, sur la table elle-même que je porte ce jugement, mais plutôt sur le jugement qui la déclarerait blanche. Je juge un jugement, et non pas la table. La proposition "cette table n'est pas blanche" implique que vous pourriez la croire blanche, que vous la croyiez telle ou que j'allais la croire telle : je vous préviens, ou je m'avertis moi-même, que ce jugement est à remplacer par un autre (que je laisse, il est vrai, indéterminé). (...) Une proposition affirmative traduit un jugement porté sur un objet ; *une proposition négative traduit un jugement porté sur un jugement* [146].

La négation est donc d'abord une adresse – à soi ou à autrui. Bergson en conclut que, « dès qu'on nie, on fait la leçon aux autres ou on se la fait à soi-même. On prend à partie un interlocuteur, réel ou possible, qui se trompe et qu'on met sur ses gardes. Il affirmait quelque chose : on le prévient qu'il *devra* affirmer autre chose ». Comme y insiste cette dernière phrase, la négation, comme affirmation du second degré, recèle toujours virtuellement une *injonction intersubjective*.

Par contraste, apprendre à aimer, c'est non seulement autoriser mais encourager l'autre à errer. Le conseil paradoxal que je peux donner à ceux que j'aime est de les inviter à se méfier des donneurs de conseils, qui veulent toujours nous épargner de vivre pour s'épargner trop d'altérité. « Les conseils que l'on vous donne avant de partir en exploration ont quelque chose de commun avec ceux que l'on donne aux enfants » [147]. Or, ce que chaque enfant a besoin de savoir, c'est ce qui lui convient à lui. Ainsi les voyages forment-ils parce qu'ils permettent de savoir ce que l'on fait *en situation* et ce que les situations nous font. Se connaître soi-même n'a pas d'autre sens. Pudique vis-à-vis de ces découvertes intimes, Michaux nous livre cet aveu : « Mais maintenant je sais ce qui me convient. Je ne le dirai pas, mais je le sais ».

Mon ami, qui a « plus » d'expérience que moi en histoires d'amour, me « donne » des conseils. Répétition triste des schèmes scolaires : apeurés de rater, nous voulons les bonnes réponses et craignons d'être des cancres de la vie...

Fort de son expérience, il peut même aller jusqu'à soutenir que j'ai tort d'aimer telle personne. Il lutte en vain. Si vraiment je me fais du mal au contact de cet amour, que l'on qualifiera alors de « destructeur », mon ami ne pourra m'aider qu'en me proposant plus d'amour ailleurs et autrement : amour que je n'apprécierai que *par contraste avec ce que j'aurai vécu*. S'il a raison, je m'en rendrai alors compte. De quoi a-t-il peur en m'avertissant, sinon du fait que c'est peut-être lui qui se trompe ?

C'est particulièrement vrai avec les voyages immobiles, qui insupportent souvent les agités. « L'amour est l'occupation naturelle des oisifs » [148], écrit le poète. Or, regardez comme la paresse agace les pressés et les redresseurs de tort ! C'est à soi seul une preuve indirecte pour la paresse [149]. Ceux qui se tuent à la tâche s'attristent au point de ne plus savoir que contrer et blâmer : quel farouche vouloir de conversion du paresseux chez les laborieux. (Le film *Alexandre le bienheureux* met en scène ces comiques missionnaires de la souffrance.) Pourtant, la paresse est un des rythmes nécessaires de l'errance, par essence polyrythmique. Les moments d'efforts intenses visent des fins que seule la paresse permet de découvrir et dont elle donne également les moyens.

Pour les histoires d'amour, les conseils forment des scénarios écrits d'avance au point que l'on se demande à quoi bon les vivre. La beauté de l'amour n'est-elle pas de ne pas savoir où tout cela nous mène ? Je pense à cette belle remarque de Foucault à propos de la différence d'âge dans les amours homosexuelles [150] :

> Entre un homme et une femme plus jeune, l'institution facilite les différences d'âge ; elle l'accepte et la fait fonctionner. Deux hommes d'âge notablement différent, quel code auront-ils pour communiquer ? Ils sont l'un en face de l'autre sans arme, sans mots convenus, sans rien qui les rassure sur le sens du mouvement qui les porte l'un vers l'autre. Ils ont à inventer de A à Z une relation encore sans forme.

L'errance ouvre à l'imprévu, aux voyages parallèles, aux constructions communes. Le film utopique *L'An 01* témoigne de ces richesses potentielles qu'actualise l'errance :

> — C'est formidable de pouvoir se parler, sans se connaître…
> — Pour dire quoi ?
> — N'importe quoi… Parler de soi.
> — Pas intéressant ! Il y a des livres qui font ça cent fois mieux.
> — Bah dis donc, t'es pas heureux toi.
> — Si je suis heureux. Je sais qu'on n'a rien à se dire, mais je sais aussi qu'on a le temps de le chercher. Et je sens qu'on va trouver des choses qui n'ont jamais été dites. Et ça, ça me rend heureux. Ça m'excite même drôlement.

C'est bien un problème pleinement politique qui se joue ici : on pourrait presque définir la démocratie, en rapport à ce problème de l'errance, comme le régime d'où est *absent tout protecteur prévenant le peuple* – sous la forme du gardien soi-disant bienveillant qui nous interdit de faire ceci ou cela « pour notre bien ». À ceux qui s'opposaient au suffrage universel direct, Lamartine répondait : « Si le peuple se trompe, tant pis pour lui ». Il y a dans ce dépit un dire-vrai : pourquoi voudrait-on *empêcher* le peuple, c'est-à-dire lui démontrer qu'il a tort de vouloir ceci ou cela, sinon parce qu'on aurait trop à perdre à ce qu'il expérimente d'autres manières de fonctionner politiquement ? Ce « on », ce sont évidemment les possédants.

Le problème est donc celui de l'exposition aux dangers que suppose tout apprentissage vital : « comment aimer errer ? » revient à se demander « comment conquérir le goût pour le pluralisme des affects qu'implique tout voyage dans l'existence ? » Les circonvolutions s'apprennent.

Apprendre à errer, c'est apprendre à persévérer *malgré* l'erreur et les échecs – et ne pas rentrer à la niche. À dire vrai, les yeux du nomade ne perçoivent même plus des « erreurs » : il n'y a pas d'échec pour qui agit. Par exemple, lorsque je marche, je ne peux pas échouer à proprement parler : si je trébuche, c'est une péripétie, si je m'arrête avant le col, c'est un lieu de bivouac inédit qui m'attend, etc. Paradoxalement, *je ne risque d'échouer que si j'attends*, que si je « m'attends à … ». C'est l'imaginaire du manque.

Proclamer le « droit à l'erreur » est aussi efficace que de dire : « vous avez le droit de vous blesser ». Apprendre à aimer voyager partout et de toutes les manières suppose d'apprendre à tomber, à rouler, à se muscler en fonction de telle ou telle activité. Aimer est un métier de cascadeur : apprendre à tomber à tel endroit précis sans se faire mal, en sachant solliciter d'autres parties de son corps pour amortir la chute.

La pratique d'une pensée *libre* dans ses mouvements est mieux incarnée par Buster Keaton que par le *Philosophe en méditation* de Rembrandt.

FAUX

Le faux est puissant et nous conduit sur la voie des apprentissages.
Qui a peur du faux, ou le chasse, craint en vérité les aventures
d'idées et se condamne à des amours stériles.

Partons de ce très leibnizien « proverbe de l'enfer » : « Tout ce
qu'il est possible de croire est un miroir de vérité » [151]. Chaque fois
que je traque la fausseté, je ne veux pas reconnaître qu'il peut être
fécond de chercher les éléments de puissance et de vérité dans ce
qui est prétendument « faux ». Il n'y a pas d'égarement pur ou de
mythe pur qu'un bon dialogue ne saurait rendre fécond. Toute idée
est un mixte de vrai et de faux, de science et de mythe, de fécond et
de stérile : ma véritable folie réside dans l'acceptation d'un partage
strict entre ces bords. Michel Serres, grand spécialiste de Leibniz,
l'a dit dans un paragraphe admirable :

> La part de savoir pertinent, dans un mythe donné, une pensée
> sauvage, est probablement aussi grande que la part de mythologie
> qu'enveloppe avec elle une science donnée. Réciproquement, celui
> qui dicte par tout et rien fait le geste de partage, celui des prêtres et
> des rituels de toujours, il sépare le sacré du profane, le bon grain de
> l'ivraie. […] Toute la philosophie du vrai, prenant ses valeurs dans
> les pratiques du réel, bascule alors vers la juridiction […]. Cette
> chimie, tout à coup, se retourne contre elle-même : *ce produit,*
> *épuré de tout mythe, devient mythique de part en part.* La manie
> de propreté, aux limites, est une pulsion suicidaire. Un savoir sans
> illusion est une illusion toute pure. Où l'on perd tout, et le savoir.
> Il s'agit, à peu près, d'un théorème : *il n'y a de mythe pur que le*
> *savoir pur de tout mythe* [152].

Pour bien poser le problème, j'essaie donc de partir de ceci : toute idée recèle une part de vérité, c'est cela qu'il faut que je sois capable de voir en moi ou en l'autre. Aimer les idées de l'autre, ce n'est pas approuver niaisement d'un bloc ce qu'il dit, mais entrer dans le dialogue avec ce souci de rebondir sur ce qui est riche, et non enterrer ce qui est pauvre.

Apprendre à aimer, c'est être Archimède au pays des clichés : trouver au moins un point d'appui pour pouvoir soulever la masse de nos clichés. Je dois partir à la quête d'un point émotionnel *réellement présent* à partir duquel je pourrai construire. Ce point, je ne le connais pas *a priori*, et je dois commencer en tâtonnant.

Leibniz l'a dit sans ambages : non seulement le faux a une positivité, mais il faut même dire que *plus il y aura de faux, plus on aura de chances de trouver du vrai*. C'est ce que signifie l'éloge de la culture dans les *Nouveaux essais* :

> qui aura lu plus de romans ingénieux, entendu plus de narrations curieuses, celui-là dis-je, aura plus de connaissance qu'un autre, *quand il n'y aurait pas un mot de vérité* en tout ce qu'on lui a dépeint ou raconté ; car l'usage qu'il a de se représenter dans l'esprit beaucoup de conceptions ou idées expresses et actuelles le rend plus propre à concevoir ce qu'on lui propose [153].

De manière combinatoire, Leibniz insiste sur les puissances du faux comme mécanisme producteur de nouvelles idées. Leur fécondité pour la pensée tient au fait que l'esprit a besoin de matériaux, quels qu'ils soient, pour opérer par combinaisons, transports et rapprochements.

C'est ici qu'il est le plus éloigné de Descartes. Ces deux philosophes rationalistes considèrent des mélanges de vrai et de faux. Mais, pour Descartes, dès lors que le moindre faux diffus dans un ensemble vrai est suspecté, c'est tout l'ensemble vrai qui sera rejeté : méthode du doute hyperbolique. Pour Leibniz, au contraire, dès lors qu'il y aura le moindre vrai diffus dans un ensemble faux, c'est tout l'ensemble faux qui sera accepté. Le perspectivisme leibnizien comporte une conséquence décisive pour les effets de déplacements provoqués par la pratique philosophique : la marque de la sottise est la persévérance dans l'inadéquat, la croyance tenace en la vérité de ses assertions. Il est donc indispensable, en même temps que l'on progresse en savoir et en pratique, de supprimer l'allégeance à la vérité comme telle : c'est bien l'importance que je donne à mes idées qui constitue la *forme* du faux – ou la sottise – et s'oppose aux *puissances* du faux.

On peut donc parler de « puissances » du faux au nom de deux qualités. D'abord, le faux possède une capacité à alimenter la pensée : à refuser le douteux, l'errance et les maladresses, je me prive de carburant pour penser. Or, le premier objectif pour se sortir des préjugés c'est d'avoir (juste) une autre croyance avant que de viser une croyance juste. De plus, le faux possède une faculté de déstabilisation : par son brassage permanent, il protège de l'allégeance sclérosante au vrai. L'expérience joyeuse fournit un matériau qui est la condition de possibilité d'entrée dans une aventure d'idées : l'amour permet de refournir des données, recharger le monde en données, faire circuler quelque chose, autant que possible et si peu que ce soit.

On demanda à Giono d'écrire le portrait d'un homme remarquable qu'il avait croisé dans sa vie. Il fit la magnifique nouvelle *L'Homme qui plantait des arbres*. C'est une fiction, en fait – ce dont se sont plaints les commanditeurs en l'apprenant plus tard, eux qui voulaient une « histoire vraie ». Cela fit sourire Giono qui se dit que ceux-là n'avaient rien compris aux effets des histoires sur nous autres les humains, et au statut de la fiction.

Il y a plus de vérité dans les récits imaginés que dans bien des histoires vraies, car la vérité n'est pas une pâle copie du réel, elle gît dans ce qu'elle dit du monde et sa manière de le construire. Swift, avec sa malice habituelle, souligne sa victoire d'écrivain : « Ce n'est pas une mince satisfaction pour moi que de présenter un ouvrage absolument au-dessus de toute critique (*censurers*). Car quelle objection pourrait-on faire à un auteur qui ne relate que des faits réels et intéressants des pays si lointains ? »[154].

Les chasseurs de mythes croient vivre dans la « vraie vie », ils ne sont que des censeurs des puissances de la vie. « Mais c'est faux », « mais ça n'existe pas », répète celui qui refuse d'entendre, car il n'a pas cette douceur pour « lâcher prise » et ainsi se faire embarquer par l'imaginaire d'un autre. Comment aimer dans ce cas ?

Alors que les démonstrations de ma petitesse d'esprit voudraient me montrer qu'*il faut* voir autrement, et ne font que m'humilier sans m'ouvrir les yeux, la fiction crée, fait advenir, elle me *fait* voir autrement – telle l'antique Gradiva acceptant de rentrer dans le délire de l'archéologue pour l'en tirer doucement, afin de ne pas casser tout de suite l'illusion et de ne pas le réveiller trop brusquement [155].

Même du faux positif fait plus pour celui qui est pétri de préjugés qu'un vrai seulement négatif. Pourquoi ? Parce que le vrai négatif, réfutation de ma croyance, est attristant ; et comme je suis *fait* par les préjugés, j'aurai probablement ce réflexe malheureux de faire un procès d'intention : je lui en voudrai de me démontrer que j'ai tort*. En suscitant la haine chez moi, il ne m'aura pas beaucoup aidé à devenir meilleur.

De plus, comme Platon l'avait bien vu, et comme la valorisation exclusive du *logos* aux dépens du *muthos* nous l'a fait oublier depuis, *raconter des histoires est mobilisateur d'énergies pour penser* [156]. Croire que nous pouvons penser sans histoire, sans mythe, est une illusion produite par un rationalisme scolaire – ceux croyant cela se racontent justement des histoires. Paradoxalement, rejeter les puissances fictionnelles sous prétexte qu'elles seraient « trompeuses », c'est se livrer corps et âme à l'abstraction du langage, c'est se condamner à n'être livré qu'au *spectacle de la parole*. La théorie nous éloigne de nous-mêmes et des uns des autres.

Or, comme l'a montré Rousseau, la fiction a la puissance de situer spirituellement un individu en des lieux qui lui permettent de *s'approprier* le monde en se le racontant. La narration capte les flux

---

* Et si autrui croit triompher doublement, parce qu'il me signifie que ma « défense » relève du sophisme – le procès d'intention est effectivement un argument fallacieux –, après m'avoir une première fois réfuté, je pose sincèrement la question : de quelle victoire parle-t-on ?

de désir et nous implique dans des problèmes pratiques qui ne seront résolus qu'en nous transformant. Le flux narratif rend nécessaire l'épreuve de penser parce qu'il nous expose ; au contraire, le pur *logos*, étant *impropre*, est toujours subjectivement contingent.

J'avance avec l'autre si nous bougeons ensemble, en créant du mouvement par des histoires, et non en jugeant les directions prises, à coup d'analyses – ce qui reviendrait à mettre la charrue avant les bœufs, car on ne dirige pas ceux qui ne se meuvent pas. Accorder la priorité au vrai est une obsession du qualitatif (« d'abord la bonne direction ! »), c'est ne pas voir qu'il y a des effets purement immanents du quantitatif (« mettons-nous en mouvement ») : la pluralité des idées me permet de prendre du recul sur mes croyances et de me désocler, de me libérer des évidences trompeuses des intuitions premières.

Pour apprendre mieux, nous avons d'abord besoin de nouvelles rencontres. En effet, ce sont les idées elles-mêmes qui nous font croire en elles, avec toute la force qu'elles ont ; ce n'est pas l'individu qui décide d'y croire ou non – illusion subjectiviste du libre arbitre. Chaque idée naît chargée d'une certaine force affective qui nous fait plus ou moins croire en elle ; seules d'autres idées concurrentes pourront réduire cette charge affective en nivelant les intensités émotionnelles de chacune. La capacité du *credo* n'intervient que lorsque j'ai affaire à un monde plus complexe dans lequel les hypothèses sont peu à peu égales : elles se déréalisent. *Il faut donc un champ pluralisé pour que ce qui était force pure de l'idée – à laquelle je ne pouvais pas ne pas croire – devienne possibilité.* La liberté de penser apparaît lorsque j'ai au moins deux idées [157].

La fiction vient donc combler la carence en imaginaire chez nous qui avions fini par croire à l'évidence d'un « donné », oubliant que ce dernier était aussi fiction – hypothèse parmi d'autres. La fiction vaut comme regard « *extrospectif* » : heuristique, stimulante, drôle, surprenante, l'idée nouvelle suscite des affects émotionnels liés au dépaysement donc susceptibles de changer les habitudes. La multiplication des rencontres, quelle que soit leur nature, a un premier effet crucial : elle prévient de l'amour des réponses, de la quête maladive de *stabilité*. Un vrai stable et atteint, une fois pour toutes : la belle affaire ! L'amour vient « inquiéter » tout cela et relancer les machines pour ne pas mourir de nos acquis. Contre la volonté de confort et de stabilité des savoirs « définitivement » vrais, Leibniz louait la nécessité de perdre nos facilités : « disposition essentielle à la félicité des créatures, laquelle ne consiste jamais dans une parfaite possession qui les rendrait insensibles et comme stupides » [158].

Or, l'amour a justement ce souci du détail, de la surprise, cette gourmandise du regard qui sait voir les beautés cachées et les forces encore discrètes. Ceux qui s'aiment s'amènent réciproquement vers des lieux insoupçonnés, imaginaires parfois, avec la modestie des marcheurs : pas à pas.

FORCE

La force est toujours bonne et constitue la vertu première. Seuls les forts savent être doux et montrer leurs faiblesses – ce sont les faibles qui jouent aux « forts » et sont dangereux pour les autres.

Qu'est-ce que permet la force? Il faut choisir entre deux anthropologies. La première, pessimiste, croit que la force permet le pouvoir (*potestas*) sur l'autre et que les libertés humaines sont incompatibles. De Hobbes à Sartre, en passant par Hegel, cette vision de l'homme social se méfie de la force (perçue comme outil de domination) et conçoit la formation de l'homme et du citoyen comme une mise sous tutelle des forces individuelles.

La seconde, optimiste, croit que la force est puissance (*potentia*), c'est-à-dire liberté généreuse, nécessaire au devenir politique des individus. La liberté de l'autre, loin d'être un obstacle, est perçue comme une chance d'augmenter les libertés de chacun. Comme la connaissance, elle est un bien communicable : partager mon bien ne me prive pas d'en jouir et en augmente même la jouissance. Spinoza et Rousseau partagent cette idée que la force rend bon*. Ce que les premiers appellent « force » n'est, selon les seconds, que le symptôme de la faiblesse : c'est toujours le faible qui « fait » le fort

---

* Il est malencontreux d'accuser Rousseau de croire que « l'homme est bon », en lui reprochant une perspective naïve qui décrirait un état de fait. On a alors beau jeu de lui objecter des contre-exemples parmi les attitudes humaines. Rousseau dit plutôt : « les forces de l'homme le rendent bon ». Son optimisme n'est pas dans l'homme, il est dans la force : toute augmentation mutuelle de nos puissances – effet nécessaire de l'apprentissage – est une bonne nouvelle, et non un motif d'inquiétude.

parce qu'il a besoin de se rassurer et de compenser une force qu'il sent trop malingre en lui...

Posons donc un diagnostic inverse à celui de Sartre sur l'effet que la liberté d'autrui a sur moi [159] : jamais un homme libre (= fort) ne sera un tyran pour autrui, *ce sont toujours les esclaves qui tyrannisent.*

Il y a bien sûr une « force » du négatif, mais seulement au sens physique, et non éthique, du mot. Certes, la négation des idées ou des qualités de l'autre peut venir le heurter et produire des effets de destruction très réels ; en ce sens, la négation confère du *pouvoir* individuel sur les autres – qui me craignent et me respectent s'ils me savent cinglant et impitoyable. Mais elle ne donne jamais de *puissance* avec les autres – cette liberté mutuelle qui se forme lorsqu'on apprend ensemble et que l'on s'apprend les uns les autres.

L'exigence de la pratique philosophique est peu compatible avec les facilités de la négation et les tentations du pouvoir. En effet, si l'être humain, mortel, aime à laisser des traces, il est bien plus facile de détruire que de construire. En ce sens, la négation est une tentation dans les moments d'impuissance ou de fatigue vitale. C'est le dernier recours lorsque je veux marquer de mon empreinte le réel, alors même que je n'ai plus l'énergie de créer et de produire du bien. Mais si je suis présentement las, pourquoi ne pas me taire, pourquoi proférer publiquement ce que je pense ?

De ce point de vue, j'opposerais violence et force, en soutenant que la violence n'est pas un moyen parmi d'autres d'atteindre la fin, c'est l'*espoir d'atteindre magiquement une fin commune sans moyen à sa disposition.* C'est pourquoi, ignorante du réel qu'elle refoule, la violence ne peut qu'être destructrice : elle est l'ultime recours quand il y a renoncement à faire *avec* l'autre. La violence renonce à former pour *dissoudre* toute forme*. Ceci explique l'attrait

---

* La question de savoir si cela peut se justifier dans certains contextes reste entière, et parfaitement légitime, comme le montre le dernier travail, passionnant, d'Elsa Dorlin : *Se défendre*. Le présent ouvrage ne le conteste aucunement, il tente de clarifier les intentions : à tout le moins, ne pas croire qu'on agit *pour* autrui lorsque les effets de notre action sont, *en fait*, la diminution de sa puissance d'agir. Cela

qu'elle exerce : alors que la force suppose la compréhension des lois de la réalité – ce que les sciences humaines nous apprennent sur l'homme et les sociétés, par exemple –, qu'elle suppose donc des efforts d'apprentissage qui forment et transforment les individus, la violence, tout au contraire, ne donne aucune règle contraignante à son déferlement, elle peut donc assurer *a priori* des résultats plus percutants et immédiats*.

Ainsi, la négation est le pouvoir des impatients, car elle procure un pouvoir instantané – qui peut avoir une *certaine* efficacité, certes. Mais, en suivant la belle image de Stéphane Sangral, cette efficacité existe seulement « peut-être parfois à court terme, ou localement, ou superficiellement », car « mettre un pansement compressif souillé de germes sur un abcès aplanit possiblement l'excroissance, mais prépare la septicémie »[160].

Dès lors, le « non » invasif apparaît comme une décharge du négatif en soi, une vomissure du mal-être : un tel « non » ne peut jamais considérer autrui comme une fin parce qu'il l'utilise nécessairement comme un moyen, un expédient pour soulager une souffrance en soi – aux dépens d'autrui. On est ici très proche de la définition du mal proposée par Simone Weil : « L'acte méchant est un transfert sur autrui de la dégradation qu'on porte en soi. C'est pourquoi on y incline comme vers une délivrance »[161].

---

n'enlève donc rien au problème de savoir quand il relève d'une stratégie politique censée de diminuer l'autre : lorsque ce dernier accapare le pouvoir pour conserver son intérêt particulier, et refuse le jeu démocratique de construire ensemble l'intérêt général. Cela peut aller de la création de règles pour organiser une discussion – pour empêcher l'accaparement du temps de parole par des hommes ou des diplômés –, jusqu'à des lois coercitives contre la prédation financière. De tels choix ne sont pas de l'éducation, mais la cessation immédiate d'une cause de souffrance générale.

* L'une des conséquences politiques de l'intuition de cet ouvrage, si on est convaincu de sa justesse, est donc la suivante : la violence serait légitime si et seulement si l'on pense qu'il n'est plus possible d'apprendre avec certaines personnes, si et seulement si l'urgence politique exige une contre-violence immédiate, incompatible avec la patience nécessaire du geste éducatif. La question devient : qui sont ces personnes ? Mais demeure vraie, là encore, la vertu de l'imagination créatrice, par contraste avec la position défensive – « si on ne veut pas subir la loi de l'adversaire », comme dit Clausewitz.

Dans un autre registre, la réalisatrice Vera Chytilova souligne bien ce « besoin » humain, trop humain, en parlant de ses deux héroïnes dans *Les Petites Marguerites* : « même si le processus est purement négatif, il trahit, en un sens, un besoin positif, le besoin, très normal, de marquer son passage, de laisser des traces de son existence. Mais il est évident qu'il est infiniment plus facile de satisfaire ce besoin sous la forme d'une création négative que d'une création positive. C'est aussi plus rapide »[162].

La force, cruciale pour la pratique philosophique, n'a donc rien à voir avec ce « pouvoir » de destruction de la négation. Celui-ci est bien réel, et c'est pourquoi les objecteurs et les ironistes ont souvent leur cour et leurs admirateurs.

La difficulté à percevoir l'impuissance de ce pouvoir provient du fait qu'il prend souvent l'aspect de l'énergie vitale : en effet, la facilité de la négation, comme posture, la rend d'autant plus *apparente*. Au contraire de la création positive, qui demande du temps, le tempo de la négation permet l'hyperactivité : sa première arme est de passer inaperçue, en tant qu'impuissance, aux yeux de ceux qui se laissent impressionner par ses (dé)monstrations de « force ». Qu'on pense à la nudité du créateur exposé à la verve du jugement.

Ainsi, un ironiste comme Voltaire fut prolifique et, encore aujourd'hui, il remporte la bataille historique contre Rousseau dans bien des esprits – quand bien même ses attaques et ses critiques sont pleines de ressentiment et n'aident en rien à mieux penser les problèmes posés par Rousseau.

Les passions tristes de la moquerie n'ont pas d'autre usage que de souder les moqueurs dans l'ignorance : « On n'a jamais employé tant d'esprit à vouloir nous rendre Bêtes. Il prend envie de marcher à quatre pattes quand on lit votre ouvrage »[163]. Au mieux, cela renforce les déjà-convaincus de la bêtise d'un *tiers* qui est la cible des attaques. Mais qui peut s'adresser à ce tiers mal-aimé, cet autrui en troisième personne, ce bouc émissaire ? Qui peut le rendre meilleur, si l'on pense que c'est souhaitable, sinon celui qui l'aime suffisamment pour faire et refaire les actes, penser et repenser les représentations, avec lui?

Concentrons-nous justement sur Rousseau pour poser le problème de la force comme condition de l'amour dans les relations avec autrui. Tout l'*Émile* tourne autour de la place cardinale du concept de force pour le développement des sens, de l'imagination, de la raison et même de la morale [164]. En effet, la force est la condition de la pratique réelle du juste : l'homme bon ne l'est pas d'après ses intentions seules (volonté bonne), mais selon sa puissance à construire la réussite de son geste voulu bon (vertu en acte). Par son insistance sur le développement en chaque individu de la force, Rousseau se situe clairement du côté de l'éthique : la formation de l'individu concerne la vie, donc la pratique. La morale n'est que verbiage et faux-semblant si elle ne s'accompagne pas des puissances d'exercer ce qu'on pense être vrai et juste. « Quoi qu'il veuille faire, il n'entreprendra jamais rien qui soit au-dessus de ses forces, car il les a bien éprouvées et les connaît ; ses moyens seront toujours appropriés à ses desseins » [165]. Pour Rousseau, *les moyens justifient la fin* (au sens où ils en prescrivent les contours), et c'est précisément pour cela qu'il faut développer notre force afin de se donner des moyens d'être bon et d'aimer. Il ne faudrait d'ailleurs point parler de notre force, mais de *nos forces*, tant les circonstances sont essentielles à la fois comme révélateur de nos forces – on les éprouve en situation – et modulateur de celles-ci – car elles s'en trouvent augmentées ou diminuées selon les situations.

De plus, si la force forme la pratique philosophique, c'est aussi parce que celle-ci est consubstantielle de l'*effort* vécu. Rousseau est très clair sur ce point : l'exercice senti de la force est condition de la vertu. On ne parlera pas d'amour si l'on n'a pas de force à exercer : soit parce qu'on manque de puissance (« Mon enfant, il n'y a point de bonheur sans courage, ni de vertu sans combat. Le mot de *vertu* vient de *force* ; la force est la base de toute vertu ») ; soit parce qu'on l'a toute (« quoique nous appelions Dieu bon, nous ne l'appelons pas vertueux, parce qu'il n'a pas besoin d'efforts pour bien faire » [166]).

Face à l'anthropologie de la méfiance de Hobbes, Rousseau pose l'hypothèse d'une *bonté intrinsèque de la force*. Ne croyons pas que le fort est un individu potentiellement dangereux :

> quand Hobbes appelait le méchant un enfant robuste, il disait une chose absolument contradictoire. Toute méchanceté vient de faiblesse ; l'enfant n'est méchant que parce qu'il est faible ; rendez-le fort, il sera bon : celui qui pourrait tout ne ferait jamais de mal [167].

Si je veux être bon, je dois d'abord cultiver ma force. Rousseau fait l'hypothèse d'une généalogie des facultés sur le mode conceptuel du débordement d'être : l'intérêt pour autrui naît seulement si j'ai déjà suffisamment de force pour combler mes propres besoins. La justice s'analyse ainsi en termes de force supplémentaire, comme un débordement qui autorise l'attention à autrui – et pas qu'à soi. Loin d'être la possibilité de dominer autrui, la force supplémentaire fait naître la possibilité de l'amour.

À l'inverse, le faible n'aime la justice que dans la mesure où elle le protège et il n'y obéit que par crainte. Dit autrement, le faible ne sait pas aimer car il veut d'abord *se faire aimer*. Et s'il donne, il trouve injuste de ne pas recevoir : il « aime » par crainte d'être seul. Or, il y a tant de moments où je suis ce faible-là…

L'amour ou la justice sont un débordement d'être et ne peuvent être la création d'un individu en *vacance* : « dans l'état de faiblesse et d'insuffisance, le soin de nous conserver nous concentre au-dedans de nous ». En revanche, « dans l'état de puissance et de force, le désir d'étendre notre être nous porte au-delà, et nous fait nous élancer aussi loin qu'il nous est possible » [168] – condition indispensable pour pouvoir aimer. Qu'on ne se méprenne pas, Rousseau n'est pas Calliclès : s'il le suit dans ses propositions – puisqu'il défend lui aussi les forts –, il en retourne le sens politique profond car son concept de force est tout différent – Calliclès relève de la catégorie des faibles pour Rousseau.

Une des conséquences directes de cette position du problème est que j'émets des critiques négatives chaque fois que je n'ai pas la force de vivre ce que je critique. Ainsi, le mépris des lettrés pour la culture du corps n'est souvent qu'un préjugé, au sens où ils ne se sont pas donné les moyens d'en expérimenter réellement les effets. Dès lors, que nous apprend leur critique sinon leur propre ressentiment pour des forces inconnues ? Remarquons que le concept de « faible » chez Nietzsche fut souvent sujet à polémique, pourtant il peut être défini tout simplement dans les termes de Rousseau : est faible celui qui compare ou évalue des désirs qu'il n'a de toute façon pas la force d'exécuter, donc qu'il n'a pas expérimentés. L'*Antéchrist* est une magistrale analyse de cas qui vérifie cette définition : le personnage conceptuel du prêtre est un faible parce qu'il évalue négativement une force inconnue de lui – en l'occurrence, la vie elle-même.

Cette perspective est fondamentale par son rôle défensif dans une économie des affects : par exemple, je ne pourrai jamais critiquer une institution aussi bien que si je l'ai pénétrée. Ainsi, ne pas croire en la pertinence des modes de recrutement des professeurs de philosophie – décalage complet des exigences doxiques du concours par rapport à la réalité d'un métier – signifie bien plus chez celui qui les a affrontés et conquis que chez celui qui construit son discours *pour ne pas les affronter*. Tout jugement moral, même bien établi rationnellement, sera suspecté d'aigreur ou d'envie s'il réfute *a priori* une puissance. La conquête de la force constitue donc le moyen de lutter effectivement contre la violence symbolique très réelle de l'attaque *ad hominem* – dont il ne faut pas sous-estimer le pouvoir minant et décapacitant pour celui qui la subit. Nouvel exemple concret de l'impuissance de la théorie seule : celui qui me démontre que l'attaque *ad hominem* est un sophisme – elle est nulle logiquement – ne m'aide en rien à résister *pratiquement* à cette attaque courante dans les conversations.

Spinoza souligne habilement ce point en racontant une anecdote à propos de Thalès de Millet : pour prouver que le sage méprise les richesses par choix éthique et non par dépit – au sens où son discours serait une rationalisation de sa pauvreté effective, comme ses amis le lui objectaient –, Thalès décida de gagner un maximum d'argent en une année – ce qu'il fit brillamment – pour ensuite le distribuer autour de lui [169]. La paix intérieure et l'amour supposent parfois de donner de sa personne : qui en aurait douté ?

Sans cette conquête de la force, je ne sais plus à quoi je tiens vraiment ni ce qui est vrai, donc je ne comprends pas mon propre désir. Dès lors, je risque de rester avec l'autre par lâcheté ou ignorance « sincère » de ce qui me convient ou non.

Or, je peux savoir s'il est bon pour moi de me tenir à une idée uniquement si j'expérimente cette nouvelle puissance et ses effets dans des situations diverses ; alors seulement je saurai si cette nouvelle composition de rapports vaut *pour moi* comme augmentation ou diminution de ma puissance d'agir. C'est uniquement à titre de puissance conquise que je suis fondé à critiquer la justesse d'un acte ou d'une idée – celle-ci étant elle-même un acte *de la pensée*.

C'est pourquoi il faut être allé jusqu'au bout d'une puissance pour la critiquer, c'est-à-dire avoir pratiqué une idée jusqu'à ses contradictions éventuelles pour la savoir, à son corps défendant, intenable. *La liberté de ne pas croire en quelque chose se fonde sur la possibilité vécue d'y avoir cru*. Je peux réellement critiquer une croyance si et seulement si j'ai, ou ai eu, la puissance de l'apprendre – en l'ayant vraiment comprise [170].

Un corrélat de cette idée apparaît immédiatement : quand je ne connais pas une vertu (une puissance), je ne dois rien dire contre elle – sinon, tout ce que je dirai sera *faux**.

En tant que je suis parfois ce faible, et nous le sommes tous sur certains aspects, je dois donc lutter, *avec amour*, avec mes propres penchants qui m'attristent. Je dois apprendre à m'aimer, non pour me

---

* À la lettre, selon la définition pragmatiste de la vérité, donnée par James dans *Le Pragmatisme* : « Les idées vraies sont celles que nous pouvons nous assimiler, que nous pouvons vérifier. Sont fausses les idées pour lesquelles nous ne pouvons pas faire cela ». C'est l'un des apports majeurs du pragmatisme : refuser d'user d'un critère extrinsèque à l'acte d'apprendre (il y aurait des idées vraies *en soi*) pour départager les types de croyances. Le seul critère intéressant de la rationalité est pratique et exercé : c'est la manière de croire à une idée, c'est-à-dire les opérations de l'esprit qui s'y appliquent, qui lui conférera le caractère rationnellement vrai ou non.

conforter dans ce que je suis, mais justement pour pouvoir devenir meilleur. Par exemple, la critique masculine du donjuanisme, effectuée par un homme, risque d'être une lamentation, à propos d'une figure imaginaire floue, effectuée par ceux qui voudraient vivre ainsi, mais n'y arrivent pas. Spinoza remarque ainsi que « les plus désireux de gloire sont ceux qui crient le plus fort contre son abus et contre la vanité du monde » [171].

Derrière la critique morale se cache souvent une *impuissance éthique* : je n'arrive pas à me convaincre intimement que je devrais renoncer à vouloir conquérir cette force qui me demeure étrangère. Combien ai-je entendu de jeunes chercheurs critiquer les vices du système de recrutement des universitaires en France ! N'est-ce pas parce qu'ils y aspirent eux-mêmes et se désolent que d'autres y arrivent – contrairement à eux. Demeureront-ils aussi actifs et vigilants une fois à l'intérieur ? Ce mécanisme vaut pour toutes les passions tristes, souligne Spinoza, multipliant joyeusement les exemples : lorsque l'avare critique l'abus de l'argent et les vices des riches, « il montre que ce n'est pas seulement sa pauvreté mais également les richesses des autres, qu'il a du mal à supporter » ; « ceux qu'une amante a mal reçus ne pensent à rien qu'à l'inconstance des femmes ».

Loin d'être effrayante politiquement, la distribution de la force chez un maximum d'individus constitue le plus sûr socle concret à l'action collective. Les philosophes antiques, qui concevaient la philosophie comme transformation de soi, ne savaient que trop bien qu'il est quasiment impossible d'être bon et généreux si je me sens malheureux ou faible.

On retrouve ici la « douceur » de la pensée grecque, selon laquelle le faible est égoïste et montre d'autant plus volontiers sa « force » qu'il en doute ou s'en sait dépourvu ; à l'inverse, le fort n'a pas peur d'être doux et bon. Jacqueline de Romilly l'a bien montré : l'aveu d'une faiblesse est l'apanage des forts – seuls les forts savent être doux, alors que les faibles font les forts [172]. La modestie, la modération augmentent avec les forces de l'esprit.

Devenir de l'aimant : plus il expérimente, plus il devient modeste ; plus il augmente son seuil de variabilité, plus il devient constant ; plus il apprend, plus il se sait ignorant ; plus il devient indépendant, plus il aime faire avec les autres.

FRAGILITÉ

Je suis fragile lorsque je crains la remise en cause, non par lâcheté, mais par impuissance objective : je risque vraiment gros. La fragilité n'est pas la sensibilité, elle induit même une insensibilité : tant de choses qu'on ne peut plus sentir ou entendre parce que ça fait trop mal.

Écorché par la vie, je n'ai plus cette peau qui permet le contact avec le monde. Sans peau, je suis trop à vif pour toucher et être touché par le monde : « tendre, effondrable, comme la fibre de certains bois »[173], écrit magnifiquement Barthes. C'est le rôle de l'amour de permettre d'être à nouveau touché. L'amour *recouvre* non pour isoler mais pour recréer l'épiderme qui forme la surface de rencontre entre deux milieux.

Le problème se pose à partir de ce paradoxe : l'écorché vif ne supporte plus d'être touché, dès lors comment peut-il être atteint par l'amour de l'autre ? Pourtant, quoi d'autre que l'amour pourrait le sauver de son devenir fragile qui l'isole un peu plus des possibilités de rencontre ?

Quand je n'ai plus aucune puissance en moi, quand je ne dispose plus des ressources suffisantes pour m'en sortir seul, seule la rencontre peut me sauver. Lorsque je ne peux plus me construire par mes propres forces, il reste la délicatesse de celui qui saura me toucher comme il faut – sa sensibilité m'effleure sans me blesser. L'aimant pourra me redonner, si peu que ce soit, des ressources pour réintroduire un peu de joie quelque part, un peu de force de continuer à rencontrer le monde. L'autre, parce qu'il m'aime, me réintroduit au monde lorsque plus rien ni personne n'avait cette politesse vitale à mon égard. J'étais devenu exigeant malgré moi, non pas par mauvaise volonté ou caprice, mais parce que ma peau était en jeu, parce que tout me blessait. Et les bonnes intentions d'autrui ne suffisaient point. Seul celui qui aimait suffisamment a su aller me chercher là où les autres n'en avaient ni la force ni la sensibilité. Ces autres-là, qui me voulaient du bien, non seulement étaient inutiles, mais ils me coulaient encore un peu plus par leurs cajoleries maladroites ou leur bienveillance trop éphémère.

Rachel, une jeune fille de neuf ans, reçoit une éducation chrétienne et participe à des « *Jesus camps* », camps de vacances où les enfants ont l'occasion de fortifier leur foi [174]. Rachel explique comment elle tient bon avec sa foi : elle a une parade face aux opinions des autres et leurs moqueries éventuelles. Pour échapper aux blessures des mots des autres, elle a créé un juge suprême qui terrasse toutes les autres opinions : Dieu. Comme Rachel n'a ni la force ni la carrure pour imposer son opinion, elle nous offre une très belle description de la conscience préjugeante confrontée à la croyance d'autrui : « On m'a souvent taquiné "sur ma croyance en Dieu", et je pensais en moi-même : la décision d'un homme ? C'est rien du tout… La décision de Dieu, *ça c'est quelque chose !* Ils me trouvent bizarre ? Très bien. Ce ne sera pas vous qui me jugerez, si j'irai en Enfer ou au Ciel, ce sera Dieu. Ce qui compte, c'est ce que *Lui* pense de moi, peu importe ce que *vous* pensez de moi ». Dieu, c'est le Juge qui gagne à tous les coups contre les autres jugements humains. Rachel a décidé de placer sa confiance dans *celui à qui on ne peut pas faire plus confiance*. Par rétrojection, elle se construit la suprême estime de soi. Dieu devient l'épouvantail épistémologique qui garantit les placements affectifs de la confiance originelle.

Il est piquant de voir que deux penseurs aussi opposés que Sartre et Bourdieu se retrouvent sur cette question fondamentale pour toute existence humaine : « en quoi ce que je fais a-t-il un sens ? qu'est-ce que je vaux ? » C'est le problème de la justification à exister, de la légitimité d'une existence [175]. Or, si Dieu est mort, seul autrui – donc la société – peut me garantir la valeur de mon existence. Autrui possède ce pouvoir de m'arracher à la contingence, de justifier le bon emploi de mon temps pendant ce passage sur Terre. De ce point de vue, Dieu n'est jamais qu'un super-autre à l'autorité infinie et à qui je peux faire suprêmement confiance; et réciproquement : rien n'est plus doux que d'avoir la confiance de Dieu – si je fais ce qu'il attend de moi.

Dès lors que cette jeune personne a construit son mode de vie en fonction de sa croyance en Dieu, croyance née par la relation d'amour avec ses parents, ne voit-on pas ce que la mise en suspens de cette croyance lui coûterait? Le cas de Rachel exprime la vérité du cliché, qui n'est pas une affaire de mauvaise foi mais un problème vital : imaginons les médiations et les acceptations d'hypothèses progressives qu'il lui faudra envisager, ne serait-ce que pour accepter que le problème se pose! Et d'abord, qui peut dire que le problème « se pose »? L'impersonnel, en philosophie, est bien souvent le masque de la violence symbolique, une imposition arbitraire de ce que nous jugeons intéressant à celles et ceux qui ne nous intéressent pas *comme personnes*.

Réciproquement, je suis fragilisé *au moment où* je suis sommé de me remettre en cause alors que je n'en ai pas les moyens. De ce point de vue, le problème de la remise en cause ne concerne pas l'ego : voir vaciller certaines croyances, c'est surtout apprendre que j'ai *mal placé* ma confiance. Le cliché est ce à quoi je me suis fié : nous nous sommes tous construits à partir de l'amour des autres, dont l'amour de soi n'est qu'un dérivé. Renoncer à un cliché, c'est renoncer à une part du sens de cet amour de l'autre qui m'a construit : cela fait mal.

Il est douloureux pour un enfant d'admettre que ses parents ont pu lui raconter des fictions, alors qu'il prenait leurs récits pour une vérité certaine; il est douloureux de reconnaître la nature fabulatrice des grandes narrations (« le prince charmant n'existe pas »); il est douloureux de se rendre compte que nos enseignants nous ont peut-être baratinés en racontant que bien travailler à l'école suffisait à un avenir professionnel radieux. Importe moins le contenu de tel ou tel démenti que l'état d'abattement général qui m'atteint : je ne sais plus à qui me fier. « Ce n'est pas ton mensonge qui me bouleverse, mais de ne plus te croire » [176]. Je suis fragile, non pas parce que j'ai été trompé cette fois-ci, mais parce que j'ai le sentiment d'avoir été trompé par la vie en perdant la foi dans mes amours.

Or, lorsque je suis aimé, je me laisse aller, je me laisse bercer : ce sont donc rien moins que mes piliers les plus importants qui s'effondrent lorsque sont atteintes les idées nées aux sources affectives les plus vives – celles qui habitent et structurent mon « moi ». Mes idées les plus crues sont celles que j'ai reçues le plus passivement : *la ferveur « intime » est inversement proportionnelle à l'effort fourni pour l'appropriation d'une idée.*

On tue pour Dieu mais pas pour une démonstration mathématique, parce que la première idée participe de mon intégrité corporelle : cette idée en danger, c'est moi qui le suis. De ce point de vue, il est souvent moins douloureux (existentiellement) de s'aveugler que d'admettre qu'on a mal placé sa confiance. Pascal décrit bien la spécificité des croyances qui nous touchent :

> D'où vient qu'un boiteux ne nous irrite pas et un esprit boiteux nous irrite ? À cause qu'un boiteux reconnaît que nous allons droit et qu'un esprit boiteux dit que c'est nous qui boitons. Sans cela nous en aurions pitié et non colère. Ce qui cause cela est que nous sommes bien certains que nous n'avons pas mal à la tête et que nous ne sommes pas boiteux, mais nous ne sommes pas si assurés que nous choisissons le vrai [177].

Effectivement, je ne suis jamais assuré que j'ai bien fait de placer ma confiance en tel ou tel individu. La réticence à abandonner une croyance est corrélative de l'implication affective d'un certain lien de confiance : si j'abandonne celle-là, c'est la confiance qui devient faillible, c'est donc moi (construit sur cette relation) qui risque la fêlure de l'être.

Ainsi fragilisé, je n'ose plus m'engager, faire quelque chose véritablement, y mettre de ma personne, car tout échec ferait trop mal. Cette situation exhibe le sens véritable du narcissisme : une répétition obsessionnelle (« je suis beau, je suis beau ») en moi lorsque justement je n'y crois plus vraiment [178].

IGNORANCE

Si je crois modifier les pensées des autres en leur apposant mes solutions, je tue le désir d'apprendre et je nous empêche d'accéder au terreau des problèmes : nos ignorances réciproques. Celles-ci sont comme une langue étrangère : c'est en parlant depuis l'ignorance en moi, en la reconnaissant, que je pourrai atteindre l'autre là où il est ignorant.

Pour que les choses soient claires, on peut réduire la croyance dans l'intérêt de la réfutation à une aporie flagrante :

A : Si je le réfute, c'est pour l'aider à mieux penser.

A = (Si je démontre qu'il se trompe, c'est pour l'aider à mieux penser.)*

A = Si je le prive d'une croyance qui était bonne pour lui, c'est pour l'aider à mieux penser.

A = Si je diminue sa puissance d'agir, c'est pour l'aider à mieux penser.

A = Si je le diminue, c'est pour augmenter sa puissance d'agir.

A = Si je le diminue, c'est pour l'augmenter.

---

* Cette deuxième ligne d'équivalence est entre parenthèses pour rappeler que cela n'a lieu que dans les meilleurs des cas. Sans avoir de statistiques précises sur le sujet (cela serait impossible), il est fort probable que la très grande majorité des réfutations vécues, dans nos existences, ne se basent pas sur une démonstration solide. Elles sont d'abord des expressions de désapprobations, peu ou pas argumentées : « tu as tort », « c'est pas comme ça », « quelle faute de goût », etc., sans rien de bien substantiel qui vienne étayer le propos. C'est la distinction que je ferais entre le sens rigoureux de réfuter (« repousser ce qui est affirmé par une démonstration argumentée qui en établit la fausseté ») et le sens par métonymie qui est plus flou et revient au simple fait de *contredire* (« critiquer quelqu'un dans les opinions qu'il soutient »).

En spinozien, l'intuition de cet ouvrage est une évidence [179]. Ce qui compte ici, ce n'est donc pas de démontrer une idée qui serait fort complexe, que seuls certains auraient pu entrapercevoir grâce à leur puissance intellectuelle... Non, pas du tout ! L'enjeu est de rendre sensible à l'intérêt pratique de cette intuition, de comprendre tout ce que j'ai à gagner politiquement à vivre à la hauteur de cette idée.

C'est de l'ordre des exercices spirituels : former en nous une *conversion du regard*, une autre manière de se rapporter à soi et à autrui. Me répéter à moi-même ce problème exigeant et difficile : que fais-je réellement lorsque je crois porter secours à autrui dans l'ordre des idées critiques ?

Par exemple, si je lutte contre les parts de dominant en moi ou chez l'autre, qu'est-ce que cela signifie de prendre au sérieux l'idée spinoziste que « le tyran est sans doute le plus grand des esclaves »* ? Suis-je capable d'être à la hauteur de cette vision de Spinoza ? Car, si je suis bien son raisonnement, ce dont ont besoin les esclaves, donc *a fortiori* les tyrans, c'est d'amour. Ce dont ils ont besoin pour ne plus être dans les passions tristes, c'est d'être augmentés ! L'origine de l'exploitation, chez Spinoza, ne peut être que l'ignorance : un manque d'idées. On retrouve le système d'opposition conceptuelle fondamental entre pouvoir du tyran (*potestas*) et puissance de l'homme libre (*potentia*), déployé dans l'entrée « Force ».

Aussi paradoxal que cela puisse paraître, le problème de tout apprentissage de l'esprit et du corps critiques, c'est : comment augmenter le tyran ? C'est-à-dire : comment augmenter la puissance (*potentia*) du tyran (*potestas*), augmentation de puissance qui

---

* C'est un point sur lequel Deleuze aime à faire une lecture croisée de Spinoza et Nietzsche, en construisant le concept d'esclavage comme *mode de vie* et non pas comme statut social. Par exemple, il dit dans son cours du 9 décembre 1980 : « Du même côté des impuissants ou des esclaves, il met qui Spinoza ? Les tyrans ! (...) Spinoza fait un portrait très étrange du tyran. En expliquant que le tyran c'est quelqu'un qui a besoin avant tout de la tristesse de ses sujets. Parce qu'il n'y a pas de terreur qui n'ait une espèce de tristesse collective comme base. Le tyran, pour son pouvoir politique, a besoin de cultiver la tristesse ».

réduira corrélativement son besoin de pouvoir ? Augmenter le tyran, *en moi comme en l'autre*, c'est l'aider à sortir de la tyrannie, de même qu'augmenter un esclave, c'est l'aider à sortir de l'esclavage : et on ne luttera efficacement qu'en luttant sur les deux bords, s'il est vrai qu'une sourde complicité s'établit toujours entre le tyran et l'esclave. De ce point de vue, nous avons toujours à apprendre à aimer les tyrans *en nous* avant que de prétendre combattre les tyrans en les autres, si nous ne voulons pas être tyranniques avec les autres, c'est-à-dire dans un état de guerre perpétuelle.

Je ne dois donc jamais désigner l'autre comme dominant ou dominé, car il n'est jamais *simplement* cela. Nous sommes des mixtes selon les ordres de pouvoir : il existe des femmes blanches, il existe des homosexuels de droite, il existe des jeunes racistes, etc. L'opposition dominant/dominé est stérile et profondément dangereuse si elle tente de désigner des individus. Cette substantivation consiste à réduire une personne à une catégorie : c'est le geste le plus simplifiant qui soit, la construction du réel la plus pauvre imaginable*. Que les choses me soient claires : il est fondamental de considérer les concepts « dominants » et « dominés » comme des parts en chacun de nous, comme des tensions politiques qui nous traversent toutes et tous en tant que nous sommes hommes/femmes, blancs/racisés, vieux/jeunes, diplômés/non-diplômés, propriétaires lucratifs/exploités, etc.

S'il existe peut-être un profil pur de dominant (le vieil homme blanc diplômé, propriétaire lucratif, etc.), la plupart des problèmes politiques trouvent leurs nœuds autant *en chacun de nous* que *entre les individus que nous sommes*. Réduire l'autre à la figure générique et abstraite du « dominant » est souvent un moyen économique

---

* La réduction des singularités que nous sommes à de simples catégories génériques – la femme, le dominant, le noir, etc. – est l'essence de l'individualisme – conception abstraite de l'individu qui dépolitise le concept d'individu. Au contraire, il s'agit de concevoir les catégories génériques comme des idées qui nous traversent et font de nous des singularités complexes : c'est le point de vue nécessaire pour une politisation des sujets et des corps. Je renvoie à un travail complémentaire à cet ouvrage : *La Lutte intégrale. Souci du nous que je suis* (à paraître).

et intellectuellement pauvre de ne pas problématiser les parts de « dominant » en nous-mêmes.

Cela étant précisé, je réalise combien l'intuition directrice de ce livre concerne en premier lieu les dominants en nous : ce sont eux qui ne savent ni aimer les autres, ni s'aimer – il faut bien peu d'amour de soi pour agresser ou violenter les autres*. La logique de domination nous fait envier ou mépriser des places au sein d'ordres : les dominants ne s'aiment pas, ils aiment *la place* confortable que la société leur accorde, *relativement*, au nom de leur appartenance à une catégorie – en tant que professeur ou expert (pouvoir épistémocratique), en tant que mâle (pouvoir phallocratique), en tant qu'âgé (pouvoir gérontocratique), en tant que possédant (pouvoir ploutocratique), etc.

De plus, la position de domination produit l'ignorance : les maîtres sont peut-être des sachants du point de vue des savoirs qu'ils maîtrisent, mais ils sont des *ignorants d'autrui*. La place dominante provoque des aveuglements, car le confort diminue l'acuité et la curiosité : ce handicap épistémique rend plus difficile la construction de savoirs à partir des expériences [180]. En ce sens, et par rapport au titre d'un ouvrage célèbre de Rancière [181], les maîtres sont donc *de fait* des ignorants : être « maître ignorant » ne constitue aucun défi à conquérir pour eux.

Pour qu'ils perçoivent leur ignorance et aient donc le désir d'apprendre, il faut chercher à *causer* le postulat de l'égalité dans leur esprit ! Comme le disait l'introduction, l'injonction (appel à la « bonne » volonté) n'a pas d'effet de mise en activité libre – tout au plus celui d'une mise au pas. Dès lors, il n'y a rien à attendre d'un discours volontariste (« il faut croire en l'égalité des intelligences ») auprès des dominants, dont toute la trajectoire les a amenés à se croire supérieurs aux dominés. Faisant un pas de côté par rapport au

---

* Réciproquement, en tant que dominé, je n'ai pas assez de temps pour me soucier de moi-même, capté que je suis dans la contrainte de devoir décoder les actions et les pensées des dominants.

volontarisme latent dans *Le Maître ignorant*, je dirais : on ne peut pas vouloir devenir ignorant, on peut seulement aimer apprendre.

Par conséquent, ce dont souffrent les parts de dominant en moi, c'est bien d'ignorance ; et ce qui leur ferait du bien, c'est d'apprendre enfin à voir, à conquérir une *puissance perceptive d'autrui* que la position confortable qui est la leur les a empêchés de construire [182]. Le problème est celui-ci : comment puis-je arriver à m'adresser aux parts dominantes en moi pour leur offrir l'amour qui les portera à désirer apprendre, à ne plus se percevoir détentrices d'un savoir qui donnerait le droit de faire la leçon aux autres, voire de penser à leur place ? C'est le problème radical de la démocratie en acte.

Lorsque je tente de réfuter l'idée d'autrui, j'essaie de montrer que son idée à lui (sa solution) est erronée. Or, le problème est très précisément que la réfutation en reste au niveau des *solutions*. La solution étant la résolution d'un problème, et ne pouvant avoir du sens que si nous savons à quel problème elle répond, la réfutation de la solution elle-même a toujours quelque chose de rédhibitoirement statique : elle manque la genèse de la formation des idées. C'est un combat trop terminal : chacun lutte au niveau des solutions sans jamais se donner les moyens d'apprendre avec l'autre, de le comprendre, en accédant au problème même, pour faire, défaire ou refaire ensemble une nouvelle idée.

Bref, en contrant une solution, je ne contre pas ce qui a *rendu possible* la (ré)solution de l'autre, c'est-à-dire la condition de possibilité de son idée. En contrant une solution, je cherche à amener l'autre à *ma solution* – souci égoïste de ne plus être seul à penser une chose, crainte d'un danger si les autres pensent autre chose –, plus que je ne cherche à aider l'autre à douter de sa solution. C'est alors la possibilité même de l'apprentissage qui est manquée : je ne peux pas, en réfutant, aider l'autre à penser différemment, car je ne crée pas une situation dynamique qui pourrait entraîner la genèse d'une nouvelle idée.

C'est pourquoi la traque de l'erreur (au niveau des solutions), dans la pensée ou la manière de vivre d'un autre, est un dysfonctionnement au regard de l'objectif d'apprentissage du doute. À la lettre, ça ne peut pas fonctionner car l'apprentissage d'une pensée critique, seule susceptible de nous transformer, n'est possible qu'au niveau des problèmes eux-mêmes, car ils sont le chemin (*methodos*) de l'apprentissage lui-même, ils sont la genèse de la pensée, donc l'accès à *du sens*.

C'est ce qui fait la grande sagesse de cette remarque de Kant : il n'y a jamais d'erreur à proprement parler, c'est-à-dire d'erreur totale, il n'y a d'erreur que partielle, c'est-à-dire qu'il y a toujours quelque chose de vrai dans tout jugement ou toute affirmation. La distinction véritable, dans la pratique philosophique, n'est pas entre vrai et faux, mais entre précis et vague. Le problème n'est donc pas d'enlever quelque chose dans le geste, mais de lui ajouter plus de précision et de détermination pour augmenter en adéquation. La conclusion, en termes de tactique, s'ensuit nécessairement selon Kant :

> Il faut chercher à découvrir et expliquer la source de l'erreur. Mais très peu de philosophes l'ont fait. Ils se sont contentés de chercher à réfuter les erreurs mêmes sans indiquer d'où elles proviennent. Et pourtant cette découverte de l'origine et son explication sont d'un bien plus grand profit pour la vérité que la réfutation directe des erreurs elles-mêmes, qui ne nous permet pas de tarir leur source, non plus que d'empêcher qu'en d'autres occasions la même origine ne nous conduise de nouveau à des erreurs, puisqu'elle n'a pas été reconnue [183].

Aller à la source, c'est une randonnée : on est en plein dans l'ordre de la pratique. Il s'agit de *reconstruire* l'expérience, de revenir à l'exigence de l'enquête, au sens de Dewey, à la nécessité de bien poser le problème en construisant bien les faits ! Oui, le philosophe est d'abord « un bon enquêteur en beaucoup de choses », comme dit Héraclite [184] : nous apprendre des choses les uns les autres suppose de nous aider les uns les autres à mieux expérimenter, à mieux construire notre réel par-delà les apparences des impressions premières. « Rien ne va de soi. Rien n'est donné. Tout est construit » [185]. Le cri philosophique de Bachelard hante toutes les pages de ce livre. Et déjà Héraclite tirait cette leçon magistrale de la nécessité de savoir construire un bon matériau – les faits empiriques – pour bien penser notre monde : « La plupart des hommes ne réfléchissent pas aux choses telles qu'ils les rencontrent, pas plus qu'ils ne les connaissent lorsqu'on les leur a enseignées ; mais ils se l'imaginent » [186].

Voilà le défi que nous pouvons essayer de relever les uns avec les autres : sortir de nos idées imaginaires, non pas produites par nous, mais reçues en un temps où ne nous était pas donnée la force de les construire prudemment, parce que nous ne vivions pas dans des situations démocratiques de construction mutuelle des savoirs : c'était le temps du pouvoir gérontocratique de la parentalité ou du système scolaire, qui impose des croyances, donc force à s'imaginer les choses au lieu d'aider à les connaître. L'enjeu n'est donc pas de réfuter des idées-imaginées, puisque si celles-ci sont terribles, c'est justement parce qu'elles ne nous augmentent pas, elles ne nous donnent aucune puissance supplémentaire, elles nous éloignent même de notre puissance d'agir. Produire enfin des idées, c'est-à-dire savoir rencontrer véritablement, voilà ce qu'il nous faut !

Et pour cela, c'est toujours au niveau du problème qu'il faut tenter de remonter pour comprendre à quoi tentent de répondre *les idées auxquelles nous tenons*.

Or, pour opérer cette si délicate manœuvre, qui nous met en fragilité, c'est de puissance, de joie, d'amour, donc de plus de raison, dont nous avons définitivement besoin – pour oser aller investiguer le monde et nous-mêmes.

INDIGNEZ-VOUS

Parce que les idées ont des effets très réels, il est vital de combattre politiquement les mauvaises idées. S'indigner est donc salutaire, mais uniquement dans la mesure où cela ne reste pas une posture intellectuelle vide – la fameuse « prise de conscience ». Or, le politique traversant les individus eux-mêmes, je suis le premier chantier où mon indignation peut travailler à changer les choses.

Savoir être en colère est un affect politique vital : comme le soutient Gramsci avec force, il faut être intolérant avec l'intolérance ! [187]

Comment ? En observant ce principe : indignation bien ordonnée commence par soi-même. Le risque du combat politique est de virer au négatif puisque nous n'avons pas de prise sur l'autre : comment lutter, dès lors, sinon en dénonçant des agissements « fautifs » ?

Ce qui m'indigne, c'est lorsque je perçois que j'ai intériorisé un statut de dominé. Par exemple, je suis sensible à la violence arbitraire de la gérontocratie, aux prérogatives « naturalisées » des anciens dans les institutions. Voilà contre quoi je dois lutter en moi-même : une acceptation affective de l'oppression, à mon corps défendant, des sentiments de honte qui sont socialement construits, etc.

Dans la pratique, la lutte commence par soi : je ne peux pas faire autrement lorsque je m'intéresse à la puissance d'agir. Il s'agit de mon existence. Ainsi, les suffragistes anglaises du début du XXe siècle ne se positionnent pas d'abord *contre* des lois injustes, elles ne cherchent pas à obtenir une reconnaissance théorique et un soutien pratique d'un État qui est précisément leur oppresseur. Leur démarche est analytiquement inverse : elles accordent la priorité à la pratique, elles sont *pour* la co-formation d'une puissance sororale, pour l'autodéfense comme technique de lutte, pour le développement musculaire du corps féminin par l'apprentissage de sports de combat – pour se sortir du stéréotype phallocratique de la « fragilité » et de la « faiblesse » : non pas en le critiquant théoriquement, mais en le rendant obsolète pratiquement [188].

Ne plus chercher à vouloir convaincre les autres qu'ils se trompent, ce n'est pas renoncer à parler avec eux, c'est considérer comme préalable le souci de la formation de nos propres forces – nécessaires pour vivre des échanges qui nous rendront meilleurs les uns les autres. Cette réserve d'énergie et de joie actives est même nécessaire pour ressentir de justes colères sans demeurer dans les affects tristes.

Le critère fondamental des stoïciens, qui distinguent ce qui dépend de nous et ce qui ne dépend pas de nous, est ici précieux : les combats politiques pour lesquels je peux être créateur de nouvelles valeurs, sans tomber stérilement dans l'indignation passive, sont ceux qui ont lieu dans la portée de ma puissance. J'ai ainsi connu une femme qui réparait tout, et avait presque tout construit de ses propres mains : les gens qui venaient chez elle en étaient bouleversés et intrigués. Je pense qu'elle faisait plus pour critiquer la société de consommation, par sa manière de vivre, que bien des discours accusateurs ou dénonciateurs du consumérisme.

De manière générale, c'est le problème de l'ethnocentrisme militant, idoinement conté dans un texte troublant relatant quelques événements de la nuit du 21 avril 2002, lorsque Le Pen passa au second tour de l'élection présidentielle. Une clameur de résistance partagée : « Les chants, les slogans dissuadent "ceux qui n'en sont pas". Mais ils renforcent aussi (surtout ?), chez "ceux qui en sont", la communion, les certitudes partagées ». C'est exactement cela : si utilité il y a parfois à nommer l'ennemi et dire tout le mal qu'on en pense, c'est pour resserrer les rangs, c'est donc à usage purement « interne ». *Ce n'est pas dialogue, c'est monologue pour se donner courage* – qu'on soit seul ou mille. Puis il y eut une marche spontanée vers l'Odéon :

La nuit blanchissait, devenait rose. Cette longue marche aigre et allègre s'étala sur les 10 e, 11 e et sur les contreforts des 12 e et 20 e arrondissements, rassemblant des manifestants affranchis de la nécessité de se lever tôt. Dans les quartiers populaires ou au-delà du périphérique, personne n'en entendit parler. Nulle part ailleurs il n'y en eut de semblable. Sur leurs territoires d'élection, de résidence, d'affinités, manifestèrent ceux qui, sous l'effet du vote Le Pen, se sentaient tout d'un coup étrangers au monde social qu'ils espéraient conquérir. Ceux qui votent FN ne nous ont pas vus. Ils n'habitent pas nos quartiers » [189].

Or, tout le problème éducatif est là : comment *rencontrer* l'autre ? Ainsi, un autre titre de cet ouvrage aurait pu être : *Les Possibilités du dialogue* – titre dont le clin d'œil au chef-d'œuvre de Jan Svankmajer eut été idoine. Il est tellement facile de fantasmer l'adversaire en quasi-débile : griserie de l'orgueil qui voudrait croire que les autres sont idiots, or il faut faire bien peu de cas de ses adversaires pour les croire si bêtes, surtout s'ils sont actuellement les dominants. Gramsci écrit que la première marque du vrai philosophe est de savoir reconnaître ce qu'il y a de fort (intellectuellement) chez ceux dont il conteste la vérité des théories :

> Quand on a un adversaire, il faut toujours aller chercher le point haut de sa pensée et non le point bas. Dans un cas, on est véritablement *en recherche*, on se risque à penser *avec* l'adversité ; dans l'autre cas, on œuvre simplement à une apologétique de sa propre pensée, en faisant semblant de dialoguer alors qu'on ne fait que convoquer (au sens où les juges convoquent) un petit autre, un faux autre, pour un faux triomphe [190].

Méfions-nous donc de nous-mêmes lorsque nous nous érigeons « contre » d'autres pour nous croire, à bon compte, supérieurs aux autres, voire pour fuir la question « qui sommes-nous ? » Dans un collectif, « être contre » constitue une logique identitaire plus facile et tentante que les déterminations positives par les idées rationnelles et joyeuses [191]. L'affrontement, comme tel, masque souvent une pauvreté des liens constitutifs du collectif, pauvreté qui peut être douloureuse, voire dangereuse politiquement, si le collectif se retrouve finalement victorieux de ce contre quoi il s'était posé.

De ce point de vue, la maladresse coutumière consiste à croire que « le problème c'est les autres ». Nous sommes tous traversés de contradictions, nous sommes tous des acteurs contribuant à entretenir des injustices que nous n'approuvons pas. Apprendre à aimer signifie alors être capable de percevoir les efforts que fait l'autre afin de l'aider à aller encore plus loin. Chacun est rendu à un certain point de son cheminement politique : dénoncer les lacunes, ce n'est pas aider l'autre à ce qu'il aille plus loin, c'est juste l'accuser de n'être pas là où il n'est pas – les critiques négatives sont toujours tautologiques du point de vue du devenir de l'apprentissage. Cette empathie sera facilitée si je réalise que je suis moi-même pris dans ce réseau tâtonnant de cohérence entre mes idéaux politiques et la médiocrité relative de mes agissements quotidiens.

J'ai besoin de l'autre pour changer, je ne peux le faire sans son aide : ce n'est pas moi qui sais et qui peux donner à l'autre sa bonne direction, c'est nous qui avons des problèmes et devons penser ensemble nos bonnes directions. L'indignation est donc le signe qu'il y a besoin d'amour, que nous avons besoin d'apprendre ensemble pour faire mieux ensemble.

Le mot célèbre de Gandhi est très exigeant : « *be the change you wish to see* ». Il exprime un ordre des raisons politique.

Des altermondialistes envoient des tracts en « .doc » (format propriétaire du logiciel de traitement de texte de Microsoft) : ma réflexion politique et citoyenne sur les logiciels libres me fait y voir une contradiction flagrante. Les révolutions étudiantes commencent souvent par la création d'une page Facebook pour se coordonner : un désir de « faire ensemble » commence ainsi par un geste d'exclusion – car tout le monde n'a pas choisi d'être un « travailleur non rémunéré » d'une multinationale américaine, bref tout le monde n'a pas un compte Facebook.

Je peux déplorer, ou bien je peux essayer de travailler modestement à questionner ces impensés avec autrui – qui m'amènera sans doute, réciproquement, à questionner mes propres impensés. Les égarements politiques des individus sont rarement le fait d'une mauvaise pensée, c'est plutôt le résultat d'un impensé : nous sommes bourrés de contradictions politiques parce que nos modes de vie occidentaux supposent et engagent des situations que nous ne nous représentons pas. C'est de manque d'échanges dont nous souffrons – de véritables échanges, pas ce que les communications modernes veulent nous faire faire !

Le problème est particulièrement aigu dans les élections politiques : si tant d'électeurs se lancent dans les bras de tribuns démagogues, il faut d'abord y voir un effet des multiples formes d'insoutenables pressions subies par les individus aujourd'hui, pressions qui créent des *carences perceptives*. Les discours méprisants sur les électeurs « égarés » sont ici parfaitement vains, comme le souligne Yves Citton : « Non seulement on ne gagne pas grand-chose à les couvrir d'opprobre (sinon à les justifier dans le mépris qu'ils renvoient aux "élites"), mais on s'empêche de voir le moment de vérité qui anime les pulsions populistes – et qui permettrait d'en réorienter le cours » [192]. La critique négative condamne ce qui est, alors que la perspective de l'apprentissage nous pousse à comprendre et à chercher des causes pour agir et transformer le monde.

J'insiste : soutenir qu'il y a une priorité à travailler politiquement sur soi afin de pouvoir œuvrer politiquement ensemble, cela n'est aucunement renoncer au combat politique (« tu acceptes donc le monde tel qu'il est »). Au contraire, c'est la condition de possibilité pour qu'un changement puisse advenir.

Prioritairement : combattre ce que la violence, l'ignorance ou la bêtise des autres ont fait en moi, les dispositions et les impatiences qu'elles ont créées en moi… Ce travail sur soi forme la *vertu* politique première sans laquelle nulle *pratique* politique n'est possible. En effet, *comment puis-je rencontrer l'autre si je ne me suis pas investigué ?*

Si je n'ai pas une connaissance politique de moi-même, de mes violences propres, de mes contradictions, je ne peux même pas *entrer en relation* : aucune création d'un collectif réel n'est alors possible, autrui ne m'apparaît pas. Notre réunion est réduite à un agglomérat d'individualités déconnectées les unes des autres. M'indigner contre les autres se nourrit de toutes mes projections, basées sur l'ignorance de moi-même.

En ce sens, la politique en acte *est* la formation d'un collectif en train de se faire : l'existence de celui-ci ne précède par l'exercice de celle-là, il s'accomplit par elle. C'est pourquoi l'éthique est en même temps politique : en nous, déjà, nous sommes divisés ; et réussir à devenir un *in-dividu*, c'est-à-dire construire une unité réelle du collectif que je suis, est un projet politique à part entière [193].

Le caractère parfois intellectualiste de l'indignation peut ainsi être dépassé : pour que celle-ci ne soit pas qu'une posture, un discours que ne suit aucun acte, il est salutaire de l'appliquer à soi. En étant l'objet premier de mon indignation, j'évite un usage historiquement dominant de l'indignation : celui des gardiens de l'ordre social qui pourfendaient toute autre manière de vivre que la leur*.

On retrouve ainsi la force de l'éthique minimaliste : où est le problème « à partir du moment où nous ne causons aucun tort à personne » [194] ? Ce cri de Ruwen Ogien nous prémunit contre les censeurs moraux, mais il a une conséquence plus radicale encore : toute autre éthique plus extensive dans ses principes risque de devenir proprement immorale ! En effet, en étant invasive (« tu ne devrais pas regarder autant la télé, tu t'abrutis »), une éthique qui dépasse le strict minimalisme prend le risque de nuire à autrui, elle franchit donc précisément la seule ligne rouge que prescrit l'éthique minimaliste. La pratique du refus de contredire invite par conséquent à orienter mon attention, ma potentielle indignation,

---

* Vincent Delecroix pointe bien, dans *Non ! De l'esprit de révolte*, le lien dangereux, politiquement, entre le sentiment d'indignation et la police des mœurs : la sincérité émotionnelle est simplement liée à une forte intériorisation de normes, dont rien n'assure a priori la pertinence politique en termes d'intérêt général. Cela se remarque dans les milieux militants, dont la propension à l'indignation peut avoir de puissants effets d'autocensure dans les discussions. À propos de la violence conjugale faite aux femmes, j'ai déjà entendu : « on ne va pas plaindre une femme de riche, elle n'avait qu'à ne pas se marier avec un gros capitaliste ».

d'abord vers les penchants moralisateurs que *je* pourrais avoir à l'encontre d'autrui – car cette volonté de corriger autrui est indigne.

Et pourtant, il faut bien des lois pour limiter *maintenant* la violence des autres – et la mienne ! Certes. L'outil du politique institué est la loi, mais la loi demeure toujours extérieure : elle est une contrainte qui s'exerce sur les autres. En elle-même, elle n'émancipe personne. La loi n'est pas là pour convaincre, c'est-à-dire éduquer rationnellement, elle plie les autres à la volonté du souverain. Les lois sont là pour dresser ce qu'on n'effectue pas librement – ce qui est fort utile pour limiter la rapacité des possédants.

Mais ce remède aride pour figer des rapports de force ne saurait servir de modèle adéquat à l'*action* politique. La législation *comme telle* est impuissante à changer les hommes, elle n'est qu'un texte : dans la pratique, il nous faut apprendre ensemble, en corps à corps, chaque fois singulièrement. Or, si je m'exaspère des idées politiques de l'autre, impatient à vouloir le changer tout de suite selon mes vues, je reproduis toujours la même bourde : croire qu'en réfutant la solution d'un autre, que je crois fausse, je nous aurai rendu service.

Aucunement ! Spinoza loue ainsi Machiavel d'avoir « montré combien la tentative de suppression brutale d'un tyran est vaine, à moins que l'on ne supprime les causes, par ailleurs, dont est résultée la tyrannie du prince » [195]. Cette analyse politique est rigoureusement analogue à ce qui se joue dans la pensée : montrer à quelqu'un qu'il a tort sur une proposition, ce n'est pas travailler à même le faux problème qui a rendu possible le fait qu'il croie cette proposition vraie. Imaginons que j'aie réussi à mettre à mort virtuellement l'autre dans un débat (car c'est cela qui se joue), posons-nous la question : *de quoi est-ce la victoire ?* Contre quoi ai-je lutté et pour qui ? Que va-t-il renaître de cela ?

De même que démontrer la fausseté d'une solution à l'autre ne transforme rien, de même, il est vain de supprimer les dirigeants politiques, car si ceux-ci ont pu établir leur pouvoir grâce à la servitude du peuple, alors rien ne sera changé une fois le dirigeant mort – car ce dernier n'est qu'un symptôme. L'histoire pourra recommencer encore et encore. Se lamenter du fait que l'autre n'apprend rien, qu'il recommence toujours les mêmes erreurs malgré mes corrections, est la situation à laquelle s'accule tout contradicteur qui ne sait que décapiter.

J'ai décapité sa solution, mais tout en lui est là pour qu'une croyance similaire repousse. L'adversaire est réfuté, mais ce qu'il y a de plus substantiel dans sa manière de poser les problèmes reste debout ; son argument mort, sa manière de penser continue de vivre, et, toutes les fois que je veux abattre une solution, je me borne à placer la tête de la vérité sur un corps servile [196].

JEU

L'esprit du jeu est plus propre à emmener les hommes le plus loin possible pour ce qui compte vraiment; l'esprit de sérieux s'égare souvent lorsqu'il croit alerter les esprits par sa gravité bien faite pour appesantir notre désir d'apprendre.

D'où vient l'esprit de sérieux, si prompt à briser les élans et incapable d'amour léger? Face à Socrate, Calliclès se disait prêt à fouetter un homme d'âge mûr qui se livrerait encore au jeu de la philosophie [197], moyennant une démonstration reposant sur deux postulats : la philosophie est un jeu, le jeu est affaire d'enfants. L'écueil consiste à réfuter Calliclès en contestant son premier postulat, mais non le second : la pensée est chose sérieuse, c'est pourquoi elle s'oppose à la jeunesse ; puis du portrait de la jeunesse – frivole, ludique, innocente, rebelle –, faire découler les propriétés de la philosophie : gravité, austérité, responsabilité, sens du devoir. L'« esprit de sérieux » est né.

Je deviens vieux de corps et d'esprit chaque fois que je perds le sens du jeu et de l'humour : je mets en place une *gérontocratie épistémologique* qui est l'obstacle par excellence de tous les apprentissages. La pensée devient une affaire trop sérieuse pour n'être pas confiée à ceux qui « ont de grandes barbes » – et Socrate d'insister, toujours dans le *Théétète* : on s'« amuse » tout au plus avec les « jeunes gens », mais on ne saurait philosopher [198].

Que peut-on apprendre avec ces maîtres stériles, rois de la procrastination – qui est la meilleure arme de conservation du pouvoir? (Érik Satie : « On me disait, quand j'étais petit : tu verras quand tu seras grand. Je suis un vieux monsieur, je n'ai encore rien vu » [199].)

Apprendre à aimer, c'est d'abord apprendre à jouer : ne pas coller trop à soi (stigmate du sérieux), c'est-à-dire créer un espace dans une structure contraignante [200]. Le jeu est la condition du *clinamen*, ce pas de côté dans nos trajets habituels, cette part de contingence qui rend possible la surprise et fait advenir un mouvement normalement impossible. L'amour est-il autre chose ?

Par conséquent, c'est le second postulat de Calliclès qu'il faut rejeter, et non le premier : la pensée est bien un jeu, apprendre est un jeu. C'est donc l'affaire de toute la vie et certainement pas l'apanage de la jeunesse. Il faut aller chercher du côté d'autres textes de Platon qui chassent l'esprit de sérieux.

La conséquence est radicalement différente : il ne s'agit plus de portraiturer la pensée en contraste avec la jeunesse, mais en contraste avec les affaires d'adultes. Ainsi Socrate s'interrompt-il lors de son développement sur les qualités requises des futurs philosophes pour dire son ridicule : « J'ai oublié que tout ceci n'est qu'un jeu, et j'ai dit tout ce que j'en pensais sur un ton trop sérieux » [201]. Et Glaucon de s'offusquer au nom de l'esprit de sérieux : il s'agit tout de même de choisir les futurs gouvernants de la Cité, n'est-ce pas la question la plus sérieuse qui soit ? Non, car ce qui touche à la question politique de l'émancipation est un jeu, nous explique encore l'Athénien des *Lois* : le jeu concerne les activités joyeuses et libres, les plus dignes de l'homme, alors que le sérieux est requis pour les activités de gestion – celles qu'il faut bien faire, mais qui sont de loin les moins intéressantes car ce sont celles où l'on n'apprend rien. « Assurément les affaires humaines ne valent pas qu'on les prenne au grand sérieux ; cependant nous sommes forcés de les prendre au sérieux, et c'est là notre infortune […] ; il faut s'appliquer sérieusement à ce qui est sérieux, non à ce qui ne l'est pas » [202]. Le sérieux est la part empirico-économique en l'homme, il couvre le spectre des besoins élémentaires : bien manger, boire, dormir, se réchauffer. Nous ne pouvons pas éviter de prendre ces besoins au sérieux, sinon nous mourrons ; mais apprendre outrepasse largement les scrupules que nous devons mettre à survivre. Le jeu est la vie même avec tous ses risques : « vivre en jouant » est la part critique de la vie humaine !

Par contraste, l'esprit de sérieux tient des comptes et s'inquiète des questions de morales purement individuelles* avec un esprit intrusif et gestionnaire. La culpabilité naît de la sorte.

Retournement bien diagnostiqué par Spinoza : nous préférons « motiver » les hommes par la peur et en leur rappelant ce qu'il reste à faire – utilisation d'un modèle idéal qui vient humilier *négativement* le réel, par l'écart ainsi creusé – plutôt que de les faire « désirer » en soulignant ce qu'ils avaient déjà accompli pour leur puissance :

> Dans nos entretiens gardons-nous de rapporter les vices des hommes, et ayons soin de ne parler que parcimonieusement de l'impuissance humaine : mais amplement de la vertu ou puissance de l'homme, et du moyen de la parfaire, afin qu'ainsi les hommes, mus non pas par la crainte ou l'aversion, mais par le seul affect de joie, s'efforcent de vivre, autant qu'il est en eux, selon le précepte de la raison [203].

Dans bien des lieux, bien des institutions – dont l'école –, apprendre la vie est devenu non plus un jeu qui libère par la joie active, mais une affaire sérieuse qui doit nous éviter des souffrances futures – dont la pensée rend triste. Plutôt que de pousser les hommes de *proche en proche* vers une destination qui s'invente, on veut les tirer vers un idéal préconçu dont on leur reproche d'être éloignés.

Dans la manière de s'adresser à l'autre, la tonalité joueuse par excellence me paraît être l'humour. L'humour rend la critique joyeuse, car il la rend audible : il *apporte*, il n'est pas simple extraction. Défi de l'humour joueur : apprendre par la joie en évinçant la fonction socialement normalisante du rire – qui se fait le

---

* C'est-à-dire sans incidence sur autrui, comme se masturber, être gourmand, etc. On peut voir le minimalisme moral comme la tentative de débarrasser les questions éthiques de l'esprit de sérieux, toujours enclin à trouver « graves » des actions sans incidence sur autrui. Cette gravité du moralisateur singe probablement la manière dont ce dernier a lui-même été moralisé. De bout en bout, est professé un discours contre une puissance *inconnue* de ses pourfendeurs. Sur ce point, voir l'entrée « Force ».

plus souvent « aux dépens de », stigmatise les excentricités, moque, bref inspire une forme de crainte [204]. En ce sens, on pourrait opposer l'humour à l'ironie comme l'amour à la haine.

L'humour est amour parce qu'il crée du jeu pour l'autre : un espace nouveau se construit et donne de la liberté. C'est très vrai avec l'autodérision ou l'humour absurde : le premier vise l'énonciateur lui-même, le second ne cible personne ; dans les deux cas, l'autre n'est pas directement visé. Qu'on pense au sketch de l'idiot du village des Monty Python : ils y dressent le portrait d'une triste passion humaine (aimer sentir que l'autre m'est inférieur pour me sentir mieux par comparaison) avec un sens de l'humour profondément joyeux [205]. Personne n'est visé et surtout je peux accueillir cette idée en étant *seul à l'initiative* d'une remise en cause personnelle. L'humour est un détour : il ne pointe pas du doigt, il met en branle et embarque *indirectement* celui qui rit. Et comme je ris, j'ai plus de force pour réfléchir sur moi-même : « dans quelle mesure suis-je aussi comme cela ? » Voilà une amorce d'apprentissage que jamais ne permettra une critique adressée directement à l'autre, qui le *désigne*.

En effet, croire qu'on peut faire le bien d'autrui en l'invectivant à se *rétracter* revient, ultimement, à *faire parler l'autre pour qu'il avoue qu'il devrait se taire*.

Par contraste, le jeu dans la pensée offre la capacité de prendre un certain recul, une certaine distance vis-à-vis de moi-même et des choses ; et grâce à ce recul, il implique la capacité de sembler ne point prendre tout à fait au sérieux ce qu'en fait, intérieurement, je prends au sérieux – *mais alors sans en trahir le secret*. L'humour crée du jeu et désamorce les fausses gravités : il permet de dire sans abasourdir. Bergson le souligne dans son étude sur *Le Rire* : « peut-être n'est-ce pas parce qu'un défaut est léger qu'il nous fait rire, mais parce qu'il nous fait rire que nous le trouvons léger, rien ne désarme comme le rire » [206]. De plus, il y a pudeur : j'offre à l'autre un espace intime pour ses propres bouleversements. C'est en cela qu'il y a amour : don véritable sans prescription d'utilisation – l'humour ne dicte pas ses usages.

L'humour protège aussi celui qui s'y adonne. Créer du jeu, c'est désamorcer les passions tristes chez l'autre, c'est le *désarmer*, le priver de son mordant. Ainsi, se trouvent désemparés les adversaires dont les objections auraient pu pleuvoir, mais auraient raté nécessairement le fond, l'essentiel du propos. Henri Corbin évoque cet usage de l'*effet de trouble*, causé en autrui, par le jeu de l'humour chez Avicenne* : « s'il essaye de faire front, en opposant argument à argument, il va devenir infiniment vulnérable ; il ne convaincra aucun des sceptiques, mais peut-être se convaincra-t-il lui-même, de plus en plus, de l'excellence de son cas. Et le voilà perdu, frustré, bon peut-être pour faire un schizophrène »[207]. Ce risque est crucial – et il est tellement courant. Combien de frustration chez les pratiquants de l'esprit de sérieux, ruminant intérieurement leur désapprobation des objections des autres : « il n'a rien compris », maugréé-je, si je n'ai pas su faire entendre ce que j'avais à dire à ceux qui m'ont fait des objections *à côté* de ce que je voulais dire.

Le jeu, comme mouvement *imprévu* dans les rouages, a donc une affinité profonde avec les fins ouvertes. Il empêche les campements de position, il court-circuite l'assurance de ce qui est « pris au sérieux » – c'est-à-dire des fins fermées parce que déjà-posées-par-d'autres. Il est cette forme d'amour embarrassante, un véritable taon piquant joyeusement (mais discrètement) les autres et moi-même – vertus de l'autodérision qui *me* protège de devenir tristement sérieux. Comme le dit avec humour Spinoza, il s'agit de « fermer la bouche à ceux qui se vantent et imposent aux simples leur fiente et leur ordure comme si c'était de l'ambre gris ; pour qu'ils cessent

---

* Avant cet extrait cité, Corbin analyse le *Récit de l'Oiseau*, qui utilise les métaphores de l'envol pour traduire les élans mystiques de l'âme. Le ton humoristique du final, qui rompt avec l'ensemble du récit, permet à Avicenne d'anticiper les réceptions incrédules, de tonalité souvent agressive et moqueuse. Le médecin qu'était Avicenne imagine ainsi ses « frères » lui prescrire un sain régime contre les hallucinations ! Cette lucidité joyeuse est double : lucidité sur les risques d'incompréhension par les autres de son discours (conscience de l'étrangeté de la vérité) et lucidité sur soi-même (ne pas se prendre trop au sérieux, éviter « toute ivresse et toute inflation du moi », comme dit Corbin).

de salir ce qu'ils ne comprennent pas encore, savoir : Dieu, soi-même et l'*entraide en vue de la santé de l'âme* ; et pour guérir ceux qui sont malades en leur entendement par l'*esprit de douceur et de patience* » [208].

KAIROS

Un apprentissage ne peut se faire à tout moment : nous ne recevons physiquement, intellectuellement ou moralement, que ce que nous sommes prêts à recevoir. Une idée peut être nouvelle et remarquable, mais, si elle ne me touche pas, si, inconnue à mon expérience, elle n'attire pas mon attention, je ne l'entendrai pas quand on l'exprimera.

Lorsque je réduis l'amour à des clichés, je ne peux aimer. Les clichés désynchronisent le processus immanent de mon devenir : je rate l'expérience. L'effet ravageur des clichés, c'est l'*imperception*, dont *La Lettre volée* de Poe fournit un bon modèle. Je suis exclu de la perception : *et* de moi-même *et* du monde qui m'entoure. Le terme anglais « *responsive* » est intéressant à cet égard. Il signifie d'un côté « réceptif, attentif » lorsqu'il qualifie une personne, mais de l'autre il veut dire « répondant bien » à propos d'une chose pour souligner son efficacité – à propos de bons freins, par exemple. Ce deuxième sens occulte le premier, car l'efficacité suppose une dose d'insensibilité. Apprendre à aimer, c'est alors passer d'un conditionnement itératif – où la question appelle une réponse – à un désir d'enquêter évolutif – où la question amène à regarder mieux. Apprendre à aimer, c'est d'abord réapprendre la puissance d'être affecté, donc d'être perturbé, par opposition à l'activité conditionnée – toujours trop pressée de répondre aux autres, pour d'autres, avant même de s'être laissée transformer par la rencontre.

La capacité de rencontrer est en jeu : « ne pas être indifférent aux autres » s'apprend en sachant être *responsive* aux rencontres dans le sens d'une plus grande puissance à *percevoir* les problèmes qu'elles m'apportent et qui peuvent m'enrichir [209]. Cela pourrait être le critère véritable pour définir l'amour : *je tombe amoureux de celui qui me fait sentir un problème et rend désirable de m'en saisir.*

Mais dans le flux de la vie, comment être prêt pour saisir l'occasion quand elle advient ? Je ne peux saisir ce bon moment pour agir (*kairos*) que si j'y suis préparé d'une certaine manière : il n'est pas une grâce qui me tombe dessus, tel un événement purement subi, j'ai mon rôle à jouer. Il y a une sorte de causalité réciproque : l'occasion est créée par mon attention et une conscience en état de grâce. Tout est *kairos* pour l'aimant, qui voit la beauté de chaque événement et s'en saisit.

En ce sens, les événements arrivent à point nommé si je cherche à apprendre toujours et veux « abriter ma destinée dans le refuge de l'âme qui s'améliore » [210].

Poser ainsi le problème, c'est refuser une conception mécaniste et purement théorique de la vérité selon laquelle le vrai serait universel, sous prétexte qu'une vérité devrait se vérifier toujours et partout. Non, le vrai est une expérience de pensée : il n'y a de vérités que parce que des individus les pensent en acte ; or nous ne pouvons pas entendre tout le temps ce qui peut être vrai en général, ou même bon pour nous. Chaque individu construit sa propre partition d'entente du vrai, avec des temps opportuns, des bons moments et des silences assourdissants. L'amour est le chef d'orchestre de mes disponibilités à rencontrer et apprendre par la pratique.

Dans la vie, il est toujours *trop tôt*. Je fuis la chronologie existentielle d'Hollywood qui nous gave du « trop tard » événementiel, c'est-à-dire nie la positivité du vieillissement qui est celui de l'Apprendre. « Si je n'ai pas connu l'amour avant 40 ans, c'est fichu », se dit celui qui s'abreuve aux scénarios « jeunistes » de l'industrie culturelle.

Mais s'il est toujours trop tôt pour qu'un événement arrive, cela signifie que c'est toujours aussi *l'occasion d'apprendre*, le bon moment pour se saisir de l'événement et en faire une rencontre enrichissante pour moi. Le trop tard angoissant du « savoir déjà »

(« avoir réussi »), je dois essayer de le vivre comme le *kairos* de l'« apprendre ici et maintenant » : seul celui qui voudrait être tout prêt pour vivre déplore de ne pas encore savoir.

La force de l'amour est de nous précipiter dans ces « maintenant », de nous forcer à y aller et de ne pas procrastiner éternellement. Peu importe que je ne sois pas *fin* prêt, j'apprendrai. Prenons l'amour parental : d'un côté, si l'on réfléchit trop, on ne devient jamais parent – toutes ces difficultés, tous ces obstacles, toutes ces névroses non encore réglées en soi ; de l'autre, si l'on n'a rien appris, on se lance inconscient dans une entreprise folle où les tâtonnements des parents seront des blessures pour l'enfant. Dans l'entre-deux, il y a ce ballet fantastique de la folie et de la sagesse. Celle-là forçant à se lancer malgré les timidités de celle-ci, celle-ci tempérant les ardeurs potentiellement blessantes de celle-là. Cet équilibre fragile est d'abord temporel : il est des moments où nous en sommes capables, d'autres non.

L'amour est en tension avec la liberté : d'un côté, je ne me sens jamais aussi fort et libre que lorsque j'aime, de l'autre, je suis aussi fragile et vulnérable, pris dans des rets qui me dépassent. Mais dire cela, c'est retomber dans un imaginaire spatial de la liberté : l'aliénation spirituelle se dit souvent par métaphores spatialisantes de la liberté – être libre de ses mouvements de pensées ou bien prisonnier d'un cadre, voire tiré par des ficelles comme un pantin. En qualifiant de « *bogeymen* » les horribles créatures que nous serions si nous n'avions pas un libre arbitre, Dennett ironise avec acuité sur ce sujet : « ne pas être libre (*not having free will*) serait quelque chose comme être en prison, ou être hypnotisé, ou être paralysé, ou être une marionnette, ou… (la liste peut continuer) »[211]. Une telle imagination spéculative construit le problème de la liberté à partir du cliché de l'individu qui ne peut pas *bouger* librement, donc dans une conception spatiale et maximaliste de la liberté : je serais d'autant plus libre que je serais prisonnier de moins d'entraves, donc que le spectre des actions possibles serait plus étendu. C'est une définition abstraite de la liberté parce qu'isolée de tout contexte – comme si je pouvais être libre « hors situation ». Plus fondamentalement encore, c'est une conception à rebours de la liberté : il faudrait se libérer *de*, *par rapport à* quelque chose. S'ensuit une association entre émancipation et négation. La liberté est pensée comme arrachement à quelque chose, au lieu d'être conçue comme puissance, création, voyage, expérimentation.

Or, le problème du *kairos* construit un autre concept de non-liberté : constituée par un déréglage temporel* plus que par un emprisonnement spatial. Ne pas être libre n'est pas une lacune du « mouvoir » mais un dérèglement du « percevoir », un anachronisme de la présence à soi, une désynchronisation de la sensibilité. Les clichés me bloquent dans la mesure où ils distraient mes forces vers autre chose, me retardent. C'est une question de rythme : il y a un *tempo* de la liberté scandé par nos actions toujours *plus ou moins* libres *dans* un contexte, donc par rapport à de multiples paramètres qui déterminent des degrés de liberté – ceux-ci n'étant pas fonction de l'individu seulement. *Pratiques de liberté* – toujours situées – plus que libération théorique – toujours trop linéaire, car enferrée dans le schème du progrès [212].

L'amour rend modeste sur notre liberté : il fait réaliser que celle-ci n'est pas qu'une propriété inhérente à l'individu, elle est une puissance trouvant à s'exercer *en situation*. La liberté prend alors la forme d'un bon réglage temporel qui me permet de percevoir la beauté de ce qui advient. Me voilà prêt à aimer !

Apprendre à aimer, ce serait donc apprendre à éviter les ratages temporels. L'absence de liberté n'est pas tant l'immixtion de l'autre en moi (aliénation) que la désynchronisation avec ce qui m'arrive. Que je ne sois pas « moi » au sens où le substantialisme du sens commun pourrait le déplorer, ce n'est pas bien grave : je suis un patchwork, monceaux de rencontres, nœuds de conformismes –

---

* De manière tragique, lutter « contre » poursuit l'anachronisme et accentue le déréglage temporel. Je m'attriste si je cherche à me libérer de choses dont je veux diminuer l'emprise sur moi – construisant mon concept de liberté à partir de la métaphore spatialisante des liens qui entravent. L'aliénation est un faux problème produit par la création d'un concept de liberté entendu comme libération par rapport à des liens.

portrait de l'individu en train de se faire et de se défaire. Non, le drame de la dépossession est ailleurs : lorsque je suis possédé par les clichés des autres, je *rate* les rencontres qui seraient bonnes pour moi. Le plus crucial m'échappe toujours. *Le degré de faiblesse d'un individu se mesure à son déréglage temporel.*

Apprendre à aimer pourrait alors signifier apprendre à se préparer à l'événement, être capable de saisir le *kairos*. Problème d'anachronisme ou de synchronisme. Vivre est un apprentissage de la *présence avec* ce qui m'arrive.

Pessoa a donné ses lettres de noblesse à cette idée :

> sentir n'est pas possible si l'on sent aujourd'hui comme l'on a senti hier : sentir aujourd'hui la même chose qu'hier, cela n'est pas sentir – c'est se souvenir aujourd'hui de ce qu'on a ressenti hier, c'est être aujourd'hui le vivant cadavre de ce que fut hier la vie, désormais perdue [213].

OPINION

L'opinion est un ennemi bien étrange : elle exprime l'absence intérieure. Absence d'idée et d'amour : le drame de l'opineur, c'est qu'il n'est attaché à rien, il n'aime rien. Si donner mon opinion est si facile, c'est parce qu'en réalité je ne donne rien.

Il ne faut pas confondre l'opinion et le préjugé : je les distinguerais selon le critère de l'attachement. Je suis attaché affectivement à un préjugé – dont je ne démords pas –, alors que j'opine sans y penser, comme par mégarde.

C'est donc un bien bizarre combat que de lutter contre l'opinion. En effet, celle-ci peut s'abandonner très facilement dans la mesure où elle ne fait rien faire – contrairement au préjugé.

Si l'opinion publique est si facile à construire et à déplacer, c'est parce que, d'une certaine manière, elle n'existe pas [214]. Pur fantôme, elle est facile à réfuter, mais il n'est pas intéressant de la combattre car, véritable phénix, elle renaît chaque fois de ses cendres.

L'opinion est proprement *créée* par les fausses questions, celles qui ne sont que les décalques de propositions mises à la forme interrogative : « Est-ce que Dieu existe ? », dérivée de « Dieu existe » ; « les hommes sont-ils égaux ? », dérivée de « les hommes sont égaux ». À ces questions fermées, je peux répondre « oui » ou « non » sans rien penser, sans me lancer dans la moindre aventure d'idées.

Bref, l'opinion ne *coûte* rien, ni en termes d'affect – difficulté à renoncer à une partie de soi passée – ni en termes d'effort – difficulté à apprendre. Elle n'est pas une pratique : elle est du non-agir. En toute rigueur, *personne n'a d'opinion*. Alors que j'ai des préjugés, parfois jusqu'au viscéral, ce n'est pas moi qui *ai* des opinions. Il est plus exact de dire : des situations diverses sollicitent des opinions de moi. Je les recrée à chaque circonstance : j'ai toujours à émettre des opinions parce qu'elles n'ont rien d'ancré en moi. J'opine à l'occasion, pour avoir quelque chose à dire ou pour répondre à une sollicitation : l'opinion comble un ennui ou suit un ordre. Elle est une émission momentanée qui s'évanouit de moi aussitôt qu'elle a résonné.

On est proche de la logique de la damnation décrite par Leibniz : l'opineur n'est pas éternellement dépossédé, mais il est toujours dépossedable et se dépossède à chaque instant[215]. Indolore, l'opinage est un souffle. C'est pourquoi rien n'est plus aisé que l'imposition d'un faux problème : chacun est toujours enclin à, et flatté de, pouvoir « offrir » sa solution, c'est-à-dire « donner » son opinion, sans se demander si le problème lui-même est bon.

Le phénomène nous est aujourd'hui familier avec les détournements d'opinion qu'opèrent si souvent, avec toute l'innocence de l'inconscience, les sondages d'opinion. Mais prenons une situation plus concrète encore : les professeurs de philosophie se heurtent parfois à l'élève croyant à tel point qu'il refuse de parler de religion – parce qu'il est trop *attaché* à ses croyances. Pourtant, bien plus inaccessible encore au dialogue est l'élève qui s'en moque, qui a son opinion sur la question et affirme respecter toutes les opinions possibles sur le sujet. Celui-là s'en moque et n'arrive pas à trouver *aimable* le sujet.

À la différence du préjugé, l'opinion n'est pas handicapée par l'adhésion affective – qui rend difficile le doute ; pourtant elle empêche également le doute, mais pour une autre raison : elle n'y voit aucun intérêt. Bref, entre l'individu frileux d'aborder des questions vitales, trop vitales, et celui qui est ennuyé à l'idée de soulever la poussière alors qu'il ne « voit pas où est le problème », c'est le geste d'apprendre qui est toujours rendu impossible – mais pour des raisons différentes.

La parade de l'opinion contre le doute, c'est le désintérêt généralisé. Par exemple, je ne peux pas douter des vertus du châtiment si la question ne m'intéresse nullement – « qu'on mette donc les gens en prison, je m'en fiche ». Il faut rendre hommage aux sceptiques grecs qui comprenaient à merveille qu'il est absurde d'invoquer le doute quand l'intérêt est aboli. L'amour, ce n'est donc pas d'abord ce qui me fait aller de l'avant, apporte de l'inédit, c'est ce qui rend possible l'expérience du doute.

Dans une conception statique de la pensée, on blâme volontiers les préjugés, mais dans la perspective de la dynamique de l'apprentissage, la critique des préjugés est un anachronisme : c'est oublier que toute pensée est le fruit d'une individuation, une ligne de devenir.

« Il pense mal », se lamente l'un. « Oui, mais au moins, il pense ! », faut-il rétorquer. Dewey résume ce point dans une maxime canonique : « On ne peut apprendre à penser à un être qui ne sait déjà penser. On peut exercer à *bien* penser, non à *penser* »[216]. (Analogie avec l'amour : *on ne peut apprendre à aimer, on peut seulement apprendre à bien aimer*.)

Lorsque je suis attaché à un réel, quel qu'il soit (situation, objet, personne), au moins je me mets à y penser vraiment. Maladroitement sans doute, mais cette imperfection constitue le matériau *à partir duquel* un apprentissage est possible. Bachelard ne signifie pas autre chose lorsqu'il écrit qu'« il s'agit non pas *d'acquérir* une culture expérimentale, mais bien de *changer* de culture expérimentale, de renverser les obstacles déjà amoncelés par la vie quotidienne »[217]. Or, l'opineur ne fait l'expérience de rien : il dit « oui » ou « non » en réponse à une dictée de fausses questions.

Alors que toute perception, et par suite toute croyance, est de nature illusoire (mais l'illusion est fondée dans les lois de la variation, elle peut donc se corriger, s'amender, se réformer), l'opinion est de nature hallucinatoire, elle est détachée de tout : et de celui qui l'émet et de l'expérience. Elle ne peut pas se corriger. Nous ne pouvons rien faire *de* l'opinion (ni *directement contre* elle), parce qu'elle ne pense pas.

Dans un passage célèbre du *Politique*, Platon utilise la métaphore du tissage[218]. Filons pour notre compte cette histoire de cordage. Contrairement au préjugé, l'opinion n'est pas emmêlée, elle est *vrillée*. Tous ceux qui connaissent les cordes savent ce que cela signifie : si on en défait les nœuds, ils se referont tout seuls d'une autre manière. Bachelard avait raison : il n'y a aucune conciliation possible avec l'opinion qui « a, en droit, toujours tort » parce qu'« elle ne *pense* pas »[219]. Aucune fécondité possible du doute face à l'opinion : vous défaites un nœud, ça se forme ailleurs.

La charge célèbre de Bachelard contre l'opinion ne contredit pas l'intuition de ce livre : oui, il faut détruire l'opinion car l'opinion n'est la dynamique spirituelle de rien. Mais détruire l'opinion signifie en fait *combler le vide*.

Il faut donc passer de l'*emprise* de l'opinion à la *maîtrise par* les préjugés – d'abord maîtrisé par eux, je peux gagner en maîtrise grâce à eux, en travaillant sur eux, c'est-à-dire sur moi-même : « pourquoi suis-je si attaché à cette idée ? » Ainsi, se dessine le visage d'un adversaire : « Alors que la notion de maîtrise est pertinente pour des situations où il s'agit d'exercer sa force ou son contrôle – y compris sur soi-même et son appareil psychique –, l'emprise introduit à un territoire où règnent des sujétions beaucoup moins perceptibles et des tyrannies d'autant plus impitoyables qu'elles sont secrètes »[220]. L'emprise est terriblement efficace parce qu'elle est imbattable, faite de liens que je ne sens pas, que je ne connais pas, que je ne peux briser. (Remarquons que parler de maîtrise de soi a un sens, alors que l'idée d'emprise de soi est absurde.)

Il ne sert donc strictement à rien de critiquer négativement une opinion : je perds mon temps – ce serait comme faire de la rééducation des jambes à un cul-de-jatte. Le problème de l'opinion n'est pas d'être vraie ou fausse, c'est l'absence d'intérêt qu'elle masque. Il n'y a aucune pratique derrière une opinion, donc il n'y a rien à corriger. La guérison est ailleurs que dans sa contradiction. Ce dont manque l'opineur, c'est d'intérêt et d'amour pour le réel : il n'y voit pas l'occasion de s'impliquer, il manque d'aimer en rencontrer les multiples facettes.

OUI

« Oui » est une puissance d'accueil, un pont affectif qui permet de relier les forces. En disant « oui » à l'autre, je nous embarque vers l'aventure du devenir meilleur. Le « oui » est un « avec » qui va faire jouer l'« entre nous » : il danse de joie et développe les puissances mutuelles là où les « contre » abasourdissent et cisaillent la rencontre.

« Oui » est une force vitale qu'on ne réduira pas à la forme linguistique. Pour bien poser le problème, amusons-nous à esquisser une petite taxinomie des intrus qui portent le masque et nous font croire avoir ouï la joie là où, en fait, rien ne jouit.

Il y a le « oui… » de condescendance : « il est bien brave », « ce n'est déjà pas si mal ». L'autre me laisse là où je suis, il ne s'engage pas avec moi pour continuer. Supérieur et immobile, il me juge. Mais ce n'est pas ce que j'attends de l'autre lorsque je m'adresse à lui : je voulais dialoguer avec lui, j'obtiens une castratrice bienveillance.

Il y a le « oui ? » de l'incompréhension : « je ne suis pas avec toi, je ne vois pas du tout ce que tu veux dire », « désolé, je ne te suis pas ». C'est le triste « oui » qui signale que rien ne passe : est absent ce pré-langage commun qui nous permettrait de nous comprendre, d'entrer à vif dans le dialogue. S'il ne ferme aucune porte, ce « oui » se heurte à la sanction du réel : il n'y a pas d'affinité élective pour que nous créions ensemble.

Il y a le « oui, » de surculture : « tu as voulu dire ça », « tu pensais à untel en disant cela ». Surinterprétant mes propos, ce « oui » m'arrache à mon affirmation, il me brise. Je n'affirme plus rien, je suis privé du sens de mes mots que l'autre s'est réappropriés.

La liste pourrait continuer. Ce qui tue à chaque fois, c'est qu'on est dans un oui « jugeant » qui se focalise sur ce qu'est l'autre et non ce qu'il peut devenir ; sur ce qu'il a pensé plutôt que sur ce que cela nous donne à penser ; sur la valeur de ce qu'il dit au regard d'une norme extrinsèque au lieu de considérer la valeur énergétique de ce que cela nous fait.

Soyons donc vigilant avec ces sollicitudes qui masquent, en réalité, des intentions négatives :

> Que l'on imagine seulement, à l'issue d'une journée épuisante, la différence ressentie entre être accueilli chez soi ou chez des amis par quelqu'un qui vous fait remarquer : "Oh ! Mon dieu, comme tu as mauvaise mine !" ou par quelqu'un qui se contente de vous tendre généreusement une chaise ou un couvert [221].

Si je suis attristé (parce qu'un ami semble fatigué), décrire négativement la situation est une stratégie bien étrange, car je persévère dans la perception du négatif en occupant mon attention à la déplorer. De ce point de vue, la remarque négative est d'abord un mal pour celui qui s'y applique – une forme de sacrifice de soi étrange : pour qui, pour quoi fais-je cela ?

La sagesse de Spinoza est, ici, aussi logique qu'étonnante au premier abord : face à la tristesse, *il faut fuir* lorsque je n'y peux rien [222]. Je ne peux rien à la fatigue contractée de mon ami, mais je peux lui amener une chaise. Plus politiquement, les stratégies de résistance, de réticence (« *I would prefer not to* », de Bartleby), voire de destitution, s'inscrivent dans ce principe spinozien de la fuite, c'est-à-dire de la *conservation de sa puissance d'agir pour autre chose que de la défense.*

En effet, perdurer dans une situation de tristesse, continuer à penser à une idée que je désapprouve, ne fait qu'accaparer mon énergie pour rien : *en mode défense.* À la lettre, car la diminution de la puissance d'agir (cause de la tristesse) n'est pas une perte de puissance, mais la confiscation d'une partie de ma puissance dédiée à la défense, allouée pour faire barrage, bref fixée pour conjurer l'effet d'une rencontre disconvenante.

C'est en ce sens littéral qu'on peut dire que le refus est libérateur, car il libère de la puissance d'agir, il la rend disponible pour créer, pour dire « oui » à autre chose que ce qui vient d'advenir, afin de donner un sens nouveau à ce qui a lieu *.

Il y a là un cercle vertueux fondamental pour l'apprentissage : en refusant de jouer un jeu de pouvoir (croire que je peux faire pour l'autre son bien **), je libère de la puissance pour faire avec l'autre ; réciproquement, en augmentant mutuellement nos puissances d'agir, nous devenons de plus en plus indépendants, c'est-à-dire capables de dire « non merci » aux pouvoirs. À l'inverse, tant que nous entretenons en nous des dispositions défensives, c'est-à-dire de la tristesse, nous nous empêchons de remercier les pouvoirs.

Il y a mille exemples de ces petites subversions. J'en choisirai un à propos du travail, perçu comme une valeur « bonne en soi », tant la morale du travail est prégnante dans nos sociétés. Je pense à une scène magistrale de *Volem rien foutre al pais*, lorsqu'un jeune Américain de 35 ans se heurte à un mur d'incompréhension parce qu'il n'a jamais travaillé, se débrouille bien ainsi, et ne veut rien changer. Il a droit à des « tout de même » alarmés, vides d'argument,

* C'est ainsi que je comprends la maxime stoïcienne : « rebondis sur l'événement (*amor fati*) » !

** Osons une hypothèse polémique. Est-ce que contredire ne va pas encore plus loin qu'interdire dans la tentative d'emprise sur l'autre par du pouvoir ? Si inter-dire, c'est *empêcher l'autre de faire* en venant intercaler ma voix, en le sommant de renier sa voix propre, est-ce que contre-dire ne serait pas la tentative de *faire faire à l'autre*, en parlant à sa place ? Si interdire correspond à ce que Foucault nomme les rapports négatifs de pouvoir (pouvoir-censure, pouvoir-répression du « non » explicitement adventice), contredire ne serait-il pas le verbe des effets positifs du pouvoir (pouvoir-incitation, techniques de colinéarisation des désirs) ? À ce titre, la motivation des autres (des élèves, des salariés) est l'un des phénomènes majeurs de ce contre-dire, devenu particulièrement invasif dans les sociétés de contrôle. Il y a déjà un siècle, dans *L'École et l'enfant*, Dewey produisait une magistrale analyse de la motivation comme un discours d'autrui (éventuellement intériorisé) qui contredit le désir : car il n'y a besoin de motivation que s'il y a manque d'intérêt. La motivation naît sur fond de négativité : elle vante l'effort qu'elle prétend rendre possible. Or, en bon déterministe, Dewey souligne pourtant que *l'effort comme tension de la volonté* est une valeur très dangereuse, car il fait perdre la capacité à chercher ce qui nous convient en requérant la « bonne volonté » *malgré tout*.

qui témoignent d'un malaise profond chez les autres [223]. Le jeune homme est perçu comme un prévaricateur, ce qu'il ne comprend pas, puisqu'il ne suit pas la même logique existentielle : il n'a même pas l'impression d'être un rebelle, tant il est désormais loin de tout ce discours injonctif de « la vraie vie où il faut bien gagner son pain ». Il a dit « oui » à la paresse, il est « en-dehors » de la morale du travail et de l'effort qui n'a sur lui aucune prise : voilà ce qui dérange.

« Oui » n'est pas qu'un mot – les mots sont toujours faciles à prononcer. C'est une éthique :

> Pourquoi le mot OUI est-il si court ?
> Il devrait être
> plus long que les autres,
> plus difficile à prononcer,
> de sorte qu'il faudrait du temps
> pour y penser vraiment,
> pour oser le dire [224]

Dire « oui » en le pensant vraiment est un geste d'amour : accueil et désir de partage, envie de faire ensemble. Par exemple, quoi de plus généreux (et souvent difficile) que les « oui » parentaux qui accompagnent le désir de leur enfant de se former à un métier aux « débouchés » incertains ? C'est un effort permanent : aider l'autre qui doute alors que je doute moi-même ou que j'ai peur pour lui. De tels « oui » n'existent pas simplement par le miracle de la parole, ils forment une éthique de vie en cherchant à encourager la liberté et l'errance – à l'opposé de cette prudence mal comprise qui édicte des « non » apeurés.

C'est pourquoi il faut être toujours attentif au sens vital du « oui » derrière le mot.

D'autant plus attentif que les érudits sont volontiers moqueurs des enthousiastes : le « oui » est souvent réduit à une forme de spontanéisme. Certes, il existe un « oui » immédiat, par éblouissement, exaltation, projection folle : « je dis oui à tout (en m'aveuglant) » [225].

Mais Barthes fait ce portrait pour mieux le distinguer d'un autre : le « oui » de construction. Le débordement des débuts n'est pas l'amorce d'une nécessaire décrépitude, d'un déniaisement malheureux. Une fois l'élan pris grâce aux passions joyeuses, « je puis "surmonter", sans liquider ; ce que j'ai affirmé une première fois, je puis de nouveau l'affirmer, sans le répéter, car alors, ce que j'affirme, c'est l'affirmation, non sa contingence : j'affirme la première rencontre dans sa différence ». Le « oui » de l'événement inaugure les multiples « oui » des apprentissages qui durent.

Apprendre le geste d'aimer nous met face à ce problème terrible : comprendre comment cette répétition est possible, comprendre l'abîme qui sépare le « oui » ponctuel des promesses faciles – imaginaire éternisant qui n'est qu'un refuge dans le passé et une négation du temps – et le « oui » qui dure et renforce mutuellement – orienté vers l'avenir et accueillant sans peur la perspective du devenir.

Je dis « oui » au fait que je ne serai plus le même, à la perspective que l'autre change, et je crois que nous saurons joyeusement construire avec ces devenirs. Plus nous répétons, plus ça diffère, plus nous expérimentons des variations délicieuses, plus nous nous transformons.

Héraclite disait qu'on ne se baigne jamais deux fois dans le même fleuve. Les grands aimants le savent bien, apôtres du « oui ». C'est une forme toute stoïcienne d'approbation du réel : aime ce qui t'arrive et rebondis sur cet événement. Cela suppose moins de la volonté qu'une grande puissance de perception et d'attention.

Le « non » brise le devenir : chimérique entreprise qui n'est possible que dans l'imaginaire. Le « oui » accueille le devenir, non par fatalisme, ni même par paresse, mais pour mieux le comprendre et le réorienter si nécessaire.

On n'arrête pas le cours d'un fleuve, tout au plus peut-on le dévier. Les constructeurs de barrages font des eaux stagnantes : mortel projet.

PERSPECTIVE

La perspective est un point de vue (au sens optique) sur le réel. L'objectivité de ma connaissance provient de la variation des perspectives que j'adopte pour construire un réel plus richement informé – le perspectivisme s'opposant au relativisme comme le geste s'oppose à la position.

Les perspectives vécues font la richesse de mon être : la pluralité des perspectives fait de moi un être pluriel *donc* plus fort. Chaque fois que je m'accroche à des idées fixes, j'exprime à l'inverse la pauvreté de mon individuation sur ce problème, c'est-à-dire le fait que j'ai peu aimé apprendre.

À l'inverse, les courageux qui osent faire entendre une voix discordante ne le sont jamais par quelque héroïsme *sui generis*. La figure du penseur solitaire est par conséquent trompeuse : il est rigoureusement impossible de tenir seul face à une pluralité d'individus. Si un esprit dit « libre » ou « courageux » a la puissance de mettre en doute des croyances de son époque, s'il tient face à la pression du collectif, c'est parce qu'*il a avec lui une armée, une collectivité virtuelle d'amis*. L'équilibre des forces est nécessaire : je ne peux résister à l'autorité du collectif qu'en lui opposant un collectif au moins aussi puissant. Cette coexistence virtuelle d'un collectif aimant est la *solitude peuplée* – seul physiquement, je suis en réalité en nombreuse compagnie. La lecture en constitue l'exemple privilégié*.

---

* Je distinguerais ici la *solitude* physique de la solitude vitale, en appelant cette dernière « *isolement* ». (a) La solitude physique, comme celle que je vis lorsque je suis plongé dans un livre peut être une solitude peuplée par les rencontres multiples

Tenir face à l'opinion, face à la pression du collectif, ne se fait pas « seul » *en réalité* : je tiens grâce à la force d'un autre collectif. Pensons à Montaigne, entouré d'amis en la personne des philosophes et poètes antiques. Quand tout le monde me fait douter (pression des proches, de l'entourage, des valeurs d'une société à tel moment de son histoire), j'ai besoin de m'appuyer sur quelque chose pour tenir face aux désapprobations des autres.

C'est une physique de l'amour : il faut opposer aux forces haineuses d'autres forces aimantes. Face à la pression des croyances des autres, je me remémore tel propos d'Épictète, tel chapitre des *Essais*, pour me donner la force de ne pas céder. C'est le rôle de la caution dans l'économie de la pensée : elle est un *expédient* qui protège de la violence arbitraire d'une culture en offrant, *au sein* de cette même culture, des éléments de joie pour résister aux forces obscures de cette culture. La richesse des perspectives devient une force subversive qui nécessite de piéger sa propre culture*. La confiance en soi se nourrit du réseau des relations que je me donne à travers ces dons purs que sont, entre autres choses, les livres, et de manière générale les bonnes rencontres.

L'entêtement est une carence en autorités : c'est parce que j'ai vécu trop peu de perspectives que je crois dans les quelques-unes qui m'ont eu – j'ai un seul « point de vue ». Je suis pris dans le cercle logique : les autorités premières ont pour elles le bénéfice de l'antériorité et aucune autorité divergente ne saurait avoir de prise sur moi, puisque seules les autorités autorisées par les autorités premières me sont audibles. La faible variation des idées inter-cède

---

que je fais malgré l'absence de corps autour de moi. Cette solitude est une compagnie de vivants en moi, elle est riche d'amours. Être dans la solitude, c'est éprouver la certitude que l'autre est là en moi. (b) *A contrario*, il y a l'isolement où manquent *et l'autre et moi*. Dans cet isolement, je me trouve seul, privé non seulement de la compagnie des autres, mais encore de ma propre compagnie potentielle. Je peux bien sûr être isolé alors qu'il y a des gens autour de moi. L'isolement est destructeur et mauvais pour quiconque, alors que la solitude peut être constructrice et source de joie.

* Gaston Bachelard est une figure exemplaire de cette puissance joueuse qui fait rire la culture avec ses propres armes, et non contre elle par philistinisme. Il joue contre sa propre culture, avec sa propre culture.

pour moi, m'inter-dit, inter-vient en mon nom, bref se place entre moi et mon expérience.

Drame de l'enfance : ne pas connaître assez d'autorités. Tout homme commence sa vie dans un milieu essentiellement non divers. Entièrement ouvert au dehors, *l'enfant prend beaucoup de peu* lorsqu'il est enfermé dans une institution – famille ou école ; adulte, nous prenons un peu de tout si nous multiplions nos déterminations. Joie de l'apprentissage : j'aime et fais confiance à de nouveaux individus – même morts : la culture rend la nécrophilie joyeuse.

Je vois un cylindre du dessus, je ne bouge pas et défends bec et ongles qu'il s'agit d'un cercle ; mon adversaire le voit par son profil et hurle au scandale : « enfin, il est évident que c'est un rectangle ! » Misère du relativisme, c'est-à-dire du combat des solutions figées. Les clichés sont exactement de telles perspectives mortes, des pensées statiques n'ayant jamais cheminé autour de leur objet. Ainsi, refusant d'apprendre, les individus bavardent sur des images d'un réel qu'ils n'ont jamais pris la peine de construire dynamiquement.

Symptôme de l'absence d'amour : je crois avoir fait le tour de l'autre. Comme si cela était possible. « Je te connais trop bien », dit l'amant las et déçu. Ce verdict ne désigne pourtant pas un manque objectif chez l'objet « trop connu » de mon regard, mais une fatigue subjective en moi qui n'ai plus le désir de tourner autour de l'autre. Je vais voir ailleurs quand je ne sais plus voir autrement. (Définition du sacré : ce autour de quoi on tourne, ce dont on ne cesse de s'émerveiller. Et c'est parce que je tourne autour que cela est merveilleux – le sacré est une création humaine).

La théorie du dialogue de Port-Royal exhibe le cadre spontané des conversations ordinaires : elles sont le lieu d'une guerre de tous contre tous, car nous parlons aux autres avant tout pour les convaincre que nous avons raison. Ce désir, c'est le désir du désir de l'autre dans la négativité polémique. La « dispute » est la vérité de tout débat ainsi amorcé : l'un doit finir par se plier à l'autre. Je me dispute sur un sujet dans l'exacte mesure où je n'ai plus l'énergie de cheminer : si seulement l'autre pouvait se rallier à mon point de vue pour ne pas que j'aie à bouger. Arrive alors ce fantôme de danger qu'est le prétendu relativisme, si craint par la raison scolastique.

Le relativisme pourrait être défini comme le fait de s'attacher à la relativité d'une perspective prise pour elle-même. Cela revient à élire au rang d'universel ce qui n'est qu'un moment du regard : trop pressé d'ériger en « vérité » ce qui n'est qu'un cliché (image fixe), on en vient alors à multiplier les « vérités » sans pouvoir les ordonner dans un cheminement d'apprentissage. Épuisé, on constate alors qu'il y aurait *des* vérités qu'on ne peut plus départager entre elles.

Par contraste, le perspectivisme désigne le fait de faire varier mes perspectives depuis lesquelles je porte un regard sur le monde. Cette variation permet une plus grande objectivité : *la* vérité demeure l'horizon régulateur du perspectivisme, qui est une véritable philosophie de l'apprendre. Dès lors, la question du perspectivisme dynamique, permis par un amour curieux du réel, permet de construire le vrai problème du relativisme.

En effet, le relativisme n'est pas dû à l'égarement d'un peuple mécréant qui ne penserait pas assez (donc la preuve que les valeurs foutraient le camp), il provient des mauvais pédagogues qui posent de mauvaises questions. De fait, personne n'est relativiste *par soi* : le relativisme ne traduit rien d'autre que la réponse maladroite de celui qui se voit sommé de « donner » ce qu'il n'a pas : une idée sur tel sujet – faute de connaissance du sujet ou de désir de l'arpenter. Peut apparaître comme relativiste un individu *au moment où* je le sollicite pour « donner » son opinion. Si un tel don est réalisable sans effort, c'est précisément parce qu'il n'est don de rien – autrui prononce juste quelques phrases pour me satisfaire.

Le relativisme des élèves, par exemple, n'est donc pas une attitude dangereuse de leur part, c'est *le stigmate de mon impuissance comme questionneur*. Je deviens presque prêt à insulter les questionnés : le spectre de la « barbarie » me hante alors comme le fantasme d'un monde effrayant, celui où les autres ne partagent pas ma curiosité. La critique « éclairée » des « dangers » du relativisme est la vindicte que je professe lorsque je m'intéresse à tel problème et ne comprends pas qu'on puisse croire que tout se vaut à propos de *ma* question. Autrement dit, le relativisme existe, comme inquiétude, lorsque nous posons des problèmes – plus ou moins faux, bien souvent* – à des gens non intéressés, puis nous lamentons de ce désintérêt au lieu d'essayer de créer le désir d'apprendre.

Bref, chacun devient relativiste quand il est isolé, donc empêché d'apprendre. Les sondages d'opinion créent une situation de ce genre : quelqu'un m'appelle au téléphone et me demande de me prononcer *seul* et *immédiatement* sur une question à laquelle j'ai très peu pensé. Le relativisme est une création de ceux qui figent les autres, malgré eux, dans des situations de pensée qui privent du *droit* – en m'isolant – et du *temps* – en me pressant –d'apprendre.

Il faut même aller plus loin : rigoureusement, le relativisme « actif » est impossible. Chaque fois que j'exprime une croyance personnelle, c'est pour me rassurer : la croyance publicisée, c'est-à-dire exprimée à haute voix ou par écrit à destination d'autres, est une tentative de *conjuration du relativisme*. C'est pourquoi combattre le relativisme n'est nullement un acte chevaleresque, c'est accomplir ce que tout le monde fait spontanément, car *tout le monde craint et combat le relativisme* – personne n'*est* relativiste. Il existe seulement des « moments relativistes », intenables subjectivement *donc* vecteurs de subjectivation – c'est lorsque je suis face à un problème que j'essaie de résoudre, et pour cela je dois penser donc me transformer. En effet, le relativisme désigne objectivement le doute authentique, or ce vrai doute ne peut qu'être transitoire. Dans le déroulement habituel de nos croyances, nous sommes certains de ce que nous croyons. Celui qui se dit tolérant n'est pas moins attaché à sa croyance : *il n'est pas relativiste, il est seulement poli*.

La tolérance est une parade pour me protéger et prévient de chercher à comprendre ce que les autres pensent – car faire *sérieusement* cela, ce serait prendre le risque de *vivre* un doute. Je suis tolérant pour avoir la paix, chaque fois que je suis trop fatigué pour me réinventer avec l'autre.

---

* En droit, il faudrait même dire que tout problème, s'il n'est pas construit par nous-mêmes, ne pourra qu'être un faux problème *pour nous*.

La tolérance est un contrat tacite disant : « je te laisserai penser ce que tu veux si tu me laisses penser ce que je veux ». En ce sens, elle est anti-politique puisqu'il y a refus de penser ensemble les problèmes qui nous concernent. La tolérance ne diffère donc en rien du dogmatisme, elle ne fait qu'y ajouter une clause de non-interventionnisme – créant les conditions sociales favorables à un renforcement mutuel des certitudes. En creux, elle est une impuissance à aimer la différence. (Aimer le semblable n'est pas aimer, c'est obéir.)

Apprendre à aimer, c'est apporter un peu de mouvement là où tout est trop stable. L'ennemi reste donc classique : c'est du dogmatisme que les perspectives libèrent. L'orgueil de savoir n'est souvent que le signe d'un faible désir d'apprendre, c'est-à-dire de m'ouvrir à des perspectives nouvelles.

PUDEUR

Il y a une pudeur de la critique : je peux venir en aide à l'autre uniquement si je sais ne pas l'effrayer par trop de monstrations. Tant de démonstrations sont de l'exhibitionnisme, tant de bienveillances écorchent les sens et blessent les plus fragiles. L'empressement à bien faire nous empêche de faire ensemble.

Les idées que j'ai, *c'est bien moi.* Ce « moi » premier est la collection de mes erreurs premières, de mes préjugés incorporés. Je suis toujours déjà trop vieux de ces préjugés qui sont un peu de « moi-même ». Nous sommes tous pris plus ou moins, selon les croyances, dans cette haute difficulté de renoncer à un préjugé : mon problème, c'est la toute-puissance d'une idée qui ne peut pas, qui ne doit pas être contredite, qui le doit d'autant moins que je me suis identifié à elle. C'est ma peau qui est en jeu. Le sachant pour moi-même, comment puis-je oublier que l'autre est pris dans les mêmes rets ?

Je ne suis jamais aussi impudique, aussi invasif avec l'autre, que lorsque j'ai peur « pour lui » – ne voulant pas chercher à comprendre ce qui *me* fait peur.

Dès lors, croire que je peux redresser les idées de l'autre sans le toucher affectivement, c'est faire parler l'homme abstrait en moi, le logiciste : les critiques même les mieux argumentées ont nécessairement un effet *ad hominem* – c'est-à-dire qu'elles touchent la personne elle-même, son existence. Et c'est très bien ainsi : si les idées ne changeaient rien de nous, à quoi serviraient-elles ?

À ce titre, il y a quelque chose d'obscène lorsque je cherche à obtenir de l'autre qu'il se rétracte en public, qu'il fasse contrition, qu'il se mette à nu *parce que moi je ne veux pas le faire*. En effet, s'« il n'y a de sens que du caché », comme disait Bachelard, alors analyser un geste de l'autre, décortiquer son idée, c'est en chercher le sens, c'est-à-dire dévoiler le « caché » que je mets à nu. Je ne saurais donc chercher le sens impunément : la contradiction d'autrui a des puissances impudiques, indiscrètes, elle vient fouiller le tissage intime de la toile des croyances.

Nous avons tous besoin, pour nous remettre en cause, de temps et de solitude : c'est pourquoi exiger de l'autre qu'il reconnaisse qu'il a eu tort est une violence terrible. Au contraire, apprendre à aimer, c'est apprendre à laisser à l'autre ces deux choses au moins : le temps de repenser ce qu'il vient d'entendre pour réagencer son système de croyances, la solitude intime nécessaire pour faire ce genre de chose. Se change-t-on en public, devant tout le monde ? Il en est de l'esprit comme du corps, sinon plus.

C'est aussi l'intuition de Montaigne, lorsqu'il parle avec quelque mystère des vertus de la « diversion ». Prenant l'exemple du deuil et de l'artificialité cérémonielle qui l'accompagne, il commence par donner un exemple de ce que serait la volonté de « conversion » d'autrui à mon analyse : il est vain, nous dit-il, de vouloir critiquer les faux semblants du deuil pour forcer les endeuillés à objectiver la facticité relative du rituel.

> On procède mal quand on s'oppose à ce chagrin : car l'opposition les pique et les engage plus avant à la tristesse. On exaspère le mal par l'âpreté du débat. Nous voyons s'agissant des propos communs, que ce que j'aurais dit sans y attacher d'importance, si on vient à me le contester, je m'en formalise, je l'épouse : beaucoup plus ce à quoi j'aurais intérêt. Et puis, en ce faisant, vous vous présentez à votre action consolatrice d'une entrée rude [226].

Cette maladresse, décrite par Montaigne, est fort commune dans l'expérience de la douleur d'autrui. « Ce n'est pas si grave… », suis-je parfois tenté de souffler à l'ami désemparé. Et ces mots font mal.

Aussi doux soit-il, ce point de vue est effectivement « contre » sa douleur, il est une manière de vouloir lui démontrer qu'il se trompe dans l'importance qu'il accorde à la souffrance qui l'envahit. Or, l'idée d'une telle « erreur » a-t-elle le moindre sens ?

Par contraste, Montaigne fait donc l'éloge de la diversion comme « changement d'air » : il faut aller voir ailleurs pour « détourner » l'esprit. Ce détournement est une confiance dans les puissances de la vie : sûrement existe-t-il un autre air qui fera du bien au malade, il faut juste l'y emmener. Offrir autre chose plutôt que de vouloir « lutter contre les maux directement » – je cite Montaigne.

Si les passions tristes nous enferment dans les idées inadéquates, c'est d'abord parce qu'elles fixent notre attention : les idées fixées sont destinées à fonctionner comme idées fixantes. La diversion dont nous parle Montaigne est une politesse éthique qui exprime rigoureusement un principe épistémologique : la variation forme les idées adéquates. Par contraste, le pilonnage des idées fixes est nécessairement rendu prisonnier par la forme fixe de l'idée qu'il critique, il est donc lui-même corrélativement fixé par l'immobilité dangereuse des idées fixes.

Pour prendre un seul exemple, la puissance encapacitante de la critique des médias est aussi évidente en droit, à mon sens, qu'elle peut, en fait, se laisser capter par les logiques de fascination qu'elle cherche à combattre. D'où, parfois, un sentiment de répétition un peu désespérant à la lecture des articles de critique des médias [227].

« Dans la vie, il faut, je crois, observer la loi qui est gardée dans les festins grecs : "Qu'il boive ou qu'il s'en aille ! " C'est raisonnable : que l'on jouisse comme les autres et avec eux du plaisir de boire ; ou bien que l'homme sobre ne se heurte pas à la violence des ivrognes et qu'il s'en aille d'abord » [228]. L'impudeur n'est pas du côté de la bonne compagnie des ivrognes, elle est du côté de celui qui s'insurgerait *au milieu de la fête* contre tant de débauche. Voilà le rabat-joie ! Celui-ci n'offre aucun amour et n'aide en rien les ivrognes, mais gâche simplement leur fête sans leur apporter la possibilité de lutter, par ailleurs, contre cette habitude – sans doute dangereuse pour leur santé.

La pudeur est une forme de modestie, tout simplement : que sais-je des joies que les autres retirent de cette idée ou de cette action que je désapprouve ? Font-ils mal à qui que ce soit ? Sinon, en quoi cela me gêne-t-il ? Parce que je tiens à eux ? C'est donc *mon* problème, c'est moi qui ai peur de les perdre : l'impudeur de mes critiques négatives est peut-être une exhibition maladroite de mon attachement affectif. De fait, on ne croise pas cette habitude chez les indifférents, trop feutrés en eux-mêmes. (À la fin des *Comédiens* de Graham Greene, un petit curé sans nom dit ceci : « la violence peut être une forme de l'amour, ça peut être un visage indigné de l'amour ; la violence est une imperfection de l'amour, mais l'indifférence est la perfection de l'égoïsme ».)

Par ces difficultés énoncées, l'éthique apparaît indissociable du *stratégique* : comment bien m'y prendre pour cheminer jusqu'aux conséquences heureuses pour le maximum d'individus, parmi ceux engagés avec moi dans une relation ? Si je veux donner à l'autre la possibilité de penser, je dois le laisser dire « non ». Si le « non » est nécessaire, c'est du côté de la réception d'une idée, non de l'émission. C'est le sens du célèbre – mais trop souvent amputé – propos d'Alain du 19 janvier 1924 : « Penser c'est dire non ». Tout ce que réclame Alain, c'est du temps : penser est s'autoriser à ne pas devoir dire « oui » tout de suite pour mieux savoir ce que j'accepte de croire*.

Grande est la force de celui qui sait dire « non » aux sollicitations d'autrui, dans les moments opportuns. Geste que j'ai parfois bien du mal à faire : signe de ma servitude. Lorsqu'il s'agit de répondre à une demande, je dois me rappeler qu'il est toujours possible de dire « non merci » : si je ne sens pas cette possibilité de tout mon être, c'est signe qu'il y a un pouvoir qui s'exerce en moi à mon corps défendant. Aussi difficile que soit cette parole, il est essentiel que

* Après la formulation de sa thèse, Alain explique le sens qu'il lui donne : « Ce qui fait que le monde me trompe par ses perspectives, ses brouillards, c'est que je consens, c'est que je ne cherche pas autre chose. Et ce qui fait que le tyran est maître de moi, c'est que je respecte au lieu d'examiner ».

j'apprenne à la dire pour me protéger et ne pas travestir mon désir. Ce « non » *crée l'espace de l'indépendance* qui est la plus belle façon de nous aimer. Ne pas chercher à devenir un tyran l'un pour l'autre : cela ne va pas de soi, surtout lorsque l'on aime.

Cette précision permet de mieux cerner la négation inutile et incertaine que je vise depuis le début : je parlerais d'un « non » *invasif*, c'est-à-dire un « non » qui entreprend d'aller vers l'autre, de le corriger, de le rectifier. « Je vais t'expliquer » (*explicare* : défaire les plis) : voilà le geste du chirurgien de l'âme qui vient trifouiller mon esprit sans que je n'aie rien demandé, opération sans anesthésie, lobotomie.

Cette impudeur est la tentation du pouvoir : je tente d'exercer un pouvoir chaque fois que je veux dire « non » à la place de l'autre : faisant cela, je le prive de la puissance de refuser, de dire « non » par *lui-même*. Et réciproquement.

Tout ce livre est donc en même temps une préparation à savoir dire « non » lorsque je ne désire pas faire *avec* l'autre, corollairement au refus de dire « non » *pour* l'autre. Voilà ce qu'il se passe, en fait : je dis « non » à la place de l'autre par répétition ; parce que je n'ai pas su dire « non », parce que j'ai accepté les négations des autres me concernant, je me fais ensuite moi-même rouage de ces « non » invasifs qui veulent empêcher l'autre d'apprendre, d'expérimenter par lui-même. Généalogie du conformisme.

De ce point de vue, on pourrait esquisser l'hypothèse d'un ordre pédagogique entre le « oui » et le « non », au sein des flux du dialogue philosophique entre le « je » et le « tu » : *l'expérience reçue du « oui, tu ... » me donne la puissance critique d'affirmer « non merci »*. L'adresse d'un « oui » à autrui construit pratiquement la vertu de révolte, là où les « non » façonnent insidieusement des êtres dociles.

Contrairement au « non » invasif (« non, tu ... »), intrusif parce qu'irrespectueux des chronologies propres de chacun, le « non » d'indépendance (« non merci ») mérite un infini respect : je dois savoir accepter la liberté de l'autre, c'est-à-dire avoir de la gratitude envers autrui lorsqu'il s'autorise à dire « non merci », car il m'honore ainsi de sa liberté en refusant de faire de moi son oppresseur.

Dire « non merci » signifie à l'autre qu'il est dispensable : « je peux vivre telle activité joyeusement sans toi ». Ne sous-estimons pas ce que cette déclaration peut avoir d'insupportable pour ceux qui goûtent le pouvoir, trop habitués qu'ils sont à se croire indispensables, à s'imaginer que les autres ont besoin d'eux pour être heureux ou pour apprendre.

Quel parent, quel enseignant est prêt à entendre un poli « non merci » lorsqu'il veut mettre en activité ? Quelle différence, par exemple, y a-t-il avec un homme qui chercherait à mettre en activité une femme à la sortie d'un bar ?

– « Ça te dit qu'on couche ensemble ? » / – « Non merci ».

– « Prends ton stylo, c'est l'heure du devoir » / – « Non merci ».

Qui du dragueur ou du maître se sentira le plus légitime à ignorer ce « non merci » ?

On pourrait d'ailleurs entrer dans la logique du *Maître ignorant* de Rancière par cette analogie : c'est le chasseur qui a besoin de la proie et non l'inverse ; il est donc saugrenu de penser que l'élève est dans le besoin du professeur. En réalité, dans un rapport de pouvoir, *c'est toujours le dominant qui réclame*. C'est pourquoi la réticence affirmée, le refus sont des actes révolutionnaires, car ils grippent le rapport de pouvoir en son cœur[229].

La pudeur serait donc la connaissance de soi-même comme *être dispensable*, humilité joyeuse qui libère à tout point de vue : aussi bien les destinataires du pouvoir – enfin libérés des bienveillants qui veulent s'occuper d'eux – que les détenteurs du pouvoir – enfin libérés du délire de maîtrise qui conduit à se croire indispensable : en tant que maître, en tant qu'expert, en tant que militant éclairé, etc.

La pudeur est l'acceptation du « non merci » d'autrui, qui est un geste sain et vigoureux : vouloir l'approbation sans sommation, c'est vouloir l'autre sous ma coupe, je veux en devenir le maître par peur de le perdre ou par peur de sa différence.

Revenons à une perspective plus épistémologique. Il faut noter que cela ne signifie nullement que l'autre restera sur ce « non » premier qui signifie parfois, en fait, « attends, laisse-moi y réfléchir ». L'autre peut finir par accepter l'idée premièrement niée. Ce qui compte, ce n'est pas l'idée elle-même (statique de la position : *thesis*), mais le chemin par lequel on a décidé de la croire ou non, d'accepter ou pas (dynamique de la supposition : *hypothesis*).

La « pensée rétive », pour reprendre une expression de Foucault, en tant que pensée critique, est mouvante car elle *cherche*, encore et toujours, pour comprendre et se donner les moyens de transformer le monde. Ou plutôt : elle est une pensée qui permet de transformer le monde par le fait même qu'elle met en mouvement la *curiosité* en soi et chez autrui [230].

Nous aider les uns les autres à mieux penser, c'est nous aider les uns les autres à penser plus librement, c'est nous enrichir mutuellement afin de « savoir si nous pouvons penser autrement que nous ne pensons ».

Je voudrais insister sur la dangerosité de ce « non » invasif que je suis parfois tenté d'exprimer, alors même que j'ai fait cent fois l'expérience qu'il est insupportable lorsque je le subis d'un autre.

Pour me sentir moins effrayé des « propos » d'autrui, vis-à-vis desquels je peux sentir parfois une pulsion de réfutation naître en moi (« tu ne peux pas dire ça ! »), j'essaie de ne pas oublier la distinction entre la valeur de vérité d'un discours et son existence. Les propos d'un raciste sont réfutables, mais sa haine est irréfutable comme telle puisqu'elle est un fait. Il est difficile de distinguer les deux dans le feu de l'action, mais les confondre conduit à de stériles quiproquos et, surtout, permet le mécanisme de contagion de la haine. En effet, le haineux finit par susciter ma haine lorsque je veux le convaincre qu'il a tort de haïr. Je voulais sortir l'autre de la haine pour l'amener vers plus d'amour et de compréhension, mais, si je n'en ai ni la force ni la patience, je crée l'effet contraire. C'est alors le haineux qui *gagne la bataille pratique* chaque fois que je crois à tort que la dispute est seulement théorique – et m'énerve pour cette raison, car je désespère de constater mon impuissance et finis par prendre en haine celui que je veux faire cesser de haïr.

Suivant la même logique, les explications « généreuses », *qui précèdent toute demande d'aide*, peuvent être tout aussi humiliantes car elles demeurent, dans la forme, un « non » invasif ! La bonne intention (inconsciemment) méprisante est un exemple typique dans nos sociétés de domination masculine : « Tant d'hommes nous ont expliqué des choses, à ma mère et moi, mère célibataire et fille unique, que j'en ai la chair de poule, quand on m'explique des choses. Et certainement si c'est pour mon bien. Et plus encore quand on n'a rien demandé mais que cette explication et son intérêt semblent aller tellement de soi qu'on nous la livre gratuitement, magnanimement. Tant de fois, nous, de notre côté, on a poliment hoché la tête »[231].

Tant de cajoleries des autres nous hurlent un « non » en pleine face : ces négations de soi, de la part d'un autre qui vous prend dans ses bras, sont l'étouffement même. Elles sont comme une réfutation de la vie, qui est pourtant l'irréfutable par excellence.

Cette patience, j'essaie d'abord de l'avoir avec moi-même : avoir la douceur et la délicatesse de ne pas m'inventer des injonctions impossibles et des temporalités angoissantes. De fait, les commandeurs sont souvent des gens qui veulent étendre aux autres les missions périlleuses et les exigences folles qu'ils s'imposent à eux-mêmes – ne supportant pas de souffrir seuls, je voudrais embarquer mes proches dans cette galère…

S'aimer soi-même, c'est donc premièrement avoir la patience de supporter la lenteur de ses changements éthiques, sans s'énerver ni désespérer. Avoir la pudeur de me laisser du temps.

C'est qu'il est difficile de s'extirper de la pensée négative même, et surtout, dans l'intimité du dialogue intérieur ! Cela demande du temps. Même vigilant vis-à-vis de la dangerosité de cette facilité qu'est la négation, je finis par céder – parfois. Ainsi, la *Critique du jugement* de Pascal Quignard, malgré le fait qu'elle soit admirable en bien des points, devient parfois un *Jugement du jugement*, et procède *pratiquement* par des moyens dont elle cherche *théoriquement* à s'émanciper. Mais peut-être l'exercice d'écriture est-il justement un geste pour essayer de s'en sortir… Sans doute mon ouvrage souffre-t-il des mêmes imperfections : quand arrive-t-on à sortir complètement du jugement – des autres comme de soi ?

En ce sens, j'essaie de ne pas y voir une contradiction théorique, mais une stratégie pratique nécessaire : Quignard nous donne à voir l'âpreté de ses débats intérieurs, pour tenter de se débarrasser, *en lui*, du jugement. Le penseur est nu.

Très sensible à ce paradoxe, Stéphane Sangral déconstruit explicitement cette tentation dans sa critique du militarisme. Je cite *in extenso* un paragraphe qui m'a fait beaucoup méditer :

> "*Qu'importe que les militaires se tirent dessus : être militaire, c'est – puisque comme les machines ils ne servent qu'à servir – c'est – et puisque pour les machines la différence entre être et néant est néant – c'est – et tout le reste n'est que détails – c'est déjà être mort !*"
>
> "*Un militaire n'est pas un être mais une cellule du système immunitaire du corps national, qu'une cellule parmi des millions, qu'un infime morceau d'être, qu'un – et tout le reste n'est que détails – détail.*"
>
> Ces deux aphorismes, d'apparence très antimilitaristes, sont l'essence même du militarisme [232].

Voilà qui permet de comprendre, entre autres choses, que le « militariste » n'est certainement pas l'autre, encore moins un métier (le militaire), mais bien une tendance psychique en chacun de nous. Ce fragment de Sangral est plus proche des *Pensées pour moi-même*, que l'empereur Marc-Aurèle notait comme des exercices pour s'améliorer, que d'un pamphlet antimilitariste adressé *aux* militaires – ce qui serait une pulsion de meurtre virtuel de l'autre, réduit à de l'identitaire, soit le militarisme tel que le définit l'auteur.

SOTTISE

Lorsque je déplore la sottise, je deviens sot moi-même, car j'oublie ma propre histoire et confonds les chronologies. Ainsi oublié-je que j'ai appris un jour ce que je sais aujourd'hui, croyant alors que tous les individus se doivent de savoir avec évidence ce qui correspond à l'état actuel de mes connaissances.

Que me fait celui qui glousse d'une prétendue sottise que j'aurais dite ? Pur anachronisme : il me dit que mon présent ne correspond pas au sien, que je suis dans son passé. Il y a quelque chose d'humiliant dans ce « non » qui me prend à rebours.

On aime à ridiculiser les sots, toujours en retard, toujours naïvement convaincus de leur profondeur. Le portrait du « sot » par Sartre pose bien le problème :

> Le sot est celui qui pense après nous et avec effort une pensée que nous avons déjà eue sans difficulté et qui est astreint par là à faire son avenir avec nos restes, avec notre passé. [...] Son invention est en même temps répétition, son avenir est en même temps passé. On s'amuse du sot qui croit à la validité de son effort libre [...] alors qu'il est en fait un pur anachronisme qui enfonce des portes ouvertes. [...] Le sot est *dupe, il retarde*, comme on dit [233].

Un tel chronocentrisme, véritable impuissance perceptive, forme un portrait magistral de la méchanceté, dans laquelle risque toujours de tomber celui qui se croit savant – parce qu'il croit dans la valeur objective des diplômes de l'institution par exemple.

Se moquer de la sottise est donc une répétition et une projection : je me moque de l'autre si j'ai moi-même été moqué lors de mes apprentissages; dès lors j'oublie volontiers que j'ai moi-même peiné pour comprendre ce que l'autre est en train d'apprendre. Ceux qui ont connu ces « non » qui arrêtent sont les premiers à les répéter à leur tour pour brimer. Triste manège des humiliations.

Celui qui veut me démontrer que j'ai été bien niais de penser cela, celui qui me rappelle que je ne suis que cela – c'est-à-dire que je suis ce que je suis –, ce pédagogue-là est le méchant véritable. « Qu'appelle-t-on méchant? L'homme qui veut toujours faire honte »[234]. L'amour est ailleurs.

Scène quotidienne : la proclamation humiliante de l'évidence. « Quoi tu ne sais pas ça? ! » « Mais enfin, ce n'est pas compliqué! » Il n'y a dans ces paroles qu'une simple énonciation de mes propres familiarisations et un étonnement égocentré : « comment peut-on ne pas avoir les mêmes familiarités que moi? » L'autre est absent.

« Tu crois encore au Père Noël », ai-je pu triompher, enfant, moi qui y avais cru, face à mon camarade qui y croyait encore. Voilà un exemple paradigmatique de ce qu'on pourrait nommer la revanche du « bon côté de la barrière » : les souffrances pour entrer dans un cénacle de connivence sociale se transmuent en haine pour ceux dont je faisais partie une fois que je n'en fais plus partie.

Montaigne évoque le portrait de celui qui a « en main la hardiesse de mépriser et contrôler les opinions qu'il avait eues en extrême révérence »[235]. C'est comme si on se flattait d'entrer dans une nouvelle caste, c'est comme si la libération d'une autorité ne pouvait aller sans un double mépris : le mépris de ceux qui y croient encore (donc abandon objectif des autres, puisque je ne suis plus capable d'empathie avec ceux qui ne sont pas synchrones avec mon évolution personnelle) et mépris de soi déguisé : mépris de ce que j'ai été (donc clivage intime).

Untel, déçu de la fidélité et devenu libertin, se moque des croyances « naïvement » monogames et éternitaires de son ami : sans doute pense-t-il inconsciemment que sa vision de l'amour est plus « avancée », qu'il est moins prisonnier des clichés romantiques.

Le refoulement de nos origines correspond au fantasme de vouloir toujours avoir été ce qu'on est devenu, toujours avoir su ce qu'il a pourtant fallu apprendre – comme si on en avait terminé avec la pratique d'apprendre ! Cette violence contre soi-même – ses propres faiblesses passées – se retourne bien vite en violence contre autrui.

L'anachronisme ne concerne décidément pas le sot (qui ne peut être que synchrone avec son propre devenir, par définition), mais le pourfendeur de la sottise. Ce clivage temporel reconduit le schème ethnocentriste du *progrès* dans la pensée elle-même. C'est pourquoi le mot célèbre de Lévi-Strauss fonctionne parfaitement ici : le sot (barbare), c'est celui qui croit à la sottise (barbarie) [236]. Illusion rétrograde niant les conditions génétiques de la pensée, la déploration de la sottise de l'autre crée le sot qu'elle croit surprendre en flagrant délit de « retardement » – mais pour qui ? par rapport à quoi ? Statique, cette attitude vide d'amour ne permet aucun apprentissage ; pire, elle arrête les tentatives en les rendant honteuses.

Le malheur du pourfendeur de la sottise est son enfermement dans une étroite fenêtre temporelle : il se croit sot vis-à-vis de ceux qu'il admire (qui, simplement, apprennent depuis plus longtemps que lui) et méprise les sots (qui, simplement, sont en train d'apprendre ce qui lui est devenu familier). Cet enfermement temporel, structuré par l'idéologie linéaire du progrès niant les différences d'aptitude (l'école entretient fortement ce réductionnisme à des fins sélectives), empêche un amour réciproque avec les « retardataires » et les « maîtres » d'un côté, et il fait percevoir les rares synchrones comme des concurrents et non des partenaires. Misère affective totale, égalité dans les liens d'amour impossible : dur univers.

D'où vient tant de haine ? Dans les *Remarques sur* Le Rameau d'or *de Frazer*, Wittgenstein suggère que l'ignorance sur soi-même et l'oubli de ce qu'on a été est l'obstacle principal contre l'empathie nécessaire avec ceux qui apprennent. Cet oubli créa, chez Frazer, le sentiment d'une distance infranchissable entre lui et les « primitifs » qu'il étudie : « Frazer est bien plus sauvage que la plupart de ses sauvages », et « *ses* explications des usages primitifs sont bien plus grossières que le sens de ces usages mêmes » [237]. Frazer ne comprend pas ce qu'il pourrait très bien comprendre – les expériences spirituelles des autres – s'il consentait simplement à regarder en lui-même au lieu de considérer qu'il s'agit pour lui avant tout *d'expliquer* quelque chose d'étrange. (« Comment peut-on ne pas comprendre cela », est l'aveu d'impuissance du professeur qui a oublié ses propres apprentissages.)

Or, je risque de tomber, vis-à-vis de ceux à qui je m'intéresse, avec qui je me lie (*inter-esse*), dans les mêmes aveuglements que Frazer à propos des « sauvages ». Je pourrais alors dire de moi ce que Wittgenstein disait de Frazer : je suis plus « sauvage » que la plupart des « sauvages » dont je fustige la sottise, parce que, *faute d'une « connaissance intime » de ma propre expérience spirituelle*, je tente obstinément d'expliquer des expériences spirituelles en m'en *croyant* exclu – parce qu'« au-dessus ». Ce délire de l'orgueil vient tout simplement d'une lacune de l'imaginaire, d'un oubli de soi.

Il est intéressant de remarquer que la traque du relativisme est surtout goûtée des intellectuels. C'est en effet le même problème : si j'ai peur du relativisme, je ne fais pas autre chose que déplorer la sottise des gens qui ne pensent pas pareillement – à moi qui pense avoir universellement raison.

Si la moquerie des sots est l'apanage de ceux qui furent perçus comme sots par d'autres, alors on sera d'autant plus cruel qu'on aura été socialisé dans un milieu cruel : cela en dit probablement beaucoup sur le processus de socialisation qui fait de vous un « intellectuel » !

VANTARD

Le vantard est exécrable, certes, il faut pourtant avoir la force de l'aimer, car son discours exprime – malgré lui – un appel. Voilà qui aidera : n'oublions pas qu'un individu tient à convaincre autrui dans l'exacte mesure où il n'est pas sûr d'avoir compris ou réussi.

Les mots que l'on adresse à l'autre sont performatifs : ils font des choses [238]. Ainsi, dire « j'ai faim » ou « j'ai mal » est moins donner des informations qu'en appeler à l'aide de l'autre, à son attention [239]. D'où la question : que fait celui qui se vante ? Bergson est fin psychologue lorsqu'il remarque qu'« il y a de la modestie au fond de la vanité ». Voici le portrait qu'il brosse du vantard en faible qui s'ignore : « C'est pour se rassurer qu'on cherche l'approbation, et c'est pour soutenir la vitalité peut-être insuffisante de son œuvre qu'on voudrait l'entourer de la chaude admiration des hommes, comme on met dans du coton l'enfant né avant terme » [240]. L'énoncé public d'une idée ne vise pas toujours le dialogue avec l'autre pour mieux construire une vérité, mais bien souvent la possibilité de rendre supportable l'absence en soi de tout fondement : je veux convaincre autrui dans la mesure où je n'arrive pas à m'en convaincre suffisamment. Le prosélytisme est un refoulement du doute intime, une impuissance à croire véritablement à ses propres idées. La certitude, au contraire, est silencieuse.

Ce dont manque le vantard, ce qu'il demande très maladroitement par son attitude, c'est d'amour – car l'amour comble. « (*Comblement* veut dire abolition des héritages : "... la Joie n'a nul besoin d'héritiers ou d'enfants" – L'amoureux comblé n'a nul besoin d'écrire, de transmettre, de reproduire) »[241].

La vantardise, de ce point de vue, est assez proche de la violence qui se déchaîne dans les situations de bouc émissaire. Comme souvent, la violence est moins le stigmate d'une puissance que d'une impuissance : ceux qui victimisent le font pour se rassurer.

Les analyses anthropologiques sur le bouc émissaire le montrent bien, jusque dans notre quotidien le plus banal comme les lieux de travail : humilier l'autre de ma vantardise, le victimiser indirectement en soulignant son incompétence relative, c'est plus profondément lui en vouloir de s'écarter d'une norme que *moi* j'accepte et crois bonne. C'est lui en vouloir d'être différent, c'est-à-dire éloigné d'une norme que je perçois comme imposée : « pourquoi, lui, y échapperait-il ? » La violence du processus de bouc émissaire trouve ici sa racine profonde :

> Cette tendance est probablement soutenue par une culture psychologisante et "défectologique" qui amène chacun à blâmer, lorsqu'émerge une tension, des sujets plutôt que des organisations, des facteurs individuels plutôt que techniques, environnementaux, institutionnels. Dans une société normative, toute différence devient potentiellement le signe avant-coureur d'une remise en cause de l'illusion partagée d'un consensus[242].

Rien n'est plus insupportable que les choix d'autrui quand ces derniers me font sentir la *contingence* de mes propres choix d'existence – « j'aurais pu faire autrement ». Contingence insupportable si je suis animé par la peur plus que par le désir lors de mes choix : la servitude, pour être psychologiquement supportable, provoque la naturalisation des modes d'existence – « on ne peut pas faire autrement ». En ce sens, *ma vantardise est proportionnelle, non pas à ma certitude, mais au doute vis-à-vis des principes que j'ai faits miens.* Je blâme les paresseux lorsque je suis malheureux au travail ; je reproche à l'autre de ne pas m'aider lorsque je n'aime pas ce que je fais. Finalement, je lui en veux de savoir refuser ce que moi j'accepte ; mais le tragique est que je m'éloigne de celui qui pourrait justement m'aider à gagner cette puissance de refuser. La peur de la différence, c'est la peur des ressources qui pourraient me faire du bien en m'augmentant, en élargissant mon champ des possibles.

Voici un dialogue du film *Copie conforme* d'Abbas Kiarostami :

— Ma sœur dit que les bijoux en toc, c'est aussi bien que les vrais. On n'a pas à s'en soucier, ça fait moins de tracas…

— Elle pense comme moi. Elle est d'accord avec moi.

— Sur ce point-là, oui. Mais c'est quelqu'un de simple. Elle ne cherche à convaincre personne. Vous cherchez à démontrer l'indémontrable.

— Venant d'elle, c'est acceptable et venant de moi, indémontrable ?

— C'est acceptable venant d'elle parce qu'elle ne prêche pas. Elle n'a rien à prouver. Elle vit dans son petit monde où le vrai et le toc, c'est pareil.

— La bienheureuse. J'aurais voulu être comme elle.

— Comment ça ?

— Entre nous, j'ai écrit ce livre en partie pour me convaincre moi-même, alors qu'elle y croit naturellement. Je l'envie.

L'énonciation publique d'une idée n'est pas neutre : ce que je veux obtenir en la disant, c'est un « oui » d'approbation. Lorsque j'ai honte de demander ce pain affectif, je deviens lourdaud et désobligeant. Le vantard manque ce qu'il y a de beau dans une relation de confiance, il ne cherche pas à produire des idées plus solides *avec* l'autre, il ne veut qu'utiliser l'autre pour se rassurer de ce qui chez lui n'a aucune assurance. Une carence relationnelle lui rend effrayante la prise de risque, il ne veut plus bouger, il voudrait seulement que l'autre se *rallie* entièrement à lui.

Et qui cherche des alliés sinon ceux qui ont peur ou qui craignent quelque danger ? Dans l'incertitude des signes que je ne cesse de percevoir, je demande à l'autre, inlassablement : *qu'est-ce que je vaux ?*

Comme je suis très faible, je suis singulièrement dépendant de l'opinion des autres. Du moins au moment d'agir. Sauf si je dispose de beaucoup de temps pour me ressaisir. Un mot agréable de la part de quelqu'un ou un sourire amical produit sur moi des effets durablement encourageants & rassurants & un mot désagréable, c'est-à-dire inamical, des effets aussi durablement accablants [243].

Mais peut-on arrêter un instant l'évaluation, pour souffler un peu ? L'amour n'est-il pas d'abord cette expérience merveilleuse où je cesse de me demander ce que je vaux ? Par insouciance, même éphémère, quant à ma valeur. La belle confiance !

Quel est donc le problème du vantard qui sommeille parfois en moi, tel un petit enfant qui a tant besoin d'être aimé ? Une incertitude intime, que je fais payer à l'autre en l'utilisant comme moyen pour combler un manque. Mais il faut aller plus loin que cette analyse psychologique.

En effet, la vantardise exprime aussi la vérité de tout commerce des idées : nous avons besoin de l'autre pour construire le vrai. Le geste de partage fonde le rationalisme : « quand il nous faudra assurer l'objectivité du savoir par un appui dans la psychologie d'intersubjectivité, nous verrons que le *rationalisme enseignant* réclame l'*application* d'un esprit sur un autre » [244]. Le problème est le suivant : le vantard est insupportable précisément parce qu'il a cessé d'apprendre, parce qu'il croit qu'il n'a plus besoin d'apprendre. Il répète donc, inconsciemment et maladroitement, le geste d'« application », mais en le dénaturant radicalement puisqu'il l'instrumentalise *pour ne pas avoir à bouger de ses bases*, alors que ce geste doit avoir le sens exactement inverse.

Exprimer une idée (par oral ou écrit), c'est-à-dire la rendre publique, est une conquête rationnelle du vrai, l'apprentissage ultime, *pour celui qui s'exprime* – et non pour celui qui écoute. C'est pourquoi « la meilleure manière de mesurer la solidité des idées est de les enseigner », a dit magnifiquement Bachelard. Le vantard se trompe férocement parce qu'il ne comprend pas que partager ses idées n'est pas « donner quelque chose d'achevé », c'est continuer d'apprendre et s'efforcer de comprendre ce qu'on n'a peut-être pas encore vraiment compris. L'exposition d'une idée n'est pas une simple livraison de la vérité (« moi qui sais, je vais vous apprendre »), elle fait partie intégrante de la construction de la vérité, de la démarche de la preuve. Nous avons toujours à apprendre les uns les autres. Cette humilité dans le dialogue véritable constitue la force même. Le vantard, qui s'y refuse, est donc forcément faible.

C'est bien une question d'*énergie* finalement. Il n'y a aucun privilège de l'« intimité » dans le rapport aux idées : *il n'est pas plus facile de me convaincre d'une idée que d'en convaincre autrui.* (Je ne suis jamais à moi-même que mon autrui le plus proche). D'où l'importance des exercices spirituels, véritables montages de soi par soi. Songeons aux *Pensées pour moi-même* de Marc Aurèle : elles forment une collection de maximes destinées à être répétées et intégrées.

Par exemple, me résoudre à croire que je peux mourir demain, c'est tracer en moi une idée jusqu'à ce qu'elle me dispose à agir d'une certaine manière : c'est m'en convaincre. La résolution consiste à *s'essayer* en essayant de faire vivre une idée dans son corps. C'est pourquoi les solutions (au sens de recettes pratiques) n'ont de sens que lorsqu'on les a écrites soi-même – encrées sur le papier et ancrées dans le corps.

Aimer l'autre, c'est le laisser tenir lui-même la plume pour écrire ses pensées – et reconnaître symétriquement que j'ai besoin de lui parler ou de lui écrire pour savoir ce que je pense [245].

Ce détour permet de formuler le problème de la vantardise : je ne me sens pas propriétaire légitime de mes idées chaque fois que je ne me les suis pas appropriées véritablement, comme des biens communicables, avec autrui.

Dès lors, au fond de moi-même, je ne cesse d'exorciser un vide en surjouant une certitude tout artificielle. Voilà justement ce qu'est l'être dans un monde où la peur de s'être trompé (= d'avoir été trompé) se prétend certitude d'avoir raison : je ne *sais pas*, reste qu'il faut signifier aux autres que je sais pour m'assurer la reconnaissance d'une valeur que je n'ai pas à mes propres yeux. Sans amour, je tente de faire fructifier des *vides* que mes gestes, fantômes d'actes, n'arrivent pas à masquer : j'y échappe alors en *forçant* sur la croyance.

Le péril de la vantardise est le péril de l'estime de soi.

VISCÉRAL

Viscérales sont les idées dont le sillon s'est profondément tracé en moi. Un tel sillon charrie le flux de mes pensées. Il ne reste qu'à tracer d'autres sillons, plus joyeux et libérateurs, au moins aussi capables de faire couler mon désir vers la production d'idées plus belles – qui contribueront à creuser ces nouveaux sillons.

Si l'esprit et le corps pensent ensemble, on peut soutenir que les idées ancrées en nous forment des canaux par où passe le flux de nos pensées. S'ils mènent vers de dangereuses directions, que faire ?

Les préjugés viscéraux ne se laissent pas intimider facilement par les démonstrations de la raison. Celle-ci est impuissante contre eux, elle s'épuiserait à vouloir les endiguer, les combler – cela, elle ne le peut. Alors il faut creuser ailleurs, jusqu'à ce que le flux préfère passer par les nouveaux sillons. Il faut donc poser ce problème : comment réussir à ouvrir une nouvelle trace ?

Il faut distinguer ici le régime des raisonnements (discursifs, progressifs, temporels) du régime des images (intuitives, se donnant d'emblée, spatiales). Celui-là est lent, gauche, long, celui-ci séduit, attire et vous colle à la peau. Ces deux régimes ne peuvent se causer l'un l'autre : les images ne prouvent rien et les raisonnements ne montrent rien. Je me méprends lorsque je dis : « je vais te montrer que tu as tort ».

Les images sont d'abord de la matière, plus ou moins informée, mais toujours pesante et chargée d'affects. « La forme fascine quand on n'a plus la force de comprendre la force en son dedans », remarquait Derrida[246]. La forme fascine quand on n'a plus la force de créer, de lutter face au et avec le réel – toujours d'abord matière et force. Or, l'image, c'est d'abord une force d'apparence. Elle me rive, me ravit. Je suis *pris* par les images. Barthes l'a bien noté à propos de l'amour : *les blessures les plus vives viennent davantage de ce que je vois que de ce que je sais.*

> L'image est péremptoire, elle a toujours le dernier mot ; aucune connaissance ne peut la contredire, l'aménager, la subtiliser. Werther sait bien que Charlotte est promise à Albert, et en somme il n'en souffre que vaguement ; mais "il lui court un frisson par tout le corps lorsque Albert étreint sa svelte taille." *Je sais bien* que Charlotte ne m'appartient pas, dit la raison de Werther, *mais tout de même*, Albert me la vole, dit l'image qu'il a sous les yeux [247].

Les passions les plus irrationnelles viennent de cette capture par l'image, qu'aucun savoir ne fera démentir.

Pour faire sentir le problème du viscéral, il faut aller chercher dans le moche. L'homophobie fournit un exemple paradigmatique : comment ouvrir l'esprit à un individu que l'homosexualité « dégoûte » ? Incapable qu'il est d'aimer ces prochains-là, puis-je lui apprendre l'amour de son prochain mieux que n'a su le faire son Église, par exemple ?

Le dégoût montre bien ce qui est en jeu : la réaction viscérale se fait à notre *corps défendant*, c'est plus fort que nous. Richard Shusterman consacre de belles pages à ce problème :

> Nombre de ceux qui reconnaissent en principe que les adultes consentants doivent être libres de leurs préférences sexuelles, se montrent néanmoins incapables de tolérer l'homosexualité à cause du malaise et du dégoût viscéraux (mais aussi des désirs coupables refoulés) que suscite en eux le seul fait d'imaginer l'homosexualité [248].

Ni l'appel à la raison, ni l'appel aux bonnes volontés ne peuvent y changer quoi que ce soit. Comment avoir un dialogue sur les libertés

politiques avec quelqu'un que hantent des images sur la sodomie*?
Remarquons que ces préjugés viscéraux visent l'homosexualité
masculine et que les premiers colporteurs en sont des hommes, ce
qui suffit à prouver qu'il se trame des choses au niveau du corps
du préjugeur. Un tel individu est nécessairement dépossédé de lui-
même : ou bien parce qu'il est affaibli dans sa puissance de penser
par l'inexpérience même (il ne sait pas si c'est bon), ou bien parce
qu'il est prisonnier de son hypocrisie (il pratique la sodomie avec sa
femme, mais « ce n'est pas pareil »).

Prenons un second exemple : l'hostilité *a priori* à l'égard des
étrangers, que l'on rencontre parfois chez des agriculteurs ou
des petits commerçants dépourvus de toute expérience directe
des immigrés. Bourdieu remarque qu'on ne peut « traverser les
apparences de l'absurdité qu'elle oppose à l'interprétation compré-
hensive qu'à condition de voir que, par une forme de *déplacement*,
elle offre une solution aux contradictions propres à ces sortes de
capitalistes à revenus de prolétaires et à leur expérience de l'État,
tenu pour responsable d'une redistribution inacceptable »[249]. Ici,
le mécontentement – induit par un rapport privilégié et envieux
à l'argent – se détourne en haine envers la cause fantasmée du
manque d'argent qui fait souffrir l'individu. Le raciste a d'ailleurs
souvent une expérience de côtoiement d'étrangers inversement
proportionnelle à la haine qu'il leur voue[250].

Dans tous les cas, le viscéral, avec sa cohorte d'émotions ancrées
en nous, n'est pas qu'un petit problème personnel, c'est d'abord
un problème directement politique. Nos émotions ne relèvent
pas de la sphère de l'intimité : l'« intimisation » est une stratégie
d'intimidation, c'est la censure du dialogue rationnel au nom du
prétendu respect de la personne. Les émotions relèvent bien plutôt
de l'« extime ». Le viscéral questionne rien moins que le rapport des
sentiments somatiques à la politique.

---

* C'est exactement le même problème que celui de Werther, rapporté par
Barthes : Werther ne voit pas un événement, il voit une scène : c'est *une* image. Le
viscéral est une image spectrale faite corps.

RÉSOLUTION 30

X

Celui qui aime n'a pas peur de l'inconnu. Naît en lui une gratitude envers la vie : non pas d'avoir reçu, mais d'avoir la force d'aimer. Riche de ce savoir, je pourrai dire « c'en est fait » et faire un pas de plus vers l'ailleurs.

L'inconnu est là, partout. Apprendre à aimer, c'est surtout apprendre à aimer ce qu'on ne connaît pas : non pas répéter les amours certaines (tristesse de la communauté quand celle-ci nous invite à ne chercher que du semblable), mais *quêter ce dont nous ne soupçonnons pas ce que cela nous fera*. Prendre un risque.

C'est pourquoi l'inconnu peut être effrayant comme il peut être érogène. Cela fera-t-il naître le désir ? Quelle force faut-il avoir pour aimer la nouveauté ? Non point la craindre, mais y voir l'occasion formidable de me transformer, de ne pas rester le même. L'amour est (un) ailleurs, il porte au divers*.

L'inconnu se dompte, s'apprivoise : il devient mien au fur et à mesure que j'apprends, il me devient familier parce que je l'accueille et l'aime. Qui ne veut pas dompter l'inconnu de peur de le rendre banal et lassant n'a pas compris : l'inconnu nous dépasse de toutes parts, nous ne l'épuiserons jamais.

Tel paysage, telle personne, telle idée : inconnus à moi donc riches de me faire devenir autre. L'inconnu est un allié objectif pour

---

* Encore une fois, je ne parle pas ici de personnes, mais bien de rencontres : il y a tant à rencontrer même chez une « seule » personne ou dans un lieu « unique ». Demandez aux alpinistes amoureux d'un sommet gravi tant de fois ou aux amants passionnés qui firent l'amour tant de fois avec la « même » personne !

les aimants : problème nouveau, difficulté rencontrée, il est toujours l'occasion vitale d'apprendre. Apprendre, notamment, à aimer.

Apprendre, premièrement, à s'aimer. Le poète Tao Li Fu nous a laissé cet aphorisme : « Si tu aimes l'étranger, tu t'aimeras demain »[251]. Si l'on n'oublie pas que nous sommes des êtres en devenir, alors aimer l'inconnu est une condition de l'amour de soi : l'amour de ce que je deviendrai par mes apprentissages, une fois que je saurai mieux et que *je* sera un autre.

Dans toutes les histoires d'amour (entre amants, entre parents et enfants, et même entre amis), il y a une tension entre routine (potentiellement ennuyeuse) et surprise (potentiellement déstabilisante) dans le devenir parallèle des trajectoires de vie de chacun.

Mais le pire serait indéniablement le fait de croire que je connais l'autre au point de ne plus pouvoir être surpris par rien chez lui. Même un bon livre ne produit pas ce genre d'effet, car les grands livres se reconnaissent justement au fait que l'on peut les relire plusieurs fois : ils ne cessent de nous surprendre et d'être même meilleurs et plus riches à chaque relecture.

Alors, croire avoir fait le tour d'un être vivant en devenir perpétuel ! C'est nécessairement une impuissance subjective du regard, ce ne peut pas être une propriété de l'autre (« il est tellement prévisible »). Une amie me dit un jour à propos de son mari, avec beaucoup de tendresse : « il est tellement prévisible... je connais toutes ses habitudes, il n'en change jamais : et cela ne cesse de me surprendre ! Sa capacité à être lui-même en fait pour moi une source d'étonnement permanente ».

Apprendre à aimer, c'est voir de l'inconnu jusque dans l'infime des détails – et ne pas en avoir peur, au contraire.

À nous, lectrice ou lecteur les uns des autres, de nous construire en apprenant toujours, avec l'amour comme ingrédient et l'inconnu pour épice.

Pour finir, voici simplement deux *aventures d'idées* en partage.

a) Un fragment, dont l'inconnue beauté m'a ravi le jour où je l'ai rencontrée. Mais il aura fallu que ses mots me travaillent au corps pendant plusieurs années avant que je décide d'y revenir, pour affronter les vastes champs de problèmes que j'y avais entraperçus : « Nous finissons toujours par être récompensés pour notre patience, équité, mansuétude envers l'étrangeté en ceci que l'étrangeté retire lentement son voile et se présente sous la forme d'une nouvelle et indicible beauté : – c'est son *remerciement* pour notre hospitalité. Qui s'aime soi-même l'aura appris aussi en suivant cette voie : il n'y a pas d'autre voie »[252].

b) Augustin d'Hippone a prononcé ce sibyllin conseil qu'il est doux et bon de méditer : « Aime et fais ce que tu veux »[253]. La licence éthique qu'il nous propose est drastiquement conditionnée par le geste le plus difficile de l'existence : aimer. Le propos n'est point du tout un éloge de la bonne intention (servant à justifier des actions médiocres, malsaines ou pitoyables) : c'est un horizon idéal vers lequel tendre. « Et il faut bien que ce soit difficile, ce qu'on trouve si rarement »[254]. Mais nous avons toute la vie pour apprendre : comment pourrions-nous l'occuper plus noblement ?

POST-SCRIPTUM

Je pense qu'il ne faut pas penser à des forces contraires, mais il faut se *propulser*, essayer de toucher quelque chose de nouveau. Je fais des choses que personne ne veut, au sens où personne ne les a demandées. Je lutte non pas "contre", mais "pour", pour quelque chose, pour donner forme à quelque chose d'aujourd'hui inexistant. On perd de l'énergie, beaucoup de force, si on se concentre pour lutter contre quelque chose. Le combat n'en est pas moins cruel, mais au moins je lutte pour quelque chose, pour faire advenir une nouvelle forme de vie.

Thomas Hirschhorn, « L'amitié entre art et philosophie »

Si nous nous battons avec des "non", nous n'arriverons pas à une dynamique populaire telle que nous pourrons affronter de manière victorieuse la violence de nos adversaires. Il faut que cette dynamique populaire soit acquise sur un "oui". Une vie debout : ça suppose de construire un "oui".
Moi, je passe mon temps à construire un "oui". Je ne passe pas mon temps à désigner à la vindicte publique des adversaires, ce n'est pas ça le problème. Je passe mon temps à dire : nous avons déjà construit une alternative et nous pouvons la généraliser dès lors que nous nous posons comme les candidats au pouvoir sur la valeur économique. Mais par un "oui" ! "Oui" à la propriété d'usage, "oui" à une production qui ait sens, "oui" à une extension de la gratuité, etc. Il y a tout un tas de "oui" à construire. C'est ce "oui" majoritaire qui sera la seule possibilité d'affronter la violence d'en face ».

Bernard Friot, intervention orale, 28 juin 2016, Paris

1) Alors que ce manuscrit était déjà bien avancé, je suis tombé sur une note dans le beau livre de Pierre Zaoui : *La Traversée des catastrophes*. J'y ai lu la justification d'un pari de ce livre : parler

d'« aimer » en osant assumer l'extrême généralité d'un tel verbe. N'y point voir une lacune théorique, mais une largesse, un don. Oui, je parle de l'amour « en général », sans distinctions entre les formes d'amour (*eros*, *philia*, *agape* ou quelque autre classification [255]) ni entre les destinataires de l'amour : l'amant, l'ami, le camarade, le parent, l'enfant, etc. Mais en dehors des préoccupations éthiques (ne pas trop abandonner sa vie à une parfaite confusion des sentiments), il n'est pas sûr que ces distinctions

> gardent la moindre valeur pour cerner la vérité du phénomène amoureux. Il existe tant d'amitiés autrement plus jalouses et possessives que d'autres amours pourtant bien plus directement sexuelles. Il existe tant de désirs d'une nuit incroyablement plus respectueux de la personne de l'autre que mille serments d'éternité. Il existe tant d'amours éphémères qui nous apparaissent rétrospectivement autrement plus éternelles que des amours qui nous ont pourtant menés des mois, voire des années [256].

À trop vouloir faire des distinctions autour de ce que signifie « aimer », on pourrait faire croire que le concept a fini par cerner le réel *sans reste*. Voilà sans doute où se loge la véritable prétention théorique. À l'inverse, le parti pris de généralité, concernant l'amour, est peut-être la seule manière de respecter l'infinie diversité des manières d'aimer et des circonstances pour aimer.

Puissent les nombreuses entrées avoir fait sentir qu'il est ici question d'*aimer* sous toutes ses métamorphoses possibles, dans l'esprit de la généricité du concept d'amour construit par Spinoza.

2) Il y a des figures tutélaires de l'intuition qui guide cet ouvrage : Spinoza, Rousseau, Bachelard – entre autres.

Si la lectrice ou le lecteur a en tête l'expression fameuse de Spinoza dans sa correspondance, « toute détermination est négation » [257], un étonnement pourrait poindre. D'autant plus que Hegel en fait le slogan de sa méthode dialectique, et en attribue clairement la paternité à Spinoza – en lui reprochant toutefois de ne pas avoir perçu la force de sa propre idée, comme les philosophes aiment parfois à le faire : « je vois mieux que toi ce que tu as pensé ». Cependant, Hegel donne un sens parfaitement anti-spinoziste à la proposition [258].

Cela permet de rappeler ce que j'entends pas « négation » : non pas au sens ontologique de ce qui cercle ma finitude d'être humain (les forces naturelles, un mur qui m'arrête), mais au sens *intentionnel* qui concerne les échanges interpersonnels. Cette négation intentionnelle peut éventuellement être motivée par des raisons inconscientes – sans doute l'est-elle assez souvent.

Mais cela n'a rien à voir avec l'expérience objective de mes limites : éprouver sa force passe par l'expérience pleinement positive du rapport objectif vécu avec le monde. C'est même assurément la plus sûre et libératrice source d'apprentissage – Rousseau en fait le leitmotiv de l'*Émile*. La gravité qui rend si délicat l'apprentissage de l'équilibre par exemple (à pied, à vélo, sur un fil), et la chute qui s'ensuit en cas de perte d'équilibre, ne sont pas du tout des négations au sens où je l'entends dans l'intuition de cet ouvrage. C'est simplement l'indice objectif de ce qui advient en fonction de lois nécessaires, c'est donc le meilleur moyen de *mesurer* ce que je peux à un moment donné. La régularité des phénomènes naturels (par opposition à l'arbitraire de la volonté des hommes) constitue un excellent repère pour l'apprentissage, c'est en l'éprouvant mieux que je deviendrai plus fort et plus libre.

Il ne faut donc pas être abusé par le vocabulaire : l'« éducation négative » de Rousseau est un rempart permanent contre tout « non invasif », c'est-à-dire qu'elle est un ferme refus du *pouvoir de l'éducateur*. Ce serait d'ailleurs une manière possible de distinguer « pouvoir » et « puissance ». Le pouvoir consiste à dire « non » à l'autre, c'est-à-dire à l'empêcher, alors que la puissance consiste à dire « oui » à l'autre, c'est-à-dire à le former. Le pouvoir, c'est choisir pour l'autre ; la puissance, c'est faire ensemble. Tout commandement est une négation : dire « levez votre jambe droite », c'est virtuellement et premièrement dire « non » à toutes les autres activités possibles dans l'instant, c'est clôturer le champ des possibles ; ce n'est pas apprendre l'équilibre à l'autre. Le commandement ne forme jamais une puissance (un ordre reçu n'est d'aucune aide pour apprendre à faire [259]), il la présuppose pour l'exploiter.

D'où la faiblesse absolue, encore une fois, du tyran : la liberté ce n'est pas être capable de choisir, c'est être capable de faire ; or, celui qui a du pouvoir croit qu'il empêche l'autre d'être libre précisément parce qu'il s'imagine lui-même libre – croyant qu'être libre c'est choisir. Il *fait faire* parce qu'il est incapable de faire. Dans les relations de pouvoir, l'assisté est toujours le donneur d'ordre – qui peut être un patron, un professeur, un éditorialiste, etc.

C'est pourquoi contredire nous asservit les uns les autres : le contradicteur veut « faire croire » à l'autre – ce qui est la première étape pour « faire faire » – plus qu'il ne cherche à apprendre avec l'autre. D'où l'objectif de cet ouvrage : comprendre pourquoi les hommes usent de la négation les uns envers les autres, en croyant s'aider, permet, j'espère, de mieux supporter cette tendance sociale et contribue à se garder de la pratiquer.

3) Ce serait un contresens de croire que l'hypothèse de ce livre risquerait de favoriser les idées bien-pensantes, voire que l'hypothèse elle-même serait bien-pensante. Au contraire, nous ne sommes jamais aussi plein d'idées bien-pensantes que lorsque nous avons été confrontés à des gens qui nous ont contré, qui nous ont expliqué ce qu'il faut penser.

L'accusation se renverse : ce n'est pas en refusant de contrer et détruire les idées de l'autre que je crée de la bien-pensance ; c'est au contraire la volonté d'imposition qui crée cela. Devient bien-pensant celui qui s'est pris des volées de bois vert et préfère désormais répéter ce qui se dit plutôt que de s'essayer à apprendre avec les autres. La bien-pensance est une forme de l'obéissance, rien de plus : pense « bien comme il faut » celui pour qui l'on a privilégié l'apprentissage de la rectitude (une pensée juste), qui fonctionne par soustraction (comme la sculpture sur bois à partir d'un tronc mort), avant de se poser la question de l'existence (juste une pensée), qui fonctionne par création (comme la croissance des végétaux).

De plus, celui qui croit qu'il y a un « mal penser » suppose la possibilité de circonscrire un « bien penser » : c'est lui qui crée les idées bien-pensantes dont il se fait le chasseur averti, du haut de sa « lucidité ». S'il existe des idées bien-pensantes, contre lesquelles il est légitime de vouloir lutter (si seulement, par exemple, les gens ne confondaient pas suffrage universel et démocratie, prenant celui-là pour une condition suffisante de celle-ci), cela n'implique pas de renoncer à la pratique explicitée dans ce livre, puisque la tentation de vouloir démontrer à ces gens-là qu'ils se trompent consisterait à utiliser comme remède ce qui fut la cause du mal.

4) Derrière le titre faussement « développement personnel »* de ce livre, il s'agit d'une citation de Nietzsche[260] qui signifie la nécessité dans laquelle nous sommes d'arriver à aimer autrui (dont soi-même est un cas particulier, car je ne suis jamais que mon autrui le plus proche) pour espérer le transformer si peu que ce soit, c'est-à-dire, en réalité, *nous transformer avec lui*.

Ce livre a ainsi une double adresse, en accord avec le principe que l'éthique et la politique, du point de vue de la (trans)formation des êtres sociaux que nous sommes, sont *une seule et même chose*. Je souhaiterais : (a) décoller de leur individualisme ceux qui sont dans un désir de développement personnel (l'éthique au sens étroit**), en mettant au travail l'horizon politique et révolutionnaire de l'amour ; (b) convaincre ceux qui sont dans la politique vindicative (passer son temps à critiquer tout ce qui va mal, c'est-à-dire, bien souvent

---

* Ceci n'est pas un livre de développement personnel, c'est le parcours d'une pratique de *développement collectif*. Car nous n'existons que de faire exister d'autres êtres, en rendant plus *intenses* nos existences.

** Souvent détournée vers un usage dépolitisant : « comment rendre supportable l'inacceptable pour surtout ne rien changer ? » Je risque alors d'être pris dans le faux problème de la simple « efficacité des moyens », artificiellement détaché de la construction des fins – c'est-à-dire de la création critique des valeurs de l'existence.

dans leur esprit, ce que *les autres* font mal), en leur montrant que le négatif nous épuise car il ne nous permet de rien changer.

Le dernier objectif me tient plus à cœur, car il existe bien des gens fins et instruits, des personnes sincèrement de gauche, radicales et critiques, sont trop peu soucieuses des modalités stratégiques de partage de leurs idées. Bref, elles manquent d'intérêt pour la didactique de la philosophie, comme formation de l'esprit et du corps critiques : quelles sont les conditions pratiques de possibilité de la discussion d'une idée ? Si l'on conçoit la philosophie comme autodéfense intellectuelle (au sens de Chomsky), on peut considérer la critique des médias comme un terrain privilégié pour tester la thèse du livre : à quelles conditions une telle critique aura-t-elle un effet émancipateur sur ses destinataires * ?

* L'épuisant combat de contrer les possédants, déjà omniprésents dans l'espace public comme dans nos cerveaux contaminés, offre d'illusoires victoires, malingres revanches exercées avec des moyens *mineurs* qui ne peuvent, structurellement, que contribuer à la contamination, par les logiques de l'adversaire, des lieux mineurs et révolutionnaires. C'est comme si l'heure était à la défensive et non plus aux créations : il est significatif, par exemple, que Pierre Bourdieu voie la pensée critique comme un *contre*-pouvoir et propose d'allumer des *contre*-feux. Prenons l'exemple de la très honorable *Revue du crieur* : en six numéros et quelques dizaines d'articles, des analyses ont été produites contre Gauchet, contre Onfray, contre Google, contre Youtube, contre la Villa Médicis, contre Badiou, contre les technosciences, contre l'Académie française, contre les neurosciences, contre Rihanna, contre le Comité invisible, contre la politique culturel étatique, contre les caisses d'auteurs, contre la nouvelle droite américaine, contre Pierre Rabhi, contre Boris Cyrulnik, contre Caroline Fourest, contre Céline Alvarez et contre le néomaurrassisme. C'est comme s'il y avait une contamination de la logique défensive dans la pensée critique qui, tel un animal blessé, n'arrive plus à déployer sa puissance d'agir. Ce qui est commun dans la liste des cibles de tous ces « contre », c'est le succès, la gloire. Faut-il y déceler, chez les contreurs, une fascination pour le pouvoir : pouvoir de vendre beaucoup de livres, par exemple, lorsqu'il s'agit de démontrer la vacuité ou la dangerosité d'un auteur ? Ainsi, on s'emploie à dézinguer les succès éditoriaux comme un geste de salubrité publique : cet acharnement contre l'ennemi intime, contre ce qui pourrait ressembler le plus, vu de loin, à ce qu'on tente de faire soi-même, rappelle l'inquiétude intime de Platon qui ne veut surtout pas que l'on confonde Socrate avec les sophistes. Mais ce n'est pas ainsi que les sciences humaines critiques montrent ce qu'elles sont capables de faire de plus beau ! Face à cette question, posée dans

Le livre essaie de montrer que, *politiquement*, l'émancipation se joue dans l'alternative axiologique du négatif et du positif (ou plutôt du neutre et du constructif, pour parler comme Simondon*), et non pas dans l'alternative, classique dans les philosophies de l'émancipation, entre statu quo (mal) et changement (bien). Il s'inscrit ainsi dans la tradition du rationalisme politique : croire que les idées vraies permettent des décisions bonnes, croire que savoir plus et mieux est la condition nécessaire et suffisante pour que nous construisions un monde plus juste, bref croire que l'éducation est la clef du politique.

Le *dominant* en chacun de nous est la *part mal éduquée en nous***, enfermée dans la défense des intérêts particuliers, par ignorance. Par contraste, la politique juste forme ce qu'il y a de gauche en chacun, elle est faite de l'essence même du dialogue, démocratique, elle nous offre de construire ensemble une organisation sociale qui assure les intérêts communs : il existe un intérêt général et nous pouvons argumenter pour le circonscrire avec raisons.

l'éditorial du numéro six de la *Revue du crieur* : « Peut-on encore faire autre chose que déplorer – ou se réjouir de – l'effondrement de la gauche institutionnelle ? », n'oublions pas la maxime canonique de Spinoza qui suggérait une troisième voie : « ni se moquer, ni déplorer, mais comprendre ».

* Voir les pages de Simondon qui proposent une distinction entre *communauté* – régime relationnel par inclusion ou exclusion – et *société* – régime relationnel de l'indifférent ou du constructif. Ces pages sont citées dans l'entrée « Création ».

** Encore une fois, l'opposition dominant/dominé ne sert pas à catégoriser les individus, mais à penser des *tendances en chacun de nous* : le dominant en nous a besoin d'être aimé pour gagner en force, donc en capacité à continuer d'apprendre et de mieux comprendre le monde.

Un tableau peut synthétiser les principes axiologiques de l'ouvrage :

Le **négatif** = le *neutre* (ce qui neutralise les forces des autres)	Le **positif** = le *constructif* (ce qui augmente les forces des autres)
geste : Naturaliser	geste : Apprécier

	Le **négatif**	Le **positif**
conserver	Idée dogmatique ou réactionnaire : faire passer les choses pour des évidences, en utilisant la peur, la connivence ou tout simplement le martèlement. Cela revient à créer, dans l'esprit, la croyance qu'une chose est naturelle, avec l'idée qu'on ne peut rien faire contre elle ; et cela induit une décrédibilisation des discours critiques à son égard. La socialisation primaire produit souvent ce genre de rapport aux idées, au cours de l'éducation familiale, ou même scolaire. *Exemple : « vouloir être contre le capitalisme, c'est comme vouloir être contre la pluie »* *SE MOQUER*	Idée formatrice : réussir à goûter la beauté d'une chose, réussir à faire comprendre ce qui est bon dans le présent ; c'est la fonction principale de l'éducation critique, en tant qu'elle est transmission du meilleur de notre culture passée, en tant que perpétuation critique des valeurs jugées bonnes (en gardant à l'esprit que ce qui fut bon hier ne doit sans doute pas l'être selon les mêmes modalités aujourd'hui : rien ne doit être sacré dans la politique, tout est discutable) *Exemple : « que visent les principes politiques du régime général ? »* *APPRENDRE*

	geste : Désamorcer	geste : Créer
modifier	Idée contre-réaction-naire* : vouloir montrer la nullité d'une idée, dévoiler les mécanismes de répétition serviles qui cherchent à la marteler dans l'esprit des gens pour la faire accepter, pointer les effets de surface de la structure en les assimilant aux causes de nos souffrances. Le risque objectif est un épuisement des énergies, en vain.	Idée transformatrice : imaginer concrètement des alternatives, de nouveaux possibles, en réagençant le monde tel qu'il est grâce à la puissance de l'esprit. Faire une telle chose est critiquer, au sens exigeant du terme, c'est-à-dire faire des lectures, des rencontres, des expériences qui organisent autrement nos idées, donc nous transforment réellement, donc nous amènent à agir différemment et à transformer le monde dans lequel nous vivons
	Exemple : « dénoncer le haro sur le Code du travail présent dans les médias dominants »	*Exemple : « penser comparativement les vertus du revenu de base et du salaire à vie, comme institutions critiques du capitalisme »*
	DÉPLORER	*CRITIQUER*
	JUGER	*COMPRENDRE*

* Les jugements négatifs, voulant produire un changement politique, sont contre-réactionnaires, à la lettre, puisqu'ils cherchent à contrer un discours réactionnaire – dont le but est d'empêcher l'action des autres. Double négation, la volonté de désamorcer est une volonté d'empêcher les gens d'être empêchés. Une telle démarche est comme un vaccin, sans doute utile, mais elle ne produit rien, positivement, de nouveau, à part le fait de ne pas être bouffé et paralysé dans le statu quo. En ce sens, une telle démarche politique manque nécessairement la libération réelle (ou positive), elle est entièrement vouée à une libération formelle ou (négative), car elle permet seulement

POST-SCRIPTUM

5) Les livres « contre » ont parfois emporté mon assentiment, mais je note qu'ils n'ont jamais rien transformé en moi : ni fait naître de studiosité, ni modifier ma manière d'agir. Bref, ils sont demeurés « hors pratique » : je suis resté le même.

Les livres « pour » sont reconnaissables à ce qu'ils m'ont emmené vers de nouveaux chemins : si j'ai jamais changé grâce à la lecture d'écrits, c'est toujours par ces invitations indirectes et ces mondes nouveaux dont on me rendait désirable de les arpenter et les explorer.

Je voudrais donc, pour conclure, partager une liste de douze œuvres, récemment parues, que j'ai aimées – ceci n'est donc pas une bibliographie. Terminer ainsi en étant moi-même *pour* des créations elles-mêmes orientées « pour quelque chose de nouveau, et qui savent le produire ». Je n'aurai pas ici la place de dire tout le bien que j'en pense, mais je peux témoigner qu'elles m'ont donné à voir le monde différemment, elles ont grandi mes possibilités d'expériences et de rencontres, elles ont nourri cette belle curiosité qui permet de penser autrement qu'on ne pense.

François Athané : *Pour une histoire naturelle du don*
Yves Citton : *Pour une écologie de l'attention*
Collectif : site internet *Hors-Série*

d'assurer que tout reste possible. Elle veut interdire d'interdire, en criant « laissez-nous penser autrement ! » À cause de l'omniprésence du statu quo négatif (qui a souvent pour lui un grand pouvoir de diffusion), la volonté de désamorcer s'épuise nécessairement à lutter contre la réaction. En un sens, *le conservatisme négatif ne peut que gagner*, il a déjà gagné même, s'il est « seulement » contré, car les gens atteints par le virus de la naturalisation, puis protégés par l'antidote du désamorçage, en sont toujours au même stade. La victoire des dominants, c'est d'épuiser notre attention en la captant, comme le montre le paradoxe flagrant d'accorder du temps à ceux qui nous hantent de leur omniprésence. On n'a encore rien transformé, rien formé en nous, tant que nous en restons à désamorcer les idées jugées mauvaises : arrêtons de dire et penser ce que nous ne voulons pas et commençons à envisager et imaginer ensemble ce que nous voulons. C'est un immense chantier : bien plus difficile, intéressant et efficace ! L'apprentissage mutuel n'est nulle part ailleurs, ni la liberté !

Emmanuel Dockès : *Voyage en misarchie*
Elsa Dorlin : *Se défendre. Une philosophie de la violence*
Jonathan I. Israel : *Les Lumières radicales*
Stéphane Sangral : *Fatras du Soi, fracas de l'Autre*
James C. Scott : *Zomia ou l'art de ne pas être gouverné*
Jean-Pierre Siméon : *La Poésie sauvera le monde*
Paola Tabet : *La Grande arnaque*
Pacôme Thiellement : *La Victoire des Sans Roi*
Michelle Zancarini-Fournel : *Les Luttes et les rêves*

POSTFACE

En tant que directrice de la collection « Pratiques philosophiques »
et auteur du présent ouvrage, nous avions d'abord songé à ce que
la postface soit rédigée par un philosophe *patenté*, ce qu'on appelle
familièrement « un nom ». Au fil de nos échanges, nous avons
préféré qu'elle prenne la forme d'un dialogue, reconstruit à partir
de nos échanges de mails qui ont couru pendant la conception
éditoriale du livre. Cela nous paraissait, d'une part, plus fidèle à la
pratique exposée dans cet ouvrage et, d'autre part, susceptible de
lever quelques incompréhensions.

Des écarts de jugement manifestes entre les différents
commentaires des premiers lecteurs de cet ouvrage ont suscité un
dialogue entre nous pour les comprendre et y remédier, du moins
dans la mesure où il était possible de le faire en préservant la
cohérence du projet. C'est ce dialogue que nous cherchons ici à
rendre apparent parce qu'il exhibe les résistances qu'un tel ouvrage
peut susciter, cherche à identifier leurs causes et permet ainsi de
mieux les comprendre.

Gaëlle Jeanmart. — Il ne semble pas facile d'admettre ce « je »
dans ton texte – c'est une pratique peu courante en philosophie,
datée aussi. Dans un premier temps, j'ai pensé qu'il était une façon
d'assumer et d'explorer la dimension de la pratique philosophique
d'une méditation, pour mieux rendre perceptible au lecteur sa
dimension transformatrice : méditer, ce n'est pas accoucher d'une
thèse philosophique, c'est chercher à se l'incorporer. Mais voilà
que je reçois quelques retours de lecteurs (enseignants, professeurs
d'université, philosophes de formation ou non philosophes) que
cela semble agacer. C'est manifestement difficile de trouver le ton
juste lorsqu'on conçoit la philosophie comme *pratique*. Ça dérange
les habitudes.

Sébastien Charbonnier. — Jacques Rancière oppose
« expliquer » et « raconter », pour défendre la deuxième pratique :
or, il est intéressant de constater qu'il y a une hostilité coutumière
de la philosophie scolaire à l'encontre de la narration, du « je » s'il
n'est pas une abstraction conceptuelle. On a effectivement retrouvé
cela dans un des retours qui invoquait le jugement de Pascal : « le
moi est haïssable ». Il y a quelque chose d'intimidant dans cette
censure inconditionnelle vis-à-vis du biographique en philosophie :
les élèves, et encore les étudiants, sont parfois terrorisés parce qu'ils
ne comprennent pas le positionnement qui est attendu d'eux par les
enseignants. « Pensez par vous-mêmes, mais je ne veux rien savoir
de vous, comme êtres singuliers, car vous ne m'intéressez pas » :
voilà ce que les apprenants *entendent* au cours de leurs années
d'apprentissage, même si ce n'est pas ce qui veut leur être signifié.
Et cela a des conséquences jusque dans la production scientifique de
la discipline philosophique. J'entends rarement la *voix* des auteurs
ou des autrices, dans les textes contemporains en philosophie. C'est
dommage.

GJ. — Une des autres critiques revenant régulièrement chez
ceux qui n'appréciaient guère ton manuscrit, c'était le manque
de « philosophicité », manifestant ainsi que le manuscrit obéit à
d'autres codes que ceux de l'écriture philosophique actuelle – il était
tentant de le rapprocher plutôt de formes plus anciennes d'écritures,
comme les essais de Montaigne. J'ai eu l'occasion de discuter avec
deux des personnes qui te faisaient ce reproche. Leurs critères pour
juger de ce manque : pas d'argumentation soutenant suffisamment
les affirmations, un ton trop parlé, des thèses simples, parce que trop
évidentes. C'était un véritable effort de comprendre d'où venaient
ces critiques – parfois violentes ! – parce que, comme d'autres
lecteurs heureusement, je percevais au contraire la richesse de la
culture philosophique sous-jacente, une culture qui est intégrée,
ingérée, assimilée, qui n'a pas besoin de s'exposer ; et je percevais
aussi la nécessité de procéder par affirmation, pour une raison
pratique : il est utile de dire avec force, plutôt que de justifier toute
affirmation par le référencement systématique à une autorité.

Ma question de directrice d'une nouvelle collection était : comment donner une sorte de garantie de philosophicité, en proposant une postface écrite par des auteurs susceptibles de mesurer la force philosophique de la proposition ? J'avais pensé à Yves Citton, Frédéric Lordon, ou même Jacques Rancière… J'ai peur qu'il y ait en effet un sacré travail pour faire reconnaître les qualités spécifiques de textes de *philosophie pratique*; de sorte que des aides symboliques seraient les bienvenues.

SC. — J'aurais été très honoré de voir mon livre préfacé par l'un des noms que tu cites. Néanmoins, ne faut-il pas prendre le taureau par les cornes, et refuser ce qui pourrait s'apparenter à un argument d'autorité ? Ce que tu rapportes semble montrer une inertie des habitudes liées aux exigences académiques : érudition plus explicite, technicité des arguments plus poussée, bref les symptômes d'une confusion malheureuse, selon moi, entre philosophicité du texte et difficulté d'accès au texte. C'est le problème de la violence symbolique, dont je constate, encore une fois, les effets très réels sur les étudiants.

GJ. — Je pense que ce qui coince, c'est le rapport entre théorie et pratique, c'est-à-dire l'aveuglement ou le désintérêt pour la question de l'incorporation d'une théorie, qui puisse se traduire dans différents aspects de l'existence. Il y a un rapport purement théorique à la théorie qui valorise la complexité, les liens logiques, l'argumentation sans faille, les références autorisées, etc.

SC. — Je suis entièrement d'accord : cette prédominance du théorique sur la pratique a plus à voir avec un souci de distinction sociale qu'avec une véritable exigence philosophique. Dès lors, afin d'être fidèle aux principes de cette nouvelle collection que tu diriges chez Vrin, pourquoi ne pas plutôt écrire une postface-dialogue entre nous ? J'ai l'impression que nous apprenons beaucoup avec les réactions étonnantes que suscite mon manuscrit. C'est très instructif, et je veux croire que thématiser ce parcours éditorial pourra être une excellente entrée dans les problèmes abordés par l'ouvrage : à quelles conditions peut-on entendre ce que l'autre a à nous dire ?

Par exemple, je sais que tu es prête à défendre le manuscrit, car tu le juges fort et vraiment original, mais je sais aussi que son titre continue de te laisser sceptique. Il ferait trop « développement personnel », m'as-tu soufflé, quelque peu inquiète. Nous savons toi et moi que c'est une citation de Nietzsche. Mais j'aime l'idée que le lecteur puisse se poser la question, froncer les sourcils. Pourquoi faudrait-il ne surtout pas passer pour ce genre éditorial ? En philosophie pratique, on doit assumer ce problème : oui, nous visons des modifications concrètes de soi, une subjectivation des corps et des esprits, en cela nous contestons les dérives scolastiques de toute une partie de la production universitaire, qui ne produit pas beaucoup d'effets – à part le remplissage des rayons de bibliothèque. D'un autre côté, nous tenons à l'idée d'une philosophie exigeante, possiblement transformatrice justement grâce à cette exigence rationnelle.

Tu vois, même nous, nous avons été tentés par une préface avec un nom prestigieux, au moment même où le sérieux du texte était contesté, justement parce qu'il mettait la priorité sur les enjeux pratiques de la philosophie, au risque de paraître trivial pour le lecteur plus habitué à de virtuoses démonstrations théoriques. C'est fou comme la peur de mal paraître, entre intellectuels, conduit vite à des renoncements sur des principes pourtant fondamentaux du discours philosophique.

GJ. — Ce serait intéressant de comprendre plus avant les logiques d'écriture auxquelles répond cet enjeu de transformation de soi grâce à la philosophie : la répétition est utile, voire indispensable ; la simplicité est nécessaire – on ne peut rien faire pratiquement d'une idée complexe ; la cohérence, au sens de l'exemplarité de quelqu'un qui ajuste pensées, discours et actes, a également son rôle pour frapper l'imagination ; l'hypothèse percutante ou la question ouverte – sans forcément apporter de réponse définitive – peuvent aussi être comprises à partir de cette logique de la transformation de soi.

SC. — Tu pointes des modalités d'écriture philosophique qui sont liées aux conditions réelles d'exercice de la pratique. Autant de lenteurs, de modestes petits pas, qui visiblement agacent des lecteurs sans doute habitués à filer d'une idée à l'autre, sans prendre véritablement le temps de peser les engagements existentiels qu'elles supposent si on veut les éprouver réellement, c'est-à-dire les comprendre effectivement.

Dans le manuscrit, je parle toujours d'« esprit et de corps critiques », et non pas simplement d'« esprit critique » comme il est de coutume. C'est fondamental, car il s'agit de sortir du schème intellectualiste de la *prise de conscience*, qui est un schème mécaniste en éducation – aussi paradoxal que cela puisse paraître.

Bien des modes de communication, dans la philosophie institutionnelle, reposent sur ce dualisme tenace qui fait tenir la temporalité du corps pour secondaire – ses inerties, ses règles rigoureuses de formation, etc. –, quand ce n'est pas un mépris plus ou moins bien dissimulé. On tombe alors dans l'idée d'une simple « application » de la pratique à partir de la théorie, ce qui est le contresens majeur pour penser ce qu'est la pratique philosophique.

GJ. — Ce qui semble déroutant, pour certains lecteurs, c'est le ton un peu méditatif de tes textes, lesquels ne sont peut-être pas assez systématisés par rapport à ce dont on a l'habitude. À qui écris-tu ? Est-ce, façon journal intime, plutôt pour toi-même ? Pour ordonner tes idées et en mesurer toutes les ramifications et leurs exigences concrètes, pour les ancrer en toi-même ? C'est par ces questions que j'aborde le décalage entre un livre qui proposerait aux enseignants des exercices philosophiques à expérimenter en classe et ton livre, qui prendrait un visage d'autant plus problématisant, que tu assumes en première personne un cheminement philosophique pour mieux inviter le lecteur à en faire autant. Bref, un refus de livrer des recettes, de partager explicitement des conclusions seulement théoriques. Je sens parfois une frustration et un agacement chez les lecteurs qui attendent peut-être des solutions plus clairement exprimées.

SC. — Tu sais que j'ai fait ma thèse sur le désir des problèmes en philosophie ! L'intérêt des problèmes, c'est justement qu'ils sont des épreuves pratiques, ils rendent actifs, alors que les solutions nous emmènent toujours trop vite du côté de la théorie, elles rendent passifs ceux qui les entendent. Ce n'est pas un simple accident, un ratage pédagogique, c'est fonctionnel : la solution, comme telle, est de l'idée morte, car elle n'a aucune puissance d'individuation pour celui qui la reçoit.

Je pense que la tension problème/solution explique le malentendu qu'il peut y avoir sur la dimension proprement révolutionnaire que j'attribue à l'idée centrale de cet ouvrage : certains lecteurs craignent un texte « béni-oui-oui », car ils ont une lecture « théoriciste » ou « solutionniste » de ces pages.

Je me sens proche d'un axiome crucial chez les pédagogues anarchistes, que je formulerais ainsi, de manière spinozienne : la révolution dans la société, ce n'est pas d'enseigner aux individus des dogmes révolutionnaires, c'est de *transformer les manières dont nous nous causons* – c'est-à-dire dont nous nous éduquons les uns les autres.

J'aime beaucoup ce double sens de « causer », qui sied bien à une perspective spinozienne : comment apprendre à nous *dire* des choses les uns les autres de manière à réussir à être *causes* de joie les uns pour les autres ? Je rappelle que parler de « joie », ce n'est pas viser un plat bonheur dépolitisé, mais bien penser les conditions d'un exercice plus fréquent et plus répandu de l'analyse rationnelle de ce qui nous arrive.

Par rapport à cette exigence pratique du devenir-révolutionnaire, j'ai deux craintes quant à la réception du livre, confirmées par les déboires des expertises du manuscrit. Mais je souhaite les affronter, pour demeurer en cohérence pratique avec mes principes philosophiques.

a) La première est que ce livre paraisse niaiseux, alors qu'il est sous-tendu par une exigence révolutionnaire plutôt radicale. Mais je n'ai jamais voulu sacrifier à la morgue qu'on trouve dans certains écrits radicaux, ou théoriquement engagés. Le ton sérieux, voire sentencieux, n'a que des effets paralysants pour les destinataires du message. Je n'ai pas voulu céder à un tel ton philosophique, bien que l'ambiance de ces intimidations, dans les écrits philosophiques, puisse rendre tentant d'en user soi-même, afin de se sentir protégé, ou « au-dessus » de ces attaques.

b) La seconde concerne la rigueur philosophique. Ce livre fut très exigeant à écrire, et j'ai vraiment voulu masquer au maximum les scories de cette exigence, en élaguant beaucoup de citations et de noms propres au fil des réécritures, mais aussi en renonçant à un certain délire de maîtrise dans l'écriture (assez courant en philosophie) qui voudrait que je sois sûr d'être compris « pour ce que je voulais dire ». Je suis las des démonstrations de force que l'écriture philosophique est trop souvent encline à adopter ! J'ai donc voulu laisser un peu de liberté, un peu d'allusif dans les formules : je suis encore loin de ce dont je me voudrais capable. Et c'est déjà trop pour certains relecteurs. D'un côté, leurs jugements négatifs ont confirmé les thèses défendues dans cet ouvrage, mais de l'autre, ils nous ont un peu désespérés sur la possibilité que mes raisonnements soient audibles pour ceux qu'on a longtemps appelés les « maîtres » – du primaire au supérieur.

Le dialogue est décidément chose délicate ! Qu'il est difficile de rendre désirable le refus d'être un maître chez ceux que les pouvoirs séduisent en leur donnant des places supérieures aux autres ! La démocratie a toujours été mise en danger par cette manière qu'a le pouvoir d'amadouer certains en les persuadant qu'ils sont meilleurs – plus instruits, plus expérimentés, plus intelligents, etc. – que d'autres, c'est-à-dire en leur faisant abandonner, pratiquement et dans les gestes les plus quotidiens, l'idée d'égalité de tous, l'idée d'amabilité de n'importe qui.

GJ. — L'une des raisons qui m'ont conduite à soutenir ton livre, c'est qu'il peut être une sorte d'« arme de poing » (c'est le sens du « Manuel » d'Epictète) dans les mains des enseignants. On reproche régulièrement à la pédagogie de n'être précisément qu'une théorie, inopérante pour former à l'art d'enseigner. Comment alors aider concrètement les enseignants de philosophie à ne pas produire l'inverse de ce qu'ils souhaitent – par exemple dans l'objectif d'aider les élèves à « penser par eux-mêmes », les soumettre à des contraintes de références obligées, ce qui peut les conduire à ne jamais s'adresser vraiment, à eux-mêmes, les questions philosophiques qui leur sont posées. Je crois que ton livre offre une option inédite et novatrice, qui n'est ni du côté du manuel dans son sens racorni de recettes pratiques, ni du côté de la théorie pédagogique. Il défend une thèse (à savoir : on n'apprend rien par des procédés négatifs, qui soulignent les manques, les erreurs) dans des modalités d'écriture qui permettent d'en mesurer les exigences pour qu'elle soit vivante, réelle, incarnée dans chacun des choix qu'on doit poser quand on est éducateur, professeur ou autre.

SC. — En tout cas, je profite de nos échanges pour te remercier de tes remarques, tes questions, toujours stimulantes, la qualité de ta lecture. C'est comme si nous avions vécu ensemble, en pratique, l'esprit de ce qui est énoncé dans ce livre.

Printemps 2018

NOTES

1. Roland Barthes, *Fragments d'un discours amoureux*, Paris, Seuil, 1975, « Comment est fait ce livre », p. 13.
2. On trouve, à la fin du chapitre 1 du livre d'Émilienne Naert, *Leibniz et la querelle du Pur Amour*, un exposé éclairant sur la méfiance de Leibniz envers les polémiques, et des illustrations concrètes de sa propension à voir ce qu'il y a de beau en chaque chose, plutôt que d'en souligner les faiblesses. Je lui dois cette citation.
3. Je renvoie à l'« Appendice II » de *Que peut la philosophie ?* sur le sens des tentatives de définition de la discipline, toujours empruntées d'enjeux politiques qui débordent la seule circonscription épistémologique de la discipline. Sébastien Charbonnier, *Que peut la philosophie ?*, Paris, Seuil, 2013, p. 239-267.
4. John Stoltenberg, *Refuser d'être un homme. Pour en finir avec la virilité*, trad. fr. M. Dufresne, L.-Y. Yeun et M. Merlet, Paris, Éditions Syllepse, 2013. Dans des genres très différents, voir aussi Raewin Connell, *Masculinité. Enjeux sociaux de l'hégémonie*, Paris, Éditions Amsterdam, 2014 et Sylvie Ayral, *La Fabrique des garçons. Sanctions et genre au collège*, Paris, PUF, 2011.
5. Voir le « complexe de Cassandre » chez Gaston Bachelard, *Le Rationalisme appliquée*, IV, 7, Paris, PUF, 1949, p. 75.
6. Spinoza, *Éthique*, IV, « Appendice », chapitre 12 et 13, trad. fr. B. Pautrat, Paris, Seuil, 1998, p. 463.
7. Voir par exemple l'excellent dossier sur « Spinoza l'enfance et l'éducation » dans la revue en ligne *Skholè* : http://skhole.fr/serie-spinoza-et-l-education
8. Lecture libre de la définition de l'inclination ou du penchant (*propensio*) chez Spinoza : *Éthique*, III, « définition des affects », 8, *op. cit.*, p. 311.
9. Spinoza, *Éthique*, III, « définition des affects », 4 et 5, *op. cit.*, p. 307.
10. Sur les dangers de l'*admiratio* pour notre puissance de penser, voir Pascal Sévérac, *Le Devenir actif chez Spinoza*, chapitre 4. Yves Citton en a fait une lecture croisée avec le travail de Lorenzo Vinciguerra dans son article « Noo-politique spinoziste ? Recension de deux livres

récents sur Spinoza, de Lorenzo Vinciguerra et de Pascal Sévérac », *Multitudes*, n°27, 2007. Ses travaux sur l'attention prolongent, d'une autre manière, ce problème : voir *Pour une écologie de l'attention*, Paris, Seuil, 2014.

11. Règles tirées de mes travaux précédents, et confirmées par la lecture de Pascal Sévérac, « L'éducation comme éthique. Spinoza avec Vygotski. I – Fondements anthropologiques » et Nicolas Mathey, « La source spinoziste des pédagogies de l'émancipation », dans le dossier « Spinoza l'enfance et l'éducation » de la revue *Skholè*. Les expressions entre parenthèses sont tirées de ces deux articles. La citation dans la note en bas de page provient de l'article de Mathey.

12. C'est le sens de l'éloge, par Spinoza, de la fuite comme sagesse et fermeté. Voir *Éthique*, IV, 69, corollaire, *op. cit.*, p. 449.

13. Voir Michel Foucault, « L'éthique du souci de soi comme pratique de liberté » (1984), dans *Dits & écrits II, 1976-1988*, « Quarto », Paris, Gallimard, 2001, p.1528-1530.

14. Stéphane Sangral, *Fatras du Soi, fracas de l'Autre*, II, Paris, Galilée, 2015, p. 184.

15. Spinoza, *Éthique*, III, « définitions des affect », 36, *op. cit.*, p. 325.

16. Geneviève Fraisse, *La Sexuation du monde*, Paris, Presses de Sciences Po, 2016, p. 49-67.

17. Héraclite, *Fragments*, B 50 (D.K.), trad. fr. J.-F. Pradeau, Paris, GF-Flammarion, p. 151.

18. Voir Miranda Fricker, *Epistemic Injustice : Power and the Ethics of Knowing*, Oxford, Oxford University Press, 2007.

19. Voir Matthew Lipman, *À l'école de la pensée*, trad. fr. N. Decostre, Bruxelles, De Boeck, 2006, p. 5-6, p. 138 et p. 250-258.

20. Pascal Sévérac, « L'éducation comme éthique. Spinoza avec Vygotski. I – Fondements anthropologiques », dans la revue *Skholè*.

21. Jean-Paul Sartre, *Les Mots*, Paris, Gallimard, 1964.

22. Voir les belles analyses de Michel Foucault ou de Pierre Guenancia sur la dimension pratique des *Méditations* de Descartes : respectivement dans *Dits & écrits I, 1954-1975*, « Mon corps, ce papier, ce feu », *op. cit.*, p. 1126 et *Lire Descartes*, Paris, Folio-Gallimard, p. 128-129.

23. Margueritte Duras, *Écrire*, Paris, Gallimard, 1993.

24. C'est un jeu de langage que j'avais repéré dans *Que peut la philosophie ?*, *op. cit.*, p. 157.

25. Gilles Deleuze et Félix Guattari, « Les postulats de la linguistique », dans *Mille plateaux*, Paris, Minuit, 1980, p. 95-109.

26. Voir le bel opuscule de Marianne Enckell, *Le Refus de parvenir*, Éditions Indigènes, 2014 ; ainsi que le collectif qui a suivi : CIRA Lausanne, *Refuser de parvenir. Idées et pratiques*, Paris, Nada, 2016.

27. Voir Sébastien Charbonnier, *L'Érotisme des problèmes*, Lyon, ENS Éditions, 2015.

28. Jacques Rivette, « Le champ libre : entretien avec Vera Chytilova », *Les Cahiers du cinéma*, n°198, février 1968.

29. Gilles Deleuze, *Différence et répétition*, Paris, PUF, 1968, p. 268.

30. Sénèque, *De la tranquillité de l'âme*, V, 5, Paris, GF-Flammarion, 2003, p. 149.

31. Jean-Jacques Rousseau, *Émile ou de l'éducation*, Paris, GF-Flammarion, 1966, p. 43.

32. Gaston Bachelard, *Études*, « Idéalisme discursif », Paris, Vrin, 1970.

33. Stanley Cavell, *Les Voix de la raison*, Paris, Seuil, 1997, p. 199.

34. Sur l'idée de la philosophie comme co-éducation entre adultes, et sur une définition non biologique, encore une fois, de l'enfance, voir le bel article de Tobias Sebastian Dreher, « Les intelligences libres, Spinoza et l'éducation », dans le dossier de la revue *Skholè*.

35. Stéphane Sangral, *Fatras du Soi, fracas de l'Autre*, *op. cit.*, p. 177.

36. Voir William James, *Principles of psychology*, chapitre 9. En ligne : http://psychclassics.yorku.ca/James/Principles/prin9.htm.

37. Rainer-Maria Rilke, *Lettres à un jeune poète*, « 14 mai 1904 », trad. fr. B. Grasset, Paris, Grasset, 1937, p. 75-76.

38. Voir deux beaux articles sur la thèse socratique : Anne Merker, « Nul n'est méchant de son plein gré », dans Luc Brisson (dir.), *Lire Platon* ; Létitia Mouze, « Nul n'est méchant volontairement : encore une fois. Ou : l'anti-intellectualisme platonicien », dans *Colloque virtuel sur le mal*. En ligne http://www.approximations.fr/o2php/attach.php ? pid=20171.

39. René Descartes, *Réponses aux septièmes objections* (aux *Méditations métaphysiques*), Paris, GF-Flammarion, 1992, p. 477.

40. Gilles Deleuze, *Différence et répétition*, *op. cit.*, p. 205.

41. Xinran, *Messages de mères inconnues*, Paris, Éditions Picquier, « Poche », p. 138.

42. C'est un des enjeux de l'œuvre de Jacques Rancière, qui trouve son point d'orgue pédagogique dans *Le Maître ignorant*, Paris, Fayard, 1987.

43. Frédérique Ildefonse, *Il y a des dieux*, Paris, PUF, 2012, p. 146-147.

44. Michel Foucault, « Polémique, politique et problématisations » (1984), dans *Dits et écrits II, 1976-1988, op. cit.*, p. 1411.

45. Dans un genre différent, mais convergent sur le fond du problème, voir la critique féroce de Simone Weil contre le concept de « personne » dans *La Personne et le sacré*, Paris, Payot & Rivages, 2017.

46. Voir G.W.F. Hegel, *Phénoménologie de l'esprit*, IV, A, III, trad. fr. J. Hyppolite, Paris, Aubier, 1941. Les citations dans la note en bas de page sont tirées de ce passage.

47. Paul Claudel, *Art poétique*, « Traité de la co-naissance au monde et de soi-même », dans *Œuvres complètes*, t. V, Paris, Gallimard, 1953, p. 78.

48. Roland Barthes, *Fragments d'un discours amoureux, op. cit.*, « Absence », p. 23.

49. D.H. Lawrence, « Search for love » dans le recueil *More Pansies* ; *Poèmes*, trad. fr. L. Gaspar et S. Clair, Paris, Gallimard, 2017, p. 219.

50. *La Bible*, « Première épître de Jean », 4 : 18, Paris, Éditions du Cerf, p. 2052. On lit deux vers plus loin : « Si quelqu'un prétend aimer Dieu tout en détestant son frère, c'est un menteur. » (Pour méditer sur les guerres de religion…)

51. Spinoza, *Éthique*, IV, 6, *op. cit.*, p. 353. Pour d'autres exemples, voir le *Traité des autorités théologique et politique*, XV et la « Lettre à Oldenburg, 7 février 1676 ».

52. Martial Guéroult, *Spinoza. I – Dieu*, chapitre XII, § 17, Paris, Aubier, 1968, p. 346. « D'où vient cette secousse, cette *initiative* révolutionnaire » qui fera que je rentre dans l'enchaînement du devenir actif, demande Guéroult ? Réponse : « le sage ne parvient à la sagesse que par une certaine nécessité éternelle, et l'*Éthique* ne convainc jamais que ceux qui, par avance, sont voués à l'être ».

53. Jean-Jacques Rousseau, *Émile*, IV, *op. cit.*, p. 278.

54. Marc-Aurèle, *Pensées pour moi-même* : respectivement VI, 3 et X, 35, trad. fr. M. Meunier, Paris, GF-Flammarion, 1992, p. 85 et p. 152.

55. Voir le très beau livre d'Albert Piette sur la puissance du détail dans la construction méthodologiquement rigoureuse des faits : *Ethnographie de l'action. L'Observation des détails*, Paris, Métailié, 1996.

56. Sur la question du dénivelé des exigences induit par un regard « déficitariste », voir le travail de Jean-Pierre Terrail, *Pour une école de*

l'exigence intellectuelle. Changer de paradigme pédagogique, Paris, La Dispute, 2016.

57. Spinoza, *Éthique*, III, « définitions des affects », 5, *op. cit.*, p. 309. Pautrat choisit de traduire « contemptus » par « mésestime », mais je reste fidèle ici à une tradition de traduction du concept par « mépris ».

58. Sur la double nature de l'obstacle épistémologique, d'abord outil puis obstacle, voir les commentaires de Michel Fabre dans *Bachelard éducateur*, Paris, PUF, 1995.

59. Julien Gracq, *La Littérature à l'estomac*, Paris José Corti, 1950, p. 40.

60. Voir les analyses de Martha Nussbaum sur la pédagogie des écoles de Rabindranath Tagore en Inde : *Les Émotions démocratiques. Comment former le citoyen du XXIe siècle?*, Paris, Flammarion, « Climats », 2011, p. 131-139.

61. Voir Spinoza, *Éthique*, III, 9, scolie, *op. cit.*, p. 221.

62. Gaston Bachelard, *La Terre et les rêveries de la volonté*, Préface, III, Paris, José Corti, 1948, p. 8.

63. René Descartes, « Lettre à Chanut, 6 juin 1647 ».

64. J'ai rencontré des analyses prenant au sérieux ce problème dans les digressions utopiques de Charles Fourier : pour toute libération amoureuse véritable, « il faut une belle vieillesse ». Voir sinon le beau numéro de *Genre, sexualité & société*, de l'automne 2011, consacré à ce sujet.

65. Pour ne prendre qu'un exemple, il suffit de comparer les critiques du film *Avatar* comme celles de Rafik Djoumi (« Et si *Avatar* était un objet d'art ? » ; « *Avatar*, les mythes, et les archétypes ») avec toutes les proses nourries de passions tristes et traquant les défauts du film.

66. René Girard, *La Violence et le sacré*, Paris, Grasset, 1972, p. 11.

67. Spinoza, *Éthique*, V, 10, scolie, *op. cit.*, p. 501.

68. Voir la différence fondamentale entre Rousseau et Locke sur ce point, au cœur de deux visions radicalement opposées sur le rôle des jugements d'autrui dans l'éducation. Je me permets de renvoyer à mon article : « L'éducation de l'amour-propre chez Rousseau : un dialogue avec Sénèque ? », *Annales Jean-Jacques Rousseau*, n° 49, Genève, Droz, 2010, p. 317-362.

69. Julien Gracq, *La Littérature à l'estomac*, *op. cit.*, p. 34.

70. Rainer-Maria Rilke, *Lettres à un jeune poète*, « 12 août 1904 », *op. cit.*, p. 96.

71. François Mauriac, *Thérèse Desqueyroux*.

72. Georges Bernanos, *Imposture*.

73. Le misologue est celui qui hait (*miseî*) les discours ou les raisonnements (*logous*). Voir Platon, *Phédon*, 89d-90d.

74. Friedrich Nietzsche, *Aurore*, § 329, trad. fr. J. Hervier, Paris, Folio-Gallimard, 1989, p. 206.

75. William James, *La Volonté de croire*, trad. fr. L. Moulin, Paris, Les Empêcheurs de penser en rond, 2005, p. 39-64.

76. Michel Vanni, « Maladresse des voix », § 14, dans la revue *Multitudes*, n°42, 2010. En ligne : http://www.multitudes.net/maladresse-des-voix-20-theses/

77. Spinoza, *Éthique*, III, déf. 28, explication , *op. cit.*, p. 321.

78. Blaise Pascal, *Pensées*, § 536 (Br.), Paris, GF-Flammarion, 1976, p. 193.

79. Pierre Bourdieu, *La Noblesse d'État*, Paris, Minuit, 1989, p. 156.

80. Voir la belle analyse que fait Bourdieu de la nouvelle de Kafka, « La Colonie pénitentiaire », dans ses *Méditations pascaliennes*, Paris, Seuil, 1997, p. 169.

81. « L'autruche, lorsqu'elle enfonce la tête dans le sable à l'approche du danger, tient vraisemblablement la conduite qui la rend la plus heureuse. Elle cache le danger et se dit tranquillement qu'il n'y en a pas. » – C. S. Peirce, « [Projets pour un ouvrage de logique] (1872-1873) », dans *Œuvres I. Pragmatisme et pragmaticisme*, Paris, Éditions du Cerf, 2002, p. 176.

82. Voir les belles pages de Deleuze sur la différence entre « faire comme » et « faire avec » : *Différence et répétition, op. cit.*, p. 35.

83. On trouve des descriptions frappantes de ce piège dans bien des portraits brossés par Eva Ilouz, *Pourquoi l'amour fait mal ?*, chapitre V, Paris, Seuil, 2012.

84. Peirce fait une allusion au rôle « essentiel » de l'attente dans les croyances les plus métaphysiques. Voir Charles Sanders Peirce, « Les règles de la raison (1902) », dans *Œuvres II. Pragmatisme et sciences normatives*, Paris, Éditions du Cerf, 2003, p. 140.

85. David Lapoujade, *Fictions du pragmatisme*, III, 9, Paris, Minuit, 2008, p. 231.

86. Les analyses sur la confiance en soi sont une lecture assez libre du bel essai, bien qu'un peu trop viriliste à mon goût, de Ralph Waldo Emerson : « *Self-reliance* ».

87. Le rapport entre expérimentation et démocratie est central dans les analyses de Dewey. Voir notamment *Démocratie et éducation* et *Le Public et ses problèmes*.

88. Voir Grégoire Chamayou, *Les Corps vils*, Paris, La Découverte, 2008 ; Mona Cholet, *Beauté fatale. Les nouveaux visages d'une aliénation féminine*, Paris, Zone, 2012 ; Claudine Sagaert, *Histoire de la laideur féminine*, Paris Imago, 2015.

89. Voir le discours de la Ministre de l'Éducation Nationale du 9 février 2016, qui met la lutte contre la croyance dans les théories du complot au rang des priorités pédagogiques de l'institution.

90. Voir Jacques Bouveresse, *La Demande philosophique*, VI, Paris, Éditions de l'éclat, 1996, p. 83-107.

91. Gottlob Frege, « Antwort auf die Ferienplauderei des Herrn Thomae », dans *Kleine Schriften* ; cité par Jacques Bouveresse, *La Demande philosophique*, *op. cit.*, p. 91 (je souligne).

92. Henri Bergson, « Fantômes de vivants et recherche psychique », dans *L'Énergie spirituelle, Œuvres*, Paris, PUF, 1959, p. 861.

93. Jacques Bouveresse, *La Demande philosophique*, *op. cit.*, p. 90.

94. Jacques Bouveresse, *Bourdieu, savant & politique*, II, « Faut-il avoir peur du déterminisme ? », Marseille, Agone, 2003, p. 39.

95. Exemple célèbre analysé par Bachelard dans *La Formation de l'esprit scientifique*, XI, 6, Paris, Vrin, 1938, p. 232.

96. Leibniz, « Lettre à Rémond, 10 janvier 1714 », repris dans *Principes de la Nature et de la Grâce, Monadologie et autres textes*, Paris, GF-Flammarion, 1996, p. 289.

97. Voir Émilienne Naert, *Leibniz et la querelle du Pur Amour*, I, 5, *op. cit.*, p. 27-31.

98. Voir Leibniz, *Nouveaux Essais sur l'entendement humain*, livre III, 10, § 4.

99. Leibniz, « Lettre à la Duchesse Sophie », 1691, citée par Émilienne Naert, *Leibniz et la querelle du pur amour*, *op. cit.*, p. 31, note 55. On retrouve une analogie proche de l'aphorisme de Stéphane Sangral, cité dans l'introduction.

100. Gilles Deleuze, *Logique du sens*, seizième série, Paris, Minuit, 1969, p. 141.

101. Émilienne Naert, *Leibniz et la querelle du Pur Amour*, *op. cit.*, p. 27.

102. Pierre Bourdieu, « Le mort saisit le vif », *Actes de la recherche en sciences sociales*, n° 32, 1980, p. 13, note 39. Il est intéressant de se

rappeler que Bourdieu fit son mémoire de philosophie sur Leibniz : philosophe déterministe qui avait un grand souci pour le temps et l'histoire.

103. Yves Citton, *Pour une écologie de l'attention*, Conclusion, 4 e maxime, *op. cit.*, p. 256.

104. John Dewey, *Le Public et ses problèmes*, trad. fr. J. Zask, Paris, Folio-Gallimard, 2010, p. 276.

105. Gilbert Simondon, *L'Individuation à la lumière des notions de forme et d'information*, « Note complémentaire sur les conséquences de la notion d'individuation », I, 5, Grenoble, Millon, 2005, p. 509.

106. Yves Citton, *Renverser l'insoutenable*, II, « Les moyens de pression », Paris, Seuil, 2012, p. 76.

107. Sur la métis comme « augmentation de soi », voir Marcel Detienne & Jean-Pierre Vernant, *Les Ruses de l'intelligence. La mètis des Grecs*, Paris, Flammarion, 1989.

108. Jacques Rancière, *La Mésentente*, « Le tort : politique et police », Paris, Galilée, 1995, p. 53.

109. Donald Davidson, « Événements mentaux », II, dans *Actions et événements*, trad. fr. P. Engel, Paris, PUF, 1993.

110. Jacques Rancière pointe bien cette triste dérive dans *La Haine de la démocratie*, « De la démocratie victorieuse à la démocratie criminelle », Paris La Fabrique, 2005, p. 11-39.

111. Friedrich Nietzsche, *Aurore*, § 297, § 297, *op. cit.*, p.196.

112. Platon, *Le Banquet*, 175d, trad. fr. L. Brisson, Paris, GF-Flammarion, 2000, p.92.

113. Michel Foucault, « Est-il donc important de penser ? », dans *Dits et écrits II, 1976-1988*, *op. cit.*, p. 1000.

114. Je suis ici redevable des travaux passionnants de Jacqueline Lichtenstein, notamment son essai sur *Les Raisons de l'art*, chapitre 3.

115. Charles Antoine Coypel, *Sur la nécessité de recevoir des avis* (conférence du 4 novembre 1730), dans Jacqueline Lichtenstein et Christian Michel (éd.), *Conférences de l'Académie royale de peinture et de sculpture*, t. IV. Coypel est ici proche de l'aphorisme de Léonard de Vinci : « Reprends l'ami en privé et loue-le en public. »

116. Jacqueline Lichtenstein, *Les Raisons de l'art*, Paris, Gallimard, 1994, chapitre 3.

117. Julien Gracq, *En lisant en écrivant*, « Lecture », Paris, José Corti, 1980, p.178-179.

118. Gilles Deleuze, « Pour en finir avec le jugement », dans *Critique et clinique*, Paris, Minuit, 1993, p. 169.

119. Gilles Deleuze, Spinoza. *Philosophie pratique*, II, 2, Paris, Minuit, 1981, p. 34-35.

120. Voir Yves Citton & Frédéric Lordon, *Spinoza et les sciences sociales*, Paris, Éditions Amsterdam, 2008.

121. Spinoza, *Éthique*, III, 31, scolie, *op. cit.*, p. 253-255.

122. Charles Sanders Peirce, « La nature du pragmatisme », dans *Œuvres II. Pragmatisme et sciences normatives*, *op. cit.*, p. 33.

123. Pascal, *Pensées*, § 350, *op. cit.*, p. 150.

124. Ludwig Wittgenstein, *De la certitude*, § 225, Paris, Tel-Gallimard, 1976, p. 70.

125. Par exemple, si une expérience contredit la théorie de la mécanique classique, je ne peux pas savoir quelle proposition je dois abandonner. Il est toujours possible de réajuster la théoric dans son ensemble, de différentes manières, pour rendre raison de l'expérience récalcitrantc. Voir Pierre Duhem, *La Théorie physique. Son objet, sa structure*, 2ᵉ partie, chapitre 6, Paris, Vrin, 1997, p. 273-289.

126. Ludwig Wittgenstein, *De la certitude*, § 140 et § 141, *op. cit.*, p. 57.

127. Au sein de la *Virtue epistemology*, on pourra lire le travail de Miranda Fricker sur l'« injustice épistémique » – le fait d'accorder des valeurs différentes aux idées en fonction de qui les tient. Ce manque de vertu épistémique est un problème crucial qui suggère ceci : il faut apprendre à aimer son interlocuteur suffisamment pour accorder du crédit à ce qu'il dit – non pas pour le croire, mais pour désirer examiner ce qu'il dit.

128. G.W.F. Hegel, *Phénoménologie de l'esprit*, *op. cit.*, « Préface », IV.

129. Spinoza, *Éthique*, IV, 46, scolie, *op. cit.*, p. 415.

130. Voir la stimulante lecture que fait Joseph de Maistre de l'Inquisition dans ses *Lettres sur l'Inquisition espagnole*.

131. Donatien Alphonse François de Sade, *Justine ou les malheurs de la vertu*.

132. Nicolas Malebranche, *De la recherche de la vérité*, livre VI, 2ᵉ partie, chapitre 9.

133. Sur cette question, voir les pages sévères mais justes d'Emerson dans *La Confiance en soi* ; repris dans *Essais*, Paris, Michel Houdiard, 1997, p. 34.

134. Jacques Rancière, « L'immigré et la loi du consensus », dans *Moments politiques*, Paris, La Fabrique, 2009, p. 44. Voir aussi le chapitre crucial « Démocratie ou consensus », dans *La Mésentente*, *op. cit.*, p. 135-165.

135. Pier Paolo Pasolini, interview donnée en juin 1974, reprise dans les *Écrits corsaires*, Paris, Champs-Flammarion, 2018. Un documentaire étonnant croise cette perspective : il s'agit du portrait, par une jeune cinéaste militante et gauchiste, du président des jeunes UDC Suisses. On assiste à la rencontre entre deux mondes : l'enquête se complexifie au fur et à mesure que chacun se transforme par la rencontre. Voir Karin Bachmann, *ER/ICH*, 2013.

136. Maurice Merleau-Ponty, *Éloge de la philosophie*, Paris, Folio-Gallimard, 1960, p. 39.

137. Friedrich Nietzsche, *Par-delà bien et mal*, § 146, trad. fr. C. Heim, Paris, Folio-Gallimard, 1971, p. 91.

138. Marc-Aurèle, *Pensées pour moi-même*, VIII, 59, *op. cit.*, p. 126.

139. Paul Veyne, *Les Grecs ont-ils cru à leurs mythes ?*, Paris, Points-Seuil, 1992, p. 155, note 96.

140. Voir l'enquête éclairante sur ce « hiéroglyphe du pouvoir » dans Patrick Tort, *Marx et le problème de l'idéologie. Le modèle égyptien*, II, 1, Paris, PUF, 1988, p. 68-88.

141. Sur ce sujet, voir entre autres les travaux d'Alice Miller.

142. Ludwig Wittgenstein, *Remarques sur* Le Rameau d'or *de Frazer*, trad. fr. J.-P. Cometti, G. Granel et É. Rigal, dans *Philosophica III*, Mauvezin, T.E.R., 2001, p. 33.

143. Vladimir Jankélévitch, *L'Irréversible et la Nostalgie* Paris, Champs-Flammarion, 2011, chapitre VI, 6.

144. Pour n'en citer que quelques-uns : Chateaubriand, Segalen, Nizan, Michaux, Lévi-Strauss, Leiris.

145. Chateaubriand, *Mémoires d'Outre-tombe*, « Bibliothèque de la Pléiade », t. II, Paris, Gallimard, 1991, p. 923.

146. Henri Bergson, *L'Évolution créatrice*, chapitre 4, « L'existence et le néant », dans *Œuvres*, *op. cit.*, p. 738. Cependant, je ne suivrais pas la conclusion politique, qui fait dire à Bergson que ce redressement des torts a justement une fonction pédagogique utile.

147. Henri Michaux, *Ecuador*, « Iquitos, Pérou, Port sur l'Amazone », dans *Œuvres complètes*, « Bibliothèque de la Pléiade », Paris, Gallimard, 1998, p. 229.

148. Charles Baudelaire, *Le Peintre de la vie moderne*, IX.

149. Voir les deux petits opuscules stimulants de Paul Lafargue et Bertrand Russell, respectivement intitulés : *Le Droit à la paresse* et *Éloge de l'oisiveté*.

150. Remarque datée au sens où ces amours-là ont également été rattrapées par la normalisation. Mais l'analyse reste pertinente en elle-même. Michel Foucault, « De l'amitié comme mode de vie », dans *Dits et écrits II, 1976-1988, op. cit.*, p. 983.

151. William Blake, « Proverbes de l'enfer », dans *Le Mariage du Ciel et de l'Enfer*, trad. fr. A. Gide, Paris, José Corti, 1999, p. 23.

152. Michel Serres, « Roumain et Faulkner traduisent l'Écriture », dans *Hermès III, La traduction*, Paris, Minuit, 1974, p. 259.

153. Leibniz, *Nouveaux essais sur l'entendement humain*, IV, I, 2 (je souligne), Paris, GF-Flammarion, 1990, p. 281.

154. Jonathan Swift, *Voyages de Gulliver*, IV, 12.

155. Voir Sigmund Freud, *Le Délire et les rêves dans la* Gradiva *de W. Jensen*, trad. fr. P. Arhex et R.-M. Zeitlin, Paris, Folio-Gallimard, 1992.

156. Yves Citton propose une telle hypothèse dans *Mythocratie. Storytelling et imaginaire de gauche*, Paris, Éditions Amsterdam, 2010.

157. Le texte majeur de ce point de vue est celui de Spinoza : *Traité de la réforme de l'entendement*, § 77-80, trad. fr. B. Rousset, Paris, Vrin, 1991, p. 105-109..

158. Leibniz, *Nouveaux essais sur l'entendement humain*, II, XXI, 36, *op. cit.*, p. 148.

159. Quand Sartre admet qu'il a quitté la thèse d'une liberté absolue pour celle d'une liberté conditionnée et à conquérir, il conserve en revanche ce point : « il y a des circonstances où la liberté est enchaînée. Ces circonstances viennent de la liberté d'autrui. Autrement dit, une liberté est enchaînée par une autre liberté ou par d'autres libertés, ce que j'ai toujours pensé. » – Simone de Beauvoir, *Entretiens avec Jean-Paul Sartre*, dans *La cérémonie des adieux*, Paris, Folio-Gallimard, 1981, p. 505-506.

160. Stéphane Sangral, *Fatras du Soi, fracas de l'Autre*, I, *op. cit.*, p. 62.

161. Simone Weil, *La Pesanteur et la grâce*, « Le mal ».

162. Jacques Rivette, « Le champ libre : entretien avec Vera Chytilova », *Les Cahiers du cinéma*, n°198, février 1968.

163. Voltaire, « Lettre à Jean-Jacques Rousseau, 30 août 1755 ». Voltaire n'a apparemment pas compris, ou feint de ne pas comprendre, la portée

philosophique du *Second Discours* – sans doute l'un des plus grands ouvrages de philosophie politique.

164. J'ai développé cette idée du rôle cardinal de la force dans l'œuvre éducative de Rousseau dans un article intitulé « La force est-elle avec Émile ? », publié dans Anne-Marie Drouin-Hans, Michel Fabre, Denis Kambouchner et Alain Vergnioux (dir.), *L'Émile de Rousseau : regards d'aujourd'hui*, Paris, Hermann, 2013, p. 189-197.

165. Jean-Jacques Rousseau, *Émile ou de l'éducation*, II, *op. cit.*, p. 207.

166. Jean-Jacques Rousseau, *Émile ou de l'éducation*, V, *op. cit.*, p. 583.

167. Jean-Jacques Rousseau, *Émile ou de l'éducation*, I, *op. cit.*, p. 76.

168. Jean-Jacques Rousseau, *Émile ou de l'éducation*, III, *op. cit.*, p. 215.

169. Spinoza, *Correspondance*, « Lettre à Jarig Jelles, 17 février 1671 », trad. fr. M. Rovere, Paris, GF-Flammarion, 2010, p. 275.

170. C'est la même exigence que pour le refus de parvenir : celui-ci n'a de sens, comme pratique critique, *que si je suis en mesure de parvenir*. Voir l'ouvrage du collectif CIRA Lausanne : *Refuser de parvenir. Idées et pratiques*, « Introduction », *op. cit.*, p. 37.

171. Spinoza, *Éthique*, V, 10, scolie, *op. cit.*, p. 501.

172. Jacqueline de Romilly, *La Douceur dans la pensée grecque*, chapitre 10, Paris, Les Belles Lettres, 1979, notamment p. 173.

173. Roland Barthes, *Fragments d'un discours amoureux*, *op. cit.*, « Écorché », p. 112.

174. Voir le documentaire *Jesus camp*, de Heidi Ewing et Rachel Grady (2006). La citation ci-dessous est à la 23 e minute.

175. Jean-Paul Sartre, *L'Idiot de la famille*, Paris, Gallimard, 1971 ; Pierre Bourdieu, *Leçon sur la leçon*, Paris, Minuit, 1982.

176. Friedrich Nietzsche, *Par-delà bien et mal*, § 183, *op. cit.*, p. 96.

177. Blaise Pascal, *Pensées*, § 80 (Br.), *op. cit.*, p. 72.

178. Sur le rapport entre narcissisme et croyance qu'il existe des concepts universels en philosophie, je renvoie à *Que peut la philosophie ?*, chapitre 8, *op. cit.*, p. 222-223.

179. Le passage de la ligne 2 à 3 est potentiellement le plus polémique. On pourrait y objecter : « mais s'il se trompe, il se fait précisément du mal et il est dans l'illusion de croire que c'est une croyance bonne pour lui ! » Le diagnostic de l'aliénation formerait la juste intention du réfutateur, ce qui lui donnerait raison et invaliderait le passage, dans les équivalences ci-dessus, entre la ligne 2 et la ligne 3. Mais penser l'aliénation d'autrui n'a aucun sens en régime déterministe.

Voir un travail antérieur : Sébastien Charbonnier, « L'aliénation de l'autre : un diagnostic impossible en spinozien », dans Michel Fabre (éd.), *L'Éducation de la liberté. Aliénation et émancipation*, Paris, L'Harmattan, 2015, p. 173-190. Voir aussi les analyses de Frédéric Lordon dans *Capitalisme, désir et servitude*, « Les apories du consentement », Paris, La Fabrique, 2010, p. 78-84.

180. Il y a des problèmes nouveaux, absolument cruciaux à mon sens, construits par l'épistémologie du point de vue. Pour une bonne introduction, voir Maria Puig de la Bellacasa, *Les Savoirs situés de Sandra Harding et Donna Haraway*, Paris, L'Harmattan, 2014.

181. Jacques Rancière, *Le Maître ignorant, op. cit.*

182. Voir les belles pages d'Elsa Dorlin, sur l'« épistémologie du souci des autres et le *care* négatif », dans *Se défendre. Une philosophie de la violence*, Paris, Zones, 2017, p. 171-179.

183. Emmanuel Kant, *Logique*, « Introduction », VII, Paris, Vrin, 1997, p. 62. Je neutralise, dans la citation, le procès que Kant fait aux « apparences », procès qui ne fait pas sens dans la lignée philosophique qui nourrit cet ouvrage. Mais son analyse n'en reste pas moins, formellement, très juste.

184. Héraclite, *Fragments*, B35 (D.K.), *op. cit.*, p. 154.

185. Gaston Bachelard, *La Formation de l'esprit scientifique*, I, 1, *op. cit.*, p. 14.

186. Héraclite, *Fragments*, B17 (D.K.), *op. cit.*, p. 157.

187. Antonio Gramsci, « Tolérance, intransigeance ; intolérance, transigeance », dans *Écrits politiques I. 1914-1920*, trad. fr. M.-G. Martin, Paris, Gallimard, 1977.

188. Elsa Dorlin, *Se défendre. Une philosophie de la violence, op. cit.*, p. 55-61.

189. Gérard Mauger & Willy Pelletier (coord.), *Les Classes populaires et le FN. Explication de vote*, Vulaines sur Seine, Éditions du Croquant, 2017.

190. Propos attribué à Antonio Gramsci, par un interlocuteur ne se rappelant plus la source exacte.

191. Voir les remarques éclairantes, assorties d'exemples, de Florence Aubenas et Miguel Benasayag dans *Résister, c'est créer*, Paris, La Découverte, 2008, III, « Les effets pervers de la logique d'affrontement ».

192. Yves Citton, *Renverser l'insoutenable*, II, « Pulsions et populismes », *op. cit.*, p. 78.

193. Ce problème fait l'objet d'un travail parallèle : voir Sébastien Charbonnier, *Pour la lutte intégrale. Souci du nous que je suis.*

194. Ruwen Ogien, *L'Éthique aujourd'hui. Maximalistes et minimalistes*, Paris, Folio-Gallimard, 2007. Précisons qu'au principe de « non nuisance » s'ajoute, entre autres, le principe d'« égale considération de chacun ».

195. Spinoza, *Traité de l'autorité politique*, V, § 7, dans *Œuvres complètes*, « Bibliothèque de la Pléiade », Paris, Gallimard, 1954, p. 951.

196. Pastiche des analyses d'Alexis de Tocqueville sur les causes de l'échec de la révolution, dans la droite lignée de Machiavel et Spinoza. Voir *L'Ancien régime et la Révolution*, Paris, Folio-Gallimard, 1985, Livre III, chapitre 8.

197. Platon, *Gorgias*, 484c-485d, trad. fr. M. Canto, Paris, GF-Flammarion, 1993, p. 214.

198. Platon, *Théétète*, 168d-e, trad. fr. M. Narcy, Paris, GF-Flammarion, 1995, p. 194.

199. Cité par Gaston Bachelard au cours de sa magnifique analyse du complexe de Cassandre, dans *Le Rationalisme appliqué*, IV, 7, *op. cit.*, p. 75.

200. Définition du sens technique de « jeu » : liberté anormale dans un mécanisme, trop grande facilité de mouvement, défaut de serrage entre des pièces d'un système.

201. Platon, *La République*, VII, 536c, trad. fr. G. Leroux, Paris, GF-Flammarion, 2002, p. 392.

202. Platon, *Les Lois*, VII, 803b-c, trad. fr. L. Brisson et J.-F. Pradeau, Paris, GF-Flammarion, 2006.

203. Spinoza, *Éthique*, IV, Appendice, chapitre XXV, *op. cit.*, p. 471.

204. Henri Bergson, *Le Rire*, chapitre premier, II, dans *Œuvres*, *op. cit.*, p. 394-397.

205. Monty Python, « The Idiot on the Rural Society », dans *Flying Circus*, épisode 20.

206. Henri Bergson, *Le Rire*, dans *Œuvres*, *op. cit.*, chapitre 3, I, p. 452.

207. Henri Corbin, « Mystique et humour », dans Christian Jambet (dir.), *Cahiers de l'Herne : Henri Corbin*, Paris, Cahiers de l'Herne, 1981, p. 180-181.

208. Spinoza, *Court traité*, « Dédicace » (je souligne), dans *Œuvres complètes*, *op. cit.*, p. 15.

209. Judith Butler, « La paix est résistance… », dans *Humain, inhumain. Le travail critique des normes*, Paris, Éditions Amsterdam, 2005, p. 61-92.

210. Maurice Maeterlinck, cité en épigraphe par Gaston Bachelard, *L'Intuition de l'instant*, Paris, Le Livre de Poche, 1994, p. 77.

211. Daniel Dennett, *Elbow Room : The Varieties of Free Will Worth Wanting*, I, 1, Oxford, Clarendon Press, 1984, p. 5-10.

212. Je renvoie à nouveau au texte de Michel Foucault qui propose cette distinction : « L'éthique du souci de soi comme pratique de liberté » (1984), dans *Dits & écrits II, 1976-1988, op. cit.*, p. 1528-1530.

213. Fernando Pessoa, *Le Livre de l'intranquillité*, § 94, trad. fr. F. Laye, Paris, Christian Bourgois, 1999, p. 125.

214. Voir Pierre Bourdieu, « L'opinion publique n'existe pas », dans *Questions de sociologie*, Paris, Minuit, 1998, p. 222-235.

215. Leibniz, *Confessio philosophi*, [15 ^{v}], trad. fr. Y. Belaval, Paris, Vrin, 2004, p. 83.

216. John Dewey, *Comment nous pensons*, trad. fr. O. Decroly, Paris, Les Empêcheurs de penser en rond, 2004, p. 43.

217. Gaston Bachelard, *La Formation de l'esprit scientifique*, I, 2, *op. cit.*, p. 18.

218. Platon, *Le Politique*, 279b-283b, trad. fr. L. Brisson, Paris, GF-Flammarion, 2011.

219. Gaston Bachelard, *La Formation de l'esprit scientifique*, I, 1, *op. cit.*, p. 14.

220. Pierre Bayard, *Le Paradoxe du menteur. Sur Laclos*, Paris, Minuit, 1993, p. 131.

221. Pascale Molinier, Sandra Laugier et Patricia Paperman, *Qu'est-ce que le care ? Souci des autres, sensibilité, responsabilité*, Paris, Payot, 2009, p. 18.

222. Spinoza, *Éthique*, IV, 69, *op. cit.*, p. 449.

223. Pierre Carles, *Volem rien foutre al païs*, 2007, de la 35 ^{e} à la 41 ^{e} minute. Voir aussi, encore une fois, le beau collectif : CIRA, *Refuser de parvenir. Idées et pratiques, op. cit.*

224. Véra Pavlova, *L'Animal céleste*, trad. fr. H. Para et J.-B. Para, Pau, Éditions L'Escampette, 2004, p. 16.

225. Roland Barthes, *Fragments d'un discours amoureux, op. cit.*, « Affirmation », p. 31.

226. Michel de Montaigne, *Essais*, III, 4, Paris, Le Livre de Poche, 2002, p. 77.

227. De fait, la presse de masse exerce son pouvoir de fascination jusque sur ceux-là même qui la critiquent. L'addiction à l'exercice de la traque de telles nullités est sans doute un réquisit pour trouver les ressources d'effectuer cet ingrat travail – de l'aveu même de Gilles Balbastre, auteur d'œuvres souvent aussi drôles que critiques des médias : *Les Nouveaux chiens de garde*, *Cas d'école*, etc.

228. Cicéron, *Tusculanes*, V, « conclusion », trad. fr. É. Bréhier ; repris sous le titre « Le bonheur dépend de l'âme seule », Paris, Folio-Gallimard, 2015.

229. Malgré des divergences philosophiques très profondes sur bien des points, un style souvent trop ironique voire sarcastique à mon goût, je rejoins les analyses de Vincent Delecroix sur la question de la puissance libératrice cruciale du « non merci » et l'importance qu'il y a à se rendre capable d'un tel énoncé dans les rapports de pouvoir avec autrui. Voir Vincent Delecroix, *Non ! De l'esprit de révolte*, II, « Refuser. La vérité de la réticence », Paris, Éditions Autrement, 2018, p. 194-199.

230. Voir Michel Foucault, « Usage des plaisirs et techniques de soi » (introduction au tome 2 de l'*Histoire de la sexualité*) ; repris dans *Dits et écrits II*, 1976-1988, *op. cit.*, p. 1362.

231. Benedikte Zitouni ; citée dans Vincianne Despret et Isabelle Stengers, *Les Faiseuses d'histoires*, Paris, La Découverte, 2011, p. 150.

232. Stéphane Sangral, *Fatras du Soi, fracas de l'Autre*, I, *op. cit.*, p. 83.

233. Jean-Paul Sartre, *Cahiers pour une morale*, Cahier I, Paris, Gallimard, 1983, p. 321.

234. Friedrich Nietzsche, *Le Gai Savoir*, *op. cit.*, § 273.

235. Michel de Montaigne, *Essais*, II, 12, « Bibliothèque de la Pléiade », Paris, Gallimard, 1976, p. 416.

236. Voir Lévi-Strauss, *Race et histoire*, Paris, Éditions Gonthier, 1961, p. 22.

237. Ludwig Wittgenstein, *Remarques sur* Le Rameau d'or *de Frazer*, I, *op. cit.*, p. 33.

238. Voir le livre pionnier de John Austin : *Quand dire, c'est faire*.

239. Sur le fait de dire sa douleur, voir Ludwig Wittgenstein, *Recherches philosophiques*, I, § 244 et § 281-313.

240. Henri Bergson, « La conscience et la vie », dans *L'Énergie spirituelle*, dans *Œuvres*, *op. cit.*, p. 832-833.

241. Roland Barthes, *Fragments d'un discours amoureux*, *op. cit.*, « Comblement », p. 67.

242. Sébastien Pecse, « Des « milieux de vie institutionnalisés » protégés du phénomène du bouc émissaire ? », dans Rémi Casanova (dir.), *Bouc émissaire : cerner le concept, interroger les contextes*, Villeneuve-d'Ascq, Presses universitaires du Septentrion, 2018.

243. Ludwig Wittgenstein, *Carnets de Cambridge et de Skjolden*, « 1 mai 1930 », trad. fr. J.-P. Cometti, Paris, PUF, 1999, p. 33.

244. Gaston Bachelard, *Le Rationalisme appliqué*, II, 1, *op. cit.*, p. 12.

245. Voir le petit bijou de Heinrich von Kleist, *Sur l'élaboration progressive des idées par la parole*, repris dans *Petits écrits*, Paris, Gallimard, 1999, p. 45-49.

246. Jacques Derrida, « Force et signification », dans *L'Écriture et la différence*, Paris, Points-Seuil, 1967, p. 11.

247. Roland Barthes, *Fragments d'un discours amoureux*, *op. cit.*, « Image », p. 157.

248. Richard Shusterman, *Conscience du corps. Pour une soma-esthétique*, Paris, Éd. de L'éclat, 2007, p. 179.

249. Pierre Bourdieu, « Comprendre », dans *La Misère du monde*, Paris, Points-Seuil, 1998, p. 1414.

250. Voir les statistiques démographiques du vote FN en 2012.

251. Jean-Pierre Siméon, *Le Livres des petits étonnements du sage Tao Li Fu*, Le Chambon-sur-Lignon, Cheyne éditeur, 2016, non paginé.

252. Friedrich Nietzsche, *Le Gai savoir*, § 334, trad. fr. P. Wotling, Paris, GF-Flammarion, 2000, p. 269.

253. Augustin, *Commentaire de la Première Épître de Jean*, Traité VII, § 8. Une autre formule, moins passée à la postérité, répète la même idée plus loin : « Aime, et il ne se peut faire que tu ne fasses le bien. » (X, 7). Voir le petit opuscule de Dominique Doucet, *Aime et fais ce que tu veux. Saint Augustin*, Nantes, Plein feux, 2002.

254. Spinoza, *Éthique*, dernière scolie, *op. cit.*, p. 541.

255. Ainsi, dans *Philosopher ou faire l'amour*, Ruwen Ogien propose plutôt de distinguer « amour physique, amour romantique, amour moral et amour céleste ».

256. Pierre Zaoui, *La Traversée des catastrophes. Philosophie pour le meilleur et pour le pire*, Paris, Seuil, 2010, p. 243, note 1.

257. Spinoza, *Correspondance*, « Lettre à Jarig Jelles, 2 juin 1674 », *op. cit.*, p. 291.

258. Je ne rentre pas dans le détail, mais un article récent fait le point de manière précise sur la question : Yitzhak Melamed, « Determination,

negation, and self-negation in Spinoza, Kant, and Hegel », dans Eckart Förster, Yitzhak Y. Melamed (dir.), *Spinoza and German Idealism*, Cambridge, Cambridge University Press, 2012.

259. Sur l'inutilité des règles de succès – c'est-à-dire des mots d'ordre – dans l'apprentissage, voir les analyses vigoureuses d'Israel Scheffler dans *Le Langage de l'éducation*, Paris, Klincksieck, 2003, p. 101-102.

260. C'est l'expression qui clôt la citation reproduite dans l'entrée « X ».

TABLE DES MATIÈRES

Achevé d'imprimer le 7 novembre 2018
sur les presses de
La Manufacture - Imprimeur – 52200 Langres
Tél. : (33) 325 845 892

N° imprimeur : 181336 - Dépôt légal : novembre 2018
Imprimé en France